本书为北京市教育科学"十四五"规划2024年度职教体系改革专项课题"京津冀职业教育办学联合体建设模式"（项目编号：AHAA24069）的研究成果之一

京津冀职业教育协同发展路径研究

侯兴蜀◎著

知识产权出版社
全国百佳图书出版单位
—北 京—

图书在版编目（CIP）数据

京津冀职业教育协同发展路径研究 / 侯兴蜀著 . —北京：知识产权出版社，

2025.4. —ISBN 978-7-5130-9754-3

Ⅰ. G719.21

中国国家版本馆 CIP 数据核字第 202561ZM30 号

责任编辑：王颖超　　　　　　　　　　　责任校对：潘凤越

封面设计：北京麦莫瑞文化传播有限公司　　责任印制：刘译文

京津冀职业教育协同发展路径研究

侯兴蜀　著

出版发行：知识产权出版社 有限责任公司	网　　址：http：//www.ipph.cn
社　　址：北京市海淀区气象路 50 号院	邮　　编：100081
责编电话：010-82000860 转 8655	责编邮箱：wangyingchao@cnipr.com
发行电话：010-82000860 转 8101/8102	发行传真：010-82000893/82005070/82000270
印　　刷：三河市国英印务有限公司	经　　销：新华书店、各大网上书店及相关专业书店
开　　本：720mm×1000mm　1/16	印　　张：17
版　　次：2025 年 4 月第 1 版	印　　次：2025 年 4 月第 1 次印刷
字　　数：270 千字	定　　价：98.00 元
ISBN 978-7-5130-9754-3	

自　　序

　　京津冀协同发展是新时代我国一项重大的国家战略，也是区域发展战略的重要部分。党的十八大以来，以习近平同志为核心的党中央高度重视京津冀协同发展。在习近平总书记亲自谋划、亲自部署、亲自推动下，京津冀协同发展从谋思路、打基础、寻突破，到滚石上山、爬坡过坎、攻坚克难，不断书写新时代高质量发展的新篇章。职业教育作为京津冀协同发展的一部分，在过去的十年里也在奋力前行。

　　职业教育在京津冀协同发展大局中既是产业协同发展的重要支撑，也是教育协同发展的组成部分和特色篇章。京津冀地缘相接，人缘相亲。其实，早在 2014 年之前，京津冀三地职业教育就有合作。随着京津冀协同发展战略的实施，职业教育协同发展也进入了一条快车道。从政策来看，突破了一些以前难以跨越的障碍。比如，跨省市高职单独招生和跨省市"3+2"中高职衔接。从实践来看，如今三地间职业教育的协作互动更加频繁、扩大和深入，远超 2014 年之前。从成效来看，京津冀职业教育协同发展发挥了五个方面的作用，即通过专业协同育人支撑京津冀产业协同发展，通过教育精准扶贫助力河北省全面建成小康社会，通过智力支持提升经济社会发展水平，通过教育与培训支持乡村振兴，通过互相协作助力京津冀职业教育整体发展水平提升。与此同时，京津冀职业教育协同发展也存在一些不充分、不均衡、配套政策不足的问题。对这些问题需要深入分析，以便于有针对性地加以解决。

　　就北京市而言，京津冀职业教育协同发展也是一个战略问题，影响广泛而深远，牵动了市区两级教育行政部门、人社部门和众多中等及高等职业院校，也包括在科研部门工作的我。入职以来，我一直主要从事北京职业教育发展宏观战略问题研究。2015 年 8 月，我开始承担京津冀职业教育协同发展方面的研究，主要承接北京市教育委员会委托的相关研究任务，参与文件起草、工作会议和外出调研，协调组织召开或参与相关研讨会，协助校际考察与合作，编辑 30 余期《京津冀职业教育协同发展简报》，连续 8 年撰写北京市推进京津冀职业教育协同发展年度报告，主持相关课题研究，几乎全程跟踪了京津冀职业教育协同发展，并将继续开展这方面的研究。因此，本书主要是基于以上工作积累的素材和思考。

路径是实现目标的方式或到达目的地所经过的道路。路径问题很重要，也很现实，即使目标不清晰，路径也是可以探索的。"摸着石头过河"，大概就是这个道理。在 2015 年前后，我对于京津冀职业教育协同发展路径虽然也设想了十条左右，但其实对大多数路径心里没底儿，不知道哪条路能走，哪条路难走，哪条路根本走不通。这可能是因为我研究能力不足、水平有限，也可能是因为我知道主体间的协同需要跨越很多障碍，"交易成本"可能较高。我甚至认为，在京津冀职业教育协同发展问题上，从追求实际效果的角度出发，在目标、实施路径和条件保障这三者当中，实施路径可能是最首要和最主要的。相对而言，目标共识的达成和配套政策条件的供给可能难度较大、时限较长。而且，路径的"先行先试"有助于逐步达成目标共识，也有助于探测其他部门和配套政策的底线或限度。因此，我对京津冀职业教育协同发展路径问题的研究兴趣相对较高一些，本书内容也以大量的案例和实证分析为主。通过对比在路径问题上早期设想和实践探索的区别，有助于认识和理解京津冀职业教育协同发展的整体状况。本书贡献主要有三：一是系统描述十年京津冀职业教育协同发展全貌；二是对京津冀职业教育协同发展实践路径进行了分类，作了结构分析；三是揭示了京津冀职业教育协同发展背后的一些机理。

本书虽然可以说是"十年磨一剑"，但我深知，此剑尚待进一步淬炼。限于本人的能力和水平，目前的监测方法还有待于进一步完善，有些案例会有所遗漏，有些统计可能并不完全，限于材料视角可能偏北京多一些，有些观点可能还需要推敲改正。希望读者对本研究的不足能给予批评指正。感谢在京津冀职业教育协同发展研究工作过程中曾给予我指导和帮助的京津冀三地教育行政部门的领导、科研部门的同行、北京教育科学研究院职业教育研究所及其他部门的同事。也希望本书能对教育决策、学校行动和理论研究有所助益。

　　是为序！

侯兴蜀

2024 年 11 月 28 日

目　　录

第一章 导　　论

第一节　问题提出与研究意义

一、问题提出

2014 年 2 月，在习近平总书记亲自谋划、亲自部署、亲自推动下，京津冀协同发展上升为国家战略。2014—2023 年是京津冀协同发展战略实施的第一个十年。其间，京津冀职业教育协同发展是如何推进的，已经推进到什么程度，这可能是京津冀教育界甚至国内职业教育界人士关心的一个重要问题。

职业教育在京津冀协同发展大局中既是产业协同发展的重要支撑，也是教育协同发展的组成部分和特色篇章。京津冀协同发展已经走过第一个十年，当前已进入全面深化拓展新阶段。2023 年 5 月，在深入推进京津冀协同发展座谈会上，习近平总书记再次为三地协同发展指明方向——以更加奋发有为的精神状态推进各项工作，推动京津冀协同发展不断迈上新台阶，努力使京津冀成为中国式现代化建设的先行区、示范区。❶

---

❶ 严赋憬、孙少龙、李涛. 习近平总书记这样引领推动京津冀协同发展 [EB/OL]. (2024-02-26) [2024-06-20]. https://www.gov.cn/yaowen/liebiao/202402/content_ 6934159.htm.

因此，有必要回顾总结十年来京津冀职业教育协同发展的历程和成效，从政策路径、实践路径和理论路径三方面作系统分析，对路径作出细致的分类，总结其变化和特点，分析其机理、问题和成因，展望其发展趋势，提出对策建议，有助于理解京津冀职业教育协同发展的脉络和现状，有益于教育行政部门和职业院校管理者全面深入了解情况并改进工作，有利于未来进一步推动京津冀产业、职业教育、科技、人才协同发展，更好地发挥职业教育在京津冀协同发展新征程中的独特作用。

二、研究意义

（一）为政府相关部门提供决策参考

在相当长的一段时期内，推进京津冀职业教育协同发展是教育部和京津冀三地政府的重要工作内容之一。通过对 2014—2023 年京津冀职业教育协同发展政策、实践案例和数据的梳理，能够更加全面和清晰地认识其形态面貌和内在机理，能够为政府制定下一步政策和行动计划提供参考建议，有利于提高京津冀职业教育协同发展决策的科学性和有效性。

（二）为京津冀职业院校间协作实践提供经验和案例借鉴

通过系统梳理京津冀职业教育协作的实践经验，有助于京津冀职业院校在理解区域协同发展、选择合作对象和合作路径等方面，更合理地作出决策和高效地开展实践。

（三）为理论创新探索新路径、新视野和新案例

探索搭建"政策路径—实践路径—理论路径"分析框架，通过研究与总结区域职业教育协同发展的新实践、新模式、新案例，梳理其经验、特点、趋势，分析其机理、得失，对照分析政策路径、实践路径和理论路径的异同，有利于开拓区域教育协同发展理论新视野，可以成为未来教育区域协同发展研究的基础和参考。

第二节 文献综述

综合分析收集到的相关国内外学术文献发现，虽然探讨区域一体化背景下职业教育协同发展的研究还算丰富，但针对区域一体化进程中职业教育协同发展的研究总体上还处在发展阶段，多集中于对协同发展必要性、可行性和机制问题的理论分析，实证研究多为研究学校实践的论文，尚缺乏对长时段、广地域范围内京津冀职业教育协同发展的实证研究。

一、关于合作机制

对国外职业教育区域合作发展的研究文献主要集中在对欧盟职业教育与培训一体化、大巴黎区域教育资源整合、美国区域教育合作的经验分析，系统化的国际合作比较研究还处于起步阶段；就协同机制而言，虽有一些研究，但深入程度有待加强。

从国际职业教育区域合作实践来看，虽然有国际组织发挥协调作用，但市场机制——比如证书标准或项目制——发挥作用还是较多，政府间或一国内部各地方间的规划调控相对较少。但若单从国别研究的角度入手，由于体制和社会背景的不同，这些经验性成果对京津冀职业教育协同发展而言借鉴意义不大，而提取共性，结合京津冀职业教育协同发展的现实问题，梳理国际经验可能会带来更多的启发。法国与欧盟的资源整合与一体化模式提供了解决教育资源不平衡的思路，即资源再分配，通过统一标准控制结果产出相对平衡。

苟顺明梳理了欧盟职业教育政策演变的整个历程，并将其分为建立关税同盟、共同市场和经贸同盟、政治同盟三个阶段。该研究发现欧盟的职业教育合作也存在很多问题，比如各国伙伴关系不紧密，资源保障困难，改革动力难于维持。欧盟职业教育依然做得很好，作者认为其关键在于欧盟职业教育合作发展的政策力量。❶ 澳大利亚和美国职业教育通过设立相

---

❶ 苟顺明. 欧盟职业教育政策研究［M］. 北京：人民出版社，2014：47-201.

关机构、提供资金及立法保障来构建区域联合机制，可以更有效地解决区域层面与地方层面在管理上的断层，为一体化深入发展提供保障。田相林指出，美国通过设立区域职业技术中心、联邦与州职业教育立法、提供财政支持等方式推进职业教育区域联合。❶

国内职业教育区域合作研究主要关注了长三角职业教育一体化、"泛珠三角"教育一体化、粤台职业教育合作经验，也对其间的合作机制作了一定的探讨。沈剑光指出，长三角职业教育一体化有其外在和内在动力，专业建设需要"错位发展"，师资建设需要"联体交流"，教学成果需要"共用共赢"，建立职业预警制和招生需求预报制，并推动职业资格准入制的同步进行，建立协作关系，加强整体规划和相互交流。❷ 胡秀锦认为，长三角地区的职业教育合作发展经历了基于人脉推动的市场孕育、基于政府主导的多元参与阶段，并会逐步进入基于观念认同的职业教育一体化发展阶段。区域职业教育合作可以划分为基于服务、基于资源、基于发展和基于战略四种模式。政府和市场已成为推动区域职业教育合作发展的主导力量。对政府而言，解决其促进职业教育一体化的动力机制问题应成为进一步发展的重点。要实现区域职业教育的合作发展，必须明确政府和市场对区域职业教育合作的作用机制，建立有效的政府间协调机制，并完善保障机制。❸ 邢晖等通过调查研究发现，在职业教育跨区域合作中，健全的合作机制应当包括动力机制、运行机制、制约机制、调控机制、保障机制和评价机制，它们既是影响合作进展和效果的关键要素，也是政策选择和制度安排的重要内容。❹

近年来关于京津冀职业教育协同发展或京津冀协同发展背景下北京市、天津市和河北省职业教育发展策略的研究日趋丰富，主要对协同发展的必要性和策略作了比较充分的探讨，同时也对合作机制作了理论上的初步构建。

---

❶ 田相林. 聚焦美国职业教育跨区域合作 [J]. 教育与职业，2014 (7)：106-107.

❷ 沈剑光. 长三角职业教育一体化初探 [J]. 职教通讯，2014 (1)：17-19.

❸ 胡秀锦. 长三角地区职业教育合作发展机制探析——基于历史和现状的考察 [J]. 职教论坛，2013 (4)：77-81.

❹ 邢晖，等. 跨区域职业教育合作办学模式研究 [M]. 北京：现代教育出版社，2013：167.

在整体机制构建层面，曹星星针对京津冀区域职业教育协调发展治理机制构建所面临的主要问题，提出秉持"自上而下"与"自下而上"有机结合的原则，构建政府协作、协调管理、资源共享、利益协调与补偿、监督评价五种治理机制。❶ 闫志利等提出健全京津冀职业教育一体化市场机制，明确一体化主体，完善一体化制度，优化一体化环境，强化一体化动力，提升一体化效率，并通过构建政策保障机制，实现多元主体参与，确保三地职业教育发展实现均衡投入。❷ 孙翠香从加强协同治理的角度研究发现，内生动力缺乏与"碎片化"协同问题日益凸显。基于此，重构增进"公共价值"的核心理念、实现京津冀职业教育协同治理，是进一步深入推进京津冀职业教育协同发展的关键。❸

在局部机制构建层面，荣利颖等以京津冀职业教育资源共享为例，分析准公共产品区域间共享的政策基础和供需互动，并在此基础上进行了区域合作的机制构想。❹ 另外一些研究者也从资源共享机制角度作了各自的分析。比如，景文莉等提出构建京津冀卫生职业教育资源的共享机制，包括网络课程及资源共享、人力资源共享和课程认证共享。❺

本研究将在已有研究的基础上，侧重于从整体上对京津冀职业教育协同发展路径（包括其内在机制）作系统的实证研究，以弥补目前相关研究实证性不足的问题。

二、关于跨区域办学联合体

跨区域办学联合体是区域教育合作的一种重要载体和实践路径。唐跃指出，联合体本是计算机编程用的 C 语言中的结构名称，结构特点是内含

---

❶ 曹星星. 京津冀区域职业教育协调发展治理机制研究［D］. 天津：天津大学，2017：1-64.

❷ 闫志利，韩佩冉，侯小雨. 京津冀职业教育一体化研究［M］. 北京：中国社会科学出版社，2018：291-299.

❸ 孙翠香. 京津冀职业教育协同发展：现实审视与困境突破［J］. 职业教育研究，2018（11）：18-23.

❹ 荣利颖，孟静怡. 准公共产品区域间共享的政策基础、供需互动与机制构想——以京津冀职业教育资源共享为例［J］. 中国行政管理，2021（1）：91-97.

❺ 景文莉，刘建春，王华，等. 京津冀卫生职业教育教学资源共享机制的探讨［J］. 职业技术教育，2017（17）：51-54.

多个元素。后来这一名词被广泛借用，如逐渐出现企业联合体、医疗联合体等。❶ 在本研究中，职业教育办学联合体是指为了共同的目标和利益而自愿结成的职业教育合作办学组织或集团。它具有目标共生性、体系开放性、资源互补性和形式多样性。支持到位、运作得当的话，它可以发挥教育资源共享和优势互补、拓宽办学途径、提高办学水平、促进教育公平的作用。在国内外的教育实践中，这种载体在 20 世纪初就得到应用，其名称、功能、结构随着时代的发展也发生了一些变化。办学联合体在学前教育、基础教育、高等教育、职业教育、成人教育等领域均有探索和实践。

职业教育办学联合体在 20 世纪 90 年代初出现。比如，西北五省（区）、山西、黄河水利学校办学联合体。仅就职业教育领域而言，从名称上看，跨区域职业教育办学联合体有办学联合体、集团、联盟、市域产教联合体、行业产教融合共同体等形式，吴升刚等认为可以把产业学院作为中国特色的校企命运共同体;❷ 从成员结构上看，有全部是职业学校单位组建的联合体，也有职业学校和产业企业组织共建的联合体，河北省一些县域职业学校还和村委会、农业生产合作社、农村成人学校组成职业教育联合体。就所属行政区域而言，国内有市域内、省域内、跨省域的办学联合体；在物理空间上，有主要依托现有的学校场所挂名的校区（分校、联盟校、基地校、协作校、对口帮扶校）、职业教育园区、职业教育城等载体。

从区域教育合作与办学联合体这两个维度来看，国内外积累了一些理论研究成果和经验案例，这些成果对于思考京津冀职业教育协同发展路径问题有一定借鉴意义，但其深度和适用性还需要进一步挖掘与分析。其中比较有代表性的是，孙善学等将国外教育协同发展的主要模式归纳为区域规划模式、政府主导模式、综合模式、银行支持模式，将国内教育协同发展模式归为政府主导下的综合协作模式、全方位区域合作模式、项目推进

❶ 唐跃．推行"办学联合体"模式，促进城区教育均衡发展［J］．学园，2013（34）：83.
❷ 吴升刚，周红利．把握"产业"逻辑，建设校企命运共同体［N］．中国教育报，2023-02-07（3）.

模式、国际合作模式、帮扶模式，并提出了京津冀职业教育协同发展要点，● 虽然战略框架设计站位较高，但对职业教育区域合作分析还不够深入。闫志利等就区域职业教育一体化理论与国内外实践进行了研究，并提出了京津冀职业教育共同体共建和园区式资源共享的构想●，但对共同体和园区建设模式与机制的研究尚不深入。

近年来，对行业产教融合共同体和市域产教联合体的研究成为热点。文献显示，这两方面的研究大都针对组织间关系、运行机制、建设路径等方面。市域产教联合体是区域层面政行企校多方协同推进的产教融合载体，自 2023 年开始建设，相关研究普遍关注了市域产教联合体的内涵属性、功能定位、组织运行、管理机制、治理模式和建设路径。

综上所述，无论是国际还是国内的区域职业教育协同发展研究在实证性方面都还有待加强，对跨区域职业教育协同发展路径的研究还比较单一和理论化，对实践案例与经验的挖掘还不够全面和深入，政策、实践与理论路径的对照分析几乎还是空白。因此，开展系统的实证研究非常必要。

第三节　研究内容与研究方法

一、研究内容

本研究主要包括以下六个方面的内容。一是导论（第一章），包括问题提出、研究意义、文献综述、研究内容与研究方法。二是京津冀职业教育协同发展十年来的总体态势（第二章），包括发展背景、发展成效和发展脉络。在发展脉络部分，从总体脉络、政策脉络和实践脉络三个角度作概要性分析。三是京津冀职业教育协同发展的政策路径（第三章）。四是

● 孙善学，吴霜，杨蕊竹．京津冀教育协同发展战略研究［M］．北京：首都经济贸易大学出版社，2016：64-133.
● 闫志利，韩佩冉，侯小雨．京津冀职业教育一体化研究［M］．北京：中国社会科学出版社，2018：253-254.

京津冀职业教育协同发展的实践路径，包括协同组织关系建设（第四章）、专业建设与资源共建共享（第五章）、技能人才培养培训（第六章）、教师队伍能力提升（第七章）、社会服务（第八章）、访问交流（第九章），以及北京的工作亮点（第十章）。五是京津冀职业教育协同发展理论路径（第十一章），包括理论路径的设计，以及理论路径和政策路径的实现程度。六是京津冀职业教育协同发展的问题与对策（第十二章），包括存在的问题与成因，以及启示和对策。

二、研究方法

（一）文献研究

一是京津冀职业教育协同发展简报。2016—2023 年，京津冀职业教育协同发展研究中心年共编制京津冀职业教育协同发展简报 36 期（一般每季度 1 期，另有 3 期职业教育活动周专刊），并在编制过程中逐渐扩大对相关职业院校监测的范围，2015—2023 年累计监测京津冀 369 所职业院校，包括京津冀所有本科层次和专科层次的高等职业学校、北京市所有中等职业学校、天津市和河北省部分中等职业学校。本科层次学校包括首钢工学院和天津中德应用技术大学。首钢工学院虽然是本科学校，但近年来主要举办高等职业教育。天津中德应用技术大学由原天津中德职业技术学院升格而成，该校自我定位为应用技术大学，在本书中被视为本科层次的高等职业学校，目前办学层次包括硕士、本科和专科（高等职业教育）。专科层次高等职业学校中包括 1 所成人高等学校即河北青年管理干部学院，目前招收全日制普通高职专科学生。该简报的信息来源主要是公开信息，包括京津冀政府有关部门和职业院校官方网站公布的新闻报道，通过搜索获得的新闻报道，研究者在实地参与活动过程中获得的信息，以及其他渠道获得的信息。

二是北京市各职业院校提交的推进京津冀职业教育协同发展年度报告。2016—2023 年（2022 年除外）每年年底北京市教育委员会发出专门通知，要求北京市中等职业学校和高等职业学校撰写和提交学校参与京津冀职业教育协同发展的年度报告，7 年累计形成 214 份报告。2015 年和 2022 年未专门发出通知收集各职业院校推进京津冀职业教育协同发展年度报告。2015 年主要依据北京市教育委员会形成的一份名为《北京市中职学校已开展京津冀职业教育合作情况汇总》的报告，2022 年主要依据京津冀职业教育协同发展简报和职业学校质量年报中的相关内容。

三是职业院校教育质量年度报告。这主要包括在北京职成教网上公布的 2016 年以来历年的北京市中等职业学校和高等职业学校教育质量年度报告、北京市各区政府职业教育履责情况年度报告、2015 年以来历年的北京市中等职业教育质量年度报告和 2016 年以来历年的北京市高等职业教育质量年度报告，此外还有天津市和河北省部分职业院校官方网站公布的学校教育质量年度报告。

此外，笔者还通过计算机网络搜索工具获得了一些相关的新闻报道。

（二）定量分析

1. 分析方法

根据上述文献资料和信息，笔者建立了京津冀职业教育协同发展数据库，它包含若干个数据表。按照 2014—2023 年每自然年京津冀地区职业院校是否参加了符合上述标准的活动进行记录，参加 1 次及以上在表中当年年份下记"1"，然后进行横向和纵向汇总，横向汇总所得数代表一所职业院校在 2014—2023 年每年参与的频次（按年度简单求和计算，单位设为年次，但事实上存在同一所学校在同一年度进行了多次不同形式的京津冀职业教育协同发展活动的现象），纵向汇总所得数代表本地区本年度被监测的职业院校参与京津冀职业教育协同发展活动的频次，然后进行一定的排序，借以粗略考察京津冀职业院校参与协同发展进程的范围和活跃度，最终形成由若干张依据上述方法制作的数据表和相关活动素材以及其他基础信息表组成的京津冀职业教育协同发展数据库。

本书中的图表包含的和依据的数据除特别注明外，均来自前述的京津冀职业教育协同发展数据库。如无特别说明，本书所呈现的数据主要描述 2014 年 1 月 1 日至 2023 年 12 月 31 日发生的活动信息。这些活动在发生地点上主要在但不限于京津冀地理区域内。

2. 数据的局限性对统计分析结果有一定的影响

一是本书数据采集的范围有一定的局限性。监测的重点以京津冀高等职业学校为主，做到了全覆盖（根据教育部公布的 2023 年全国普通高等学校名单）。但相对于此而言，仅常规定期监测了 178 所中等职业学校（只要监测到有中等职业学校参与京津冀职业教育协同发展活动，就会持续监测其官方网站），而这仅占 2022 年京津冀地区中等职业学校（含京津冀三地普通中专、成人中专、职业高中和京津两地技工学校，不含河北省技工学校）总数（870 所）的 20.46%，这无疑会遗漏一些实际参与过京津冀职业教育协同发展活动的中等职业学校。

二是本书数据采集的方式有一定的局限性。虽然本书对所有能获取的相关报告都进行了分析，但相比实际发生的全部活动，信息仍有遗漏。比如，京津冀职业教育协同发展简报主要以职业院校官方网站上公开的信息为主，北京市职业院校推进京津冀职业教育协同发展年度报告由于非强制性也有一定数量的学校没有提交，职业院校教育质量年度报告目前主要收集并分析了北京市的职业院校而且不包括 2015 年的学校报告。除了官方报告，还通过搜索工具、实地参与以及其他途径获取了一些信息，但仍避免不了部分信息的遗漏。

三是本书假设京津冀职业院校会主动公开其参与京津冀职业教育协同发展活动的信息，并且这些信息通过网络途径可以获取。其实，这个假设本身可能并不完全成立，有些职业院校可能实际参与了相关活动但并未主动公开，有些职业院校甚至未开设官方网站。当然，这样的信息遗漏情况无法统计。

（三）实地考察和调研

笔者通过考察天津市和河北省职业教育研究机构及部分职业院校，获取了相关信息，增加了实际感受。2014 年以来，笔者考察了天津市教育科学研究院职业教育研究所、河北省教育厅职业教育与成人教育处、河北省职业技术教育研究所、河北女子职业技术学院、石家庄市职教中心、张家口市职教中心、保定市职教中心等一批职业教育机构。

（四）组织和参加会议

通过组织和参加相关会议，也获得了大量信息。2015年以来，笔者实地参加了京津冀高职教育协同发展论坛、京津冀一体化职业教育研讨会、京津冀交通职业教育协同发展研讨会、首届现代职业教育论坛暨京津冀"互联网+"职业教育集团成立大会、京津冀现代职业教育协同发展工作推进会、京津冀职业院校电子商务及经管类专业产教融合创新研讨会、大城区治理与京津冀协同发展研讨会、北京市教育委员会进驻城市副中心职成教育专班对接座谈会、京津冀教育协同发展工作推进会、京保石邯职业教育联盟成立大会等。

（五）参与决策咨询和课题研究

以承担研究课题、委托研究任务、编制简报和年报、起草文件稿（方案、协议、工作总结、领导讲话稿）、对处于起草过程中的文件提出修订建议等形式，服务北京市推进京津冀职业教育协同发展决策工作。

（六）推动校际交流与合作实践

一是应有关职业学校要求，居中联系，促成京冀职业院校间的相互考察、洽谈与合作签约；接待河北省职业学校干部来访座谈，提供有关信息和工作建议。二是通过咨询等形式，为京津冀地区职业院校提供相关信息或建议。同时，在与职业学校的联系和沟通过程中，了解学校的基本情况、合作需求、合作做法及合作存在的问题、原因、建议等。三是在部分职业教育联盟章程制定过程中提供了建议。

第二章　总体态势

第一节　发展背景

一、京津冀协同发展取得显著成就

党的十八大以来，以习近平同志为核心的党中央高度重视京津冀协同发展。在习近平总书记亲自谋划、亲自部署、亲自推动下，京津冀协同发展从谋思路、打基础、寻突破，到滚石上山、爬坡过坎、攻坚克难，不断书写新时代高质量发展的新篇章。❶京津冀协同发展十年各项工作取得了显著成就。规划政策框架搭建形成。以《京津冀协同发展规划纲要》为蓝图，相关部门也相继出台了产业、教育等专项规划和配套政策。北京非首都功能疏解取得突破性进展，成为全国首个减量发展的超大城市。雄安新区进入大规模建设和承接北京非首都功能疏解并重的阶段。北京城市副中心功能日趋完善。重点区域高质量发展成效明显。交通、生态、产业重点领域协同发展水平持续提升。公共服务共建共享加快推进。体制机制改革创新深入推进。总的来看，过去的十年，京津冀协同发展主要是夯基垒

---

❶ 王明浩，陈忠华，孔祥鑫，等．"三界碑"下话变迁——京津冀协同发展十周年观察［EB/OL］．（2024-02-02）［2024-06-20］．https：//www.gov.cn/lianbo/difang/202402/content_6930243.htm.

台、落子布局，重在调整优化经济结构和空间结构。●

二、京津冀产业协同发展需要技能人才协作培养

京津冀产业布局和企业布局重构引发的技术技能人才需求将驱使京津冀职业教育协调专业布局和协作培养人才。作为三个率先突破重点领域之一的产业转移虽然取得了进展，但北京市外迁到河北省的企业却遇到了技能人才不足的问题。北京（曹妃甸）现代产业发展试验区首钢京唐二期、北汽福田、城建重工、北京·沧州生物医药园、张北云计算产业基地、新乐三元工业园、北京现代四工厂等一批项目投产。但是2015年下半年北京市政协反映外迁企业在职业技能人才方面存在很多问题，北京市教育委员会对此开展专题调研发现，造成外迁企业技能人才流失和短缺主要有三个方面原因：一是部分老职工不愿随企业外迁，在一定程度上造成技能人才流失；二是外迁企业对北京市技能人才缺乏吸引力，在同工同酬的情况下，岗位无法满额招聘所需技能人才，新员工不能及时补充；三是当地技能人才培养能力不足、水平不高，不能对外迁企业形成有效的技能人才供给。因此，提出解决外迁企业技能人才问题的关键是增加外迁企业所需技能人才的有效供给：一是推动外迁企业相关补偿政策落地，特别是要解决随迁职工在户口、医保、子女入学等方面的后顾之忧；二是探索"招生招工一体化"的现代学徒制试点，解决外迁企业招聘难的问题；三是加强与外迁企业所在地合作，增强当地技能人才供给能力。承德应用技术职业学院党委书记卜立新在接受媒体采访时表示，该校此前有超过70%的学生在京津就业，2023年这一比例已达到近100%。"支持河北办好职业教育，也是在帮助京津培养人才。同时，河北与京津加强职业教育上的合作，也能为河北学生提供更多就业和发展机会，对三地来说是互利共赢的事情。"❷

---

❶　国务院新闻办发布会介绍京津冀协同发展十年来有关情况［EB/OL］.（2024-02-27）［2024-06-20］. https://www.gov.cn/lianbo/fabu/202402/content_ 6935067. htm.

❷　赵博宇. 合作办学迈入新阶段 京津冀签署教育协同发展行动计划［EB/OL］.（2023-10-08）［2024-06-20］. https://news. hexun. com/2023-10-08/210459835. html.

三、京津冀职业教育合作有基础

（一）职业学校间合作与交流由来已久，形式多样

京津冀地缘相接，人缘相亲，职业教育特别是职业学校间的合作与交流早已存在，并且形式多样。北京市昌平职业学校与滦平县职教中心在20世纪90年代初就有紧密合作。北京市求实职业学校与迁安市职教中心最早的合作是从2000年前后共建航空专业开始的。

1. 保定市职业教育全面对接京津两市

自2009年2月保定市全面启动对接京津工作以来，该市职业院校积极探索与京津及周边县、市企业和学校开展"校企合作""校校联合"等多元合作模式，涿州餐饮、定州建筑、高阳纺织、曲阳雕刻、安国中药等高等职业教育、中等职业教育专业品牌效应凸显。2009年该市有53所学校与京津484家企业和学校实现对接，全年向京津地区输送实习就业学生33221人次，毕业生凭借特色技能在京津实现"品牌就业"。

2. 举行合作会议，签署合作协议

2008年，天津石油职业技术学院校长一行代表学校参加渤海区域化工职业教育院校协作会成立大会暨第一次年会。该校被选为协作会副会长单位，并担任石油化工生产技术专业牵头单位。本次会议由天津渤海职业技术学院承办，大会的主题是"创新合作机制，促进共同发展"。来自天津、河北、内蒙古等省、自治区和直辖市共23所化工职业教育院校及相关单位的60余名代表参加了会议。2012年，环渤海高职合作会议在秦皇岛召开，北京、天津、河北、山东等省市高等职业院校参会，河北省教育厅有关负责人在会议上讲话。河北石油职业技术大学当选首届常务理事单位，并与北京工业职业技术学院签署学生交流协议。

3. 组成职业教育联盟并联合开展活动

2011年6月，首届京津沪交通职业教育集团化办学联席会议在天津召开，并通过了由上海交通物流职业教育集团起草的《京津沪交通职业教育

集团化办学联席会议章程》。从 2012 年"携手共进"之北京，到 2013 年"放飞梦想"之天津，再到 2014 年"与梦同行"之上海；从培养学生团队协作能力，到鼓励学生做有目标和有梦想的新青年，再到为学生追梦而铸建阶梯，北京交通运输职业学院、上海交通职业技术学院等京津沪三地职业院校优秀学生主题联谊活动给学生们提供了学习交流、追求梦想的平台。

4. 联合办学

2009 年，北京金隅科技学校与河北省容城县职教中心开展"1+2"联合办学，2011 年最后一批学生毕业；与河北省雄县职教中心开展"1+2"联合办学，2012 年最后一批学生毕业；与河北省平泉县综合职教中心开展"1+2"联合办学，2012 年最后一批学生毕业。2009 年北京商贸学校与河北商贸学校开展"2+1"合作，协议到期后合作结束。北京市环境与艺术学校与张家口市职教中心自 2010 年起联合举办动漫游戏专业和工艺美术（家具设计）专业学历教育班，开展中专学历教育，2015 年因取消外省招生计划双方终止合作，不再招生。

5. 承办河北省高职高专院校教务管理培训班

2011 年，受河北省教育厅委托，天津石油职业技术学院承办河北省高职高专院校教务管理培训班。河北省 40 多所院校的 80 多名代表参加会议，培训内容涉及文化建设、教学管理、人才培养、专业建设、课程建设、教学质量监控、干部管理艺术等。

6. 举行京津冀区域职业教育校企合作学术研讨会

2012 年，京津冀区域职业教育校企合作学术研讨会在天津举行。研讨会由中国职业技术教育学会校企合作工作委员会、天津大学职业技术教育学院主办，远东教育家联盟协办，天津中德职业技术学院承办。京津冀三地职业院校代表 60 余人参加了大会。与会代表分别就校企合作模式、政策措施、机制创新、品牌打造、提升服务水平等方面作了主题发言。会议期间，与会代表赴天津滨海新区校企合作优秀企业空客 A320 天津总装线、天津航天长征火箭有限公司参观，并与企业代表围绕校企合作议题进行研讨。

7. 实施援助项目

2009 年，北京电子科技职业学院副院长一行到张家口职业技术学院考察，落实支持援助项目。

8. 组织志愿者深入河北省贫困乡村开展暑期卫生下乡活动

2010 年，天津医学高等专科学校团委组织志愿者来到河北省安新县桥南村农户家中发放《夏季常见病预防保健知识》和世博会宣传材料。在义诊现场，学生们为居民进行身体检查，并与"患者"沟通交流，解答问题，共接待当地居民近 200 人。本次暑期下乡活动还结合了爱国主义教育和创先争优的活动内容，学生们集体参观了爱国主义教育基地雁翎队纪念馆和嘎子村。

9. 调研、考察、交流、学习学校建设和管理经验与成果

2007 年，天津石油职业技术学院调研组赴邢台职业技术学院、石家庄铁路职业技术学院就国家示范院校建设工作进行考察学习。2009 年，天津市宝坻中等专业学校校长一行到张家口职业技术学院，就合作办学、教学资源共享等方面内容进行调研考察。2011 年，廊坊市卫生学校到天津医学高等专科学校参观考察，学习示范校建设经验。

2012 年，中国音乐学院附中文化教学科全体教师赴天津音乐学院附中开展交流访问。2013 年，天津音乐学院附中到中国音乐学院附中交流。两校有着相似的文化课教学背景，也常常面临着相似的教学难题。每次互访，双方均能从教学、教研、管理经验中获得新思路，为下一步的教学规划提供新的发展方向。

2013 年，承德护理职业学院到天津医学高等专科学校，唐山工业职业技术学院到天津市职业大学，邢台医学高等专科学校到天津医学高等专科学校，北京京北职业技术学院到秦皇岛职业技术学院，北京商贸职业技术学校到天津市第一商业学校，天津石油职业技术学院到河北石油职业技术大学（原承德石油高等专科学校）分别考察学习，有些还达成了合作意向。

（二）政府间合作早有意向，但未实施

2007 年，出于有序补充北京市劳动力的考虑，北京市教育委员会、北京市发展和改革委员会、北京市人力资源和社会保障局有关部门负责人讨论过京冀职业教育合作问题，并拟委托北京教育科学研究院职业教育与成人教育研究所开展相关调查研究，以作政策储备。2009 年，北京市教育委员会职业教育与成人教育处起草了《关于开展京冀中等职业教育合作的通知》。该通知的主要内容是按照"政府主导、学校主体、明确政策和规范操作"的原则，拟招收 2500 名河北省学生来京学习。其中，联合办学招生 1500 人，在原有招生计划的基础上新增 400 人，使得面向河北省招收新生 1000 人，并提出若干项管理措施以及需要配套提供的政策支持（提供国家助学金、拨付生均办学经费），但该通知并未正式发出。

四、京津冀职业教育协同发展有空间可为

（一）北京市、天津市和河北省职业教育互有优势，但也有落差

京津冀职业教育的协作其实背靠的是京津冀资源的差异化分布。"京津两地作为直辖市，拥有充足的教育资源、雄厚的经济基础以及广阔的用人市场，历来是外省市适龄学生热追的'教育热地'。而京津地区名校密集、高升学率、高名校率等客观因素造成职业院校适龄学生生源严重不足。同时由于户籍政策限制，绝大多数外地生源又被拦在了'政策'之外。所以，以北京市劲松职业高中、天津市第一商业学校为代表的京津两地的优质教育资源存在浪费情况，这与京津冀地区产业升级和产业布局调整趋势极不相符。"❶

京津冀职业教育协同发展空间之所以存在，是因为职业教育发展水平虽然互有优势，但在京津冀之间有落差。相比于北京和天津两市，河北省

---

❶ 张家口市职教中心与北京市劲松职业高中、天津第一商业学校合作办学 ［EB/OL］. （2015–01–20） ［2022–04–14］. http://hvae.hee.gov.cn/col/1493880075250/2015/01/20/1495608804440.html.

职业教育总体发展水平和部分要素处于后进状态，虽然部分职业教育要素领先。

从条件方面看，如表 1 所示，北京市中等职业学校生均公共财政预算教育事业费支出远超天津市和河北省，而且差距在加大。自 2015 年开始，北京市中等职业学校生师比低于天津市和河北省，且差距在 2022 年进一步加大；2012—2020 年 9 届全国职业院校技能大赛教学能力比赛高职组北京市参赛队以 120 项获奖成果排在获奖数量最多的第三位，天津市（98 项）、河北省（72 项）分居第 7 位和第 15 位[1]。从学生技能大赛成绩方面看，2008—2017 年，北京市、天津市和河北省职业院校技能大赛获奖总数占全国获奖总数的比例平均分别为 4.1%、3.2% 和 1.7%[2]。

表 1 京津冀部分职业教育指标

项目	全国	京津冀平均	北京	天津	河北
2013 年中等职业学校生师比	22.97	17.39	22.97	14.04	17：02
2014 年中等职业学校生师比	21.34	15.05	17.51	13.94	14.82
2015 年中等职业学校生师比	20.47	14.04	13.66	15.04	13.95
2022 年中等职业学校生师比	19.29	16.09	10.13	16.00	16.68
2013 年中等职业学校生均公共财政预算教育事业费支出（元/人）	8784.64	16809.24	23635.72	19901.89	6890.12
2014 年中等职业学校生均公共财政预算教育事业费支出（元/人）	9128.83	19850.08	28765.51	22753.14	8031.58
2022 年中等职业学校生均公共财政预算教育事业费支出（元/人）	17461.54	38051.75	71796.68	25619.45	16739.11
2015 年高等职业学校生师比	—	13.97	12.19	14.65	15.08

---

❶ 杨淑枝. 全国职业院校技能大赛教学能力比赛获奖统计及特征分析——基于 2012—2020 年大赛高职组数据 [J]. 职业技术，2020，21（6）：44.

❷ 岳金凤. 全国职业院校技能大赛获奖分布及特征评析——基于 2008—2017 年数据 [J]. 职业技术教育，2017，38（36）：35.

项目	全国	京津冀平均	北京	天津	河北
2014年高等职业学校生均教育经费支出（万元/人）	—	—	5.18	2.02	1.47
2015年高等职业学校生均教学科研仪器设备值（元/人）	—	—	34967.82	12126.82	8839
2014年国家级职业教育教学成果奖获奖（项）	451	47	23	14	10
2013年职业院校技能大赛获奖总数占全国获奖总数的比例（%）	100	9.0	4.3	3.3	1.4
2014年职业院校技能大赛获奖总数占全国获奖总数的比例（%）	100	9.3	4.6	3.3	1.4
2017年职业院校技能大赛获奖总数占全国获奖总数的比例（%）	100	7.2	3.2	2.7	1.3
2014年全国职业院校信息化教学大赛获奖（项）	—	—	24	20	9
2019年全国职业院校技能大赛教学能力比赛一、二等奖总数占比（%）	100	31.6	75	12.5	45.8

注：中等职业学校数据不含技工学校。

数据来源：中华人民共和国教育统计年鉴；教育部、国家统计局、财政部关于2013年全国教育经费执行情况统计公告；教育部办公厅关于公布2014年全国职业院校信息化教学大赛获奖名单的通知；《京津冀教育发展研究报告（2016—2017）：协同发展平台体系建设》；古燕莹.2019年全国职业院校技能大赛教学能力比赛获奖数据分析[J].职业技术教育，2020，41（18）：26.

北京市虽然在毕业生就业渠道方面优势明显，但因人口规模控制政策在人才异地分段培养方面局限较大，特别是在京津冀协同发展的初期。天津市落户政策较为宽松，招收异地学生政策空间较大且灵活，行业办学占比较大。这些都是河北省的短板，但同时河北省在土地和生源方面优势明显。

从理论上讲，既然互有优势，那么优势互补、强强联合、对口帮扶、抱团发展就应该是而且是可以操作的协同发展模式。

就北京市而言，在京津冀职业教育协同发展进程中，职业教育如何发挥支撑首都高端文化艺术产业和高端服务业的专业优势和管理优势、首都高端人才聚集优势和国际交往中心的作用，强化自身建设并辐射到京津冀，这是北京市应该着力去挖掘的潜力。

京津冀职业教育协同发展的主要内容归根结底还是要体现在专业合作上——合作建设专业、合作培养技能人才。就某一个职业教育专业而言，北京市或者天津市相对于河北省可能处在先开发阶段或服务定位为高端产业或产业高端环节。在这种情况下，如果河北省有需求，那么经过协商，北京市或天津市的职业院校就可以派出本专业的研发力量和师资力量，帮助河北省职业院校进行专业规划和建设。专业建设上应该有很大的合作空间和很多的合作内容。

（二）京津冀职业教育协同发展的动力在于三地职业教育互有一定的需求

1. 总体需求分析

从理论上讲，京津冀职业教育协同发展参与主体——政府、学校、企业、行业组织、中介机构、科研机构等——的动力，既有可能来自借势升级的强烈追求，也有可能来自生存自保的无奈压力；既有可能在于领导者追求成绩和价值体现的成就动机，也可能出于教书育人、技艺传承的理性自觉；既有产业转移合作带来的人才异地分段培养需求，也可能产生于脱贫扶贫对就业创业能力提升的需要，而交通便利、信息技术进步带来的交流成本下降都在使得上述这些动力驱动协同发展的需求得到满足，或者说可以激发新的协同发展需求。

京津冀职业教育协同发展的动力主要在于京津冀三地互有一定的需求，虽然需求的力度和内容可能会有分别。从理论上看，北京市职业教育规模受城市人口规模总量控制因素影响要压缩，人才培养规格受经济结构高端化影响要提高，因此在有限的空间里要寻求突破、转型或升级。天津市高等职业教育招生规模和在校生规模需要持续增长以支撑其城市经济高速发展，同时作为国家职业教育改革示范区更需要领先发展并起到辐射带动作用。在京津冀协同发展大势下，为了支持河北省产业调整和扶贫脱贫甚至整个河北省的崛起，河北省职业教育也要有大的发展，要提高质量和水平，而有效地利用北京和天津两市的职业教育资源无疑可以加快河北省职业教育发展的步伐。可以说，京津冀协同发展为河北省职业教育带来了一个绝佳的历史性发展机遇。

2. 京冀合作需求分析

就北京市和河北省而言，职业教育合作可以说是一种资源换空间的合作，河北省获得北京市的优势资源，北京市获得进一步发展的空间。京津冀职业教育都需要并且也可以借助京津冀协同发展大势，至少先实现各自目标。

（1）北京市职业教育需要在京津冀协同发展大局中借机生存和进一步发展。

自 2012 年开始北京市非京籍学生招生报名考试政策收紧，北京市高等职业教育的外地招生比例大幅削减。自 2014 年起，北京市中等和高等职业教育在数量方面均受到全面限制。《北京市新增产业的禁止和限制目录（2014 年版）》和《北京市新增产业的禁止和限制目录（2015 年版）》均规定：不再新设立中等职业学校；不再扩大中等职业教育的办学规模；中等职业学校不再新增占地面积；不再新设立或新升格普通高等学校；不再扩大高等教育办学规模；高等教育学校不再新增占地面积。

在这种形势下，北京市西城区的中等职业学校被西城区政府列为疏解对象。当时北京市西城区委一名负责人表示，2016 年西城区计划疏解人口3.6 万人，其中通过市场和职业教育疏解带动减少 2.8 万人。西城区制定了 2016 年职业学校校址腾退计划，对北京市实美职业学校小市口校区、甘家口校区和北京市实验职业学校南线里校区进行腾退，3 个校址共 1.9 万平方米。

就整体而言，无论合作空间和合作形式创新的可能性有多大，北京市职业教育融入京津冀协同发展大局是大势所趋，无可回避，虽然这个过程中可能每个阶段合作的形式或者合作的节奏不太一样。这既是京津冀协同发展背景下教育行政部门的期望，也是北京市部分职业院校决定去留的策略和机会。因为就个体而言，部分职业院校的生存压力显而易见。《中共北京市委 北京市人民政府关于贯彻〈京津冀协同发展规划纲要〉的意见》《北京市人民政府关于加快发展现代职业教育的实施意见》均提出：到2020年全市中等职业学校调整到60所左右。虽然这一目标时至今日也未完全实现，但行政推动不如市场压力，职业院校特别是中等职业学校和民办职业学校在当时已感受到了严重的"撤牌"或"退市"危险。北京市职业院校主动加入京津冀协同发展进程，帮助或与河北省职业学校共同发展，服务北京市产业转移或河北省当地产业开发与升级，服务河北省贫困地区脱贫，才可能获得更大的发展空间。否则，不但自身的办学格局越来越小，而且服务功能也会进一步被质疑和被削弱。

（2）河北省职业教育可能需要借助京津冀协同发展的良机，提升办学水平以服务产业调整升级、农民脱贫和区县新城建设。

虽然河北省可能更期望一部分高水平的北京市普通本科高校迁到河北省，或到河北省办分校，或扩大在河北省的本科招生计划，但如果能在高等职业教育领域先开展合作也不无益处。这样一方面双方可以积累合作经验并迅速培养出大量技术技能人才以支撑产业发展，另一方面，虽然北京市高等教育资源丰富，但高等教育存量资源的跨区域调整，特别是在京央属高校需要教育部的统筹协调，也会面临一定的难度以及北京市民的潜在压力。

合格教师数量不足可能是河北省职业学校普遍面临的一个现实难题。对此，首先，河北省职业学校可以借助京津两地的师资优势。北京有些学校、有些专业——比如汽车维修、电子商务、数控加工技术，由于吸引力不足，招生规模下降，专业教师数量相对富裕，河北省职业学校可以短期任用这些教师，以教带培或以培训和研修等形式提供帮助。其次，以河北省当地为主，政府在规划和扶持当地重点产业和企业发展的时候，职业教育可以提前介入规划，并寻求企业支持一些外聘教师或者兼职教师，这样能够迅速缓解师资数量不足的问题。

第二节　发展成效

从总体上看，京津冀职业教育协同发展稳步前进，十年实践卓有成效。

一、多种形式积极全面服务京津冀重点区域发展

以北京市为例。一是强化区域协同联动。推动京津冀职业教育共同发展，加强人才培养、师资培训、教学资源建设等方面的合作。在养老服务、托幼、母婴照护等人才紧缺领域专业开展跨省联合培养。连续举办三届"京雄"职业院校学生技能大赛，为北京、河北雄安等地中等职业学校学生搭建同台竞技平台，推动比赛成果转化和产学研用深度融合。二是支持城市副中心建设。实施通州区基础教育质量提升支持计划，组建11个中高职衔接专业建设指导委员会，指导职业学校与国家大剧院舞美基地、相关行业企业组建"订单班"，加大校企合作力度，努力为副中心重点发展产业和规划项目提供高素质人才储备，进一步增强职业教育对区域发展的支撑作用。

二、专业协同育人支撑京津冀产业协同发展

通过学生异地分段衔接培养、专业共建等形式，京津冀职业教育为京津冀产业发展培养了一大批高素质技能人才。据笔者的不完全统计，2014—2023年京冀合作培养培训学生累计超过9600人。这十年间，京津冀职业教育在专业领域的合作对应了工业、农业、信息、卫生、体育、文化等几乎所有的行业产业领域。

以北京市与河北省之间的实践为例，双方合作涉及的专业累计超过70个，包括园林技术、电气自动化、设备安装与维修（智能制造）、生物制药、新能源汽车维修技术、人工智能技术、休闲体育服务（冰雪运动）、轨道交通、电子商务、老年服务与管理、旅游服务与管理、声乐、美

术等。

从年度情况来看，每年双方合作涉及的专业都超过 20 个，包括电气自动化设备安装与维修（智能制造）、休闲体育服务（冰雪运动）、生物制药、新能源汽车维修技术、数字媒体技术、城市轨道交通工程技术、电子商务、学前教育、楼宇智能化设备安装与运行、航空服务、旅游服务与管理、西餐、中餐烹饪与营养膳食、物流服务与管理、园林技术、老年服务与管理、护理、音乐等。其中，2016—2019 年都涉及的专业有 11 个，即楼宇智能化设备安装与运行、汽车运用与维修、数控技术、轨道交通、电子商务、学前教育、烹饪、航空服务、老年服务与管理、旅游服务与管理、客户信息服务。

三、教育精准扶贫助力河北省全面建成小康社会

通过建立精准扶贫对口帮扶关系，北京市职业教育面向河北省贫困学生和贫困人员开展专业技能培养培训，推荐或安置就业，开展技术指导、产品研发，帮助其增收脱贫，为 2020 年 2 月底河北省实现贫困县全部脱贫摘帽作出了积极贡献。

据北京市教育委员会的统计，2017—2020 年，每年参与河北省扶贫协作工作的北京市职业院校都超过了 30 所，北京市干部教师派遣 1389 人次，支援合作地干部教师来京培训 2590 人次，到支援合作地举办短期培训 6900 人次，北京院校面向支援合作地开展学历教育（计划内项目）毕业 377 人，促进支援地合作地产教融合项目 33 项。

在三地相关行政部门的指引下，京津冀职业院校广泛开展对口协作、结对帮扶，通过技能培训、产业开发、消费扶贫等形式深入参与教育精准扶贫行动。河北省保定市教育局联合北京市教育委员会启动京保教育精准扶贫攻坚行动，建立职业教育帮扶体系，重点以建档立卡学生为精准帮扶对象，与北京市求实职业学校、北京财贸职业学院等联合开展"2.5+0.5""3+2"人才培养和保定深度贫困县农村电商技能培训。首钢技师学院组成专项工作团队，定向招收贫困学生，综合施策，"六免一助"，开展学业帮扶。在河北省阜平县职教中心建设"北汽集团汽车培训基地""北京汽车

技师学院职教帮扶基地"，送教上门，逐步建立"北汽培训+阜平实训+定向就业"一体化培训就业精准脱贫工作模式，真正实现"一人就业，全家脱贫"。北京市丰台区职业教育中心学校以协助沽源县打造"一村一宴席，一餐一特色"的村域餐饮文化，发挥扶智扶贫效能。

四、教育与培训支持乡村振兴

北京市怀柔区职业学校（农广校）与河北省丰宁县、滦平县开展新型职业农民素质提升培训班，受训人数达 300 人次，提升了新型职业农民农产品经营销售技巧，助力区域农产品经济增效。2023 年，北京农业职业学院输送乡土专家师资队伍对天津市青年农场主和河北省张家口市等地高素质农民开展了家庭农场运营、民宿管理、果树嫁接等方面的培训近 4000 人次。

五、智力支持经济社会发展水平提升

通过政策研究、规划编制、技术推广、职工培训等智力支持形式提升京津冀经济社会发展水平。北京电子科技职业学院与天津市职业大学共同参与雄安新区"十四五"时期教育发展规划编制工作。北京财贸职业学院与商务部研究院、北京建筑大学联合开展《河北省现代商贸物流布局规划》研究和编制。北京体育职业学院与河北省体育局签订协议，为河北省研制了《河北省大众滑冰技术等级标准》《河北省大众单板滑雪技术等级标准》《河北省大众双板滑雪技术等级标准》。北京农业职业学院生物防治研究所团队与河北省秦皇岛市林业局协作开展释放天敌昆虫进行树木害虫生物防治的技术推广，还派出专业技术骨干负责北京科特派赤城产业扶贫工作站豆制品生产加工项目科技扶贫，示范推广了食品标签审核、食品安全管理体系等技术，培训农户 60 余户，直接带来经济效益 18 万元，实现增效 6.2% 以上，促进了河北省赤城县豆腐产业发展。

六、提升京津冀职业教育发展水平

京津冀职业教育人才队伍资源、教学资源、产业资源的流动、共建、共享水平远超以前，实现了协同效应，提升了京津冀职业教育整体发展水平；京津冀教育行政部门在职业教育领域的磋商机制日益完善，积累了区域职业教育资源统筹配置的经验，"积极务实、先易后难、由浅入深、点面结合"的推进策略值得进一步总结和推广。

京津冀职业院校师生互访互学，取长补短。近年来河北省职业院校师生参加技能大赛成绩越来越好。比如，北京市商业学校为青龙县职教中心电子商务专业水平的提升持续做了大量工作，从之前的邀请其参赛观摩到其正式参加比赛，再到后来连续获得较好的参赛成绩，见证了北京市商业学校在职业教育帮扶质量上的稳步提升。再比如，雄县职教中心楼宇智能化设备安装与运行等5个专业的88名学生以访学的名义在北京金隅科技学校学习。两校高度重视合作育人，针对高考班制定有针对性的工作方案，安排教学经验丰富的教师团队授课，采取有效措施创设良好的育人环境和学习氛围。经过两校三年的精心培养，2021年88名学生参加河北省高职单招考试，录取77人，录取率达87.5%。河北省涞水县职教中心1名专业主任在北京市房山区第二职业高中挂职锻炼，通过听课、参加教研、开展科普讲座等活动了解学校管理和教育教学工作，并将专业建设、校企合作、教学管理等方面的经验借鉴到其学校的相关工作当中。再以曹妃甸职教城为例，将北京调配的师资力量和疏解的教学设施，与天津多年探索出的职业教育新模式以及河北的人口、企业优势结合后，重构了唐山职业教育体系，订单式培养的专业已达80%以上。

第三节　发展脉络

过去十年，京津冀职业教育协同发展在整体脉络上经历了"试探—攻坚"两个阶段。政策脉络上是从全面持续动员到重点突破；实践脉络上是从全面探索到逐渐聚焦。

一、整体脉络：经历了"试探—攻坚"两个阶段

以2019年为分界线，京津冀职业教育协同发展的十年可以划分为两个

阶段，即试探阶段和攻坚阶段，前者是 2014—2018 年，后者是 2019—2023 年。试探阶段主要是指京津冀教育行政部门和职业院校之间总体上处在人员接触、思路研讨、事项磋商、路径查探、活动试行的状态；攻坚阶段主要是指职业教育协同发展主体经过试探之后，对协作着力点有了比较明确的判断，相关资源配置有了主攻的方向，开始进行深层次的合作，在制度上有了突破，成效也更加显著。攻坚阶段虽然表面上看起来有所"降温"，实质上却是转入了深耕细作。

这是依据政策和实践两个维度的事实作出的综合判断。从政策方面看，2019 年经教育部同意北京工业职业技术学院等 9 所高校开展京津冀跨省市高职单独考试招生试点，京津冀三地省级教育行政部门联合印发了《京津冀教育协同发展行动计划（2018—2020 年）》，2023 年又联合印发了《京津冀教育协同发展行动计划（2023—2025 年）》；从实践方面看，参与京津冀职业教育协同发展的职业院校数量总体上呈现出先增后减的趋势，2015—2017 年持续增长，2017—2019 年是为期三年的波峰，2020—2022 年则持续下滑，2022 年甚至低于 2015 年❶，虽然 2023 年回升幅度较大，但相比高峰期仍有距离（如图 1）。

以下从政策和实践两个维度来具体探究其发展脉络。

二、政策脉络：从全面持续动员到重点突破

（一）全面持续动员

1. 国家层面

2014 年 6 月，教育部等六部门印发《现代职业教育体系建设规划（2014—2020 年）》，提出"深化区域内职业教育合作。鼓励各地打破行

---

❶ 2022 年北京市有 40 所职业院校参与了京津冀职业教育协作，相比 2021 年的 48 所减少幅度较大。造成这种情况可能有三种原因：一是因为数据采集的方式发生了变化，2021 年北京市教育委员会要求相关学校撰写京津冀职业教育协作报告，而 2022 年没有专门发出这样的通知以作全面的统计，部分学校也没有公开相关信息，导致本报告采集的信息可能少于实际发生的情况；二是部分协作活动计划因客观原因难以执行；三是由于北京市初中毕业生数量有所回升，部分中等职业学校特别是职业高中对外合作的积极性有所降低。

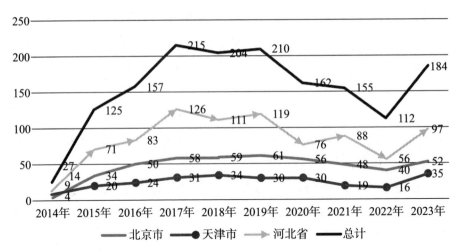

图1　2014—2023年京津冀职业教育协同发展涉及的职业院校数（单位：所）

政区划限制，建立区域职业教育合作平台，协调职业教育发展政策。率先在京津冀、长三角、珠三角等地区推动职业院校跨省域合作培养人才、合作培训教师、合作开发课程、共享数字化教学资源、共享教学科研成果"。这是国家层面的规范性文件首次对京津冀职业教育协同发展作出规划。

为贯彻落实2015年6月印发的《京津冀协同发展规划纲要》，京津冀协同发展领导小组制定了《京津冀协同发展规划纲要分工方案》，该方案规定了北京市职业教育向外疏解和存量规模控制、京津冀职业教育统筹发展、职业院校培养培训涉农人才等方面的任务，这是擘画京津冀职业教育协同发展的政策指南。2015年，教育部联合国家发展和改革委员会制定了《京津冀教育协同发展专项规划》，对优化教育布局、职业教育融合发展、创新体制机制等作出了规划安排。

此外，教育部还通过年度工作要点、单项政策文件、专题工作会议等方式推进京津冀职业教育协同发展。比如，2018年教育部印发《关于确定北京市、天津市与河北省部分高等院校"结对子"任务的通知》，确定了27所河北省高等职业学校与7所北京市、10所天津市高等职业学校建立结对帮扶交流关系和协作专业名单；同年，还印发《京津冀对口帮扶河北省青龙县和威县职业教育与继续教育实施方案（2018—2020年）》，北京市商业学校青龙分校和天津市职业大学威县分校据此成立。

2. 地方层面

河北省、北京市和天津市分别于 2014 年、2015 年和 2016 年出台的加快发展现代职业教育的实施意见，以及 2018 年出台的《北京职业教育改革发展行动计划（2018—2020 年）》，均列出专门段落部署推动京津冀职业教育协同发展。2020 年以来，京津冀三地的《教育现代化 2035》《"十四五"教育发展规划》和《北京市关于深化职业教育改革的若干意见》《北京市关于推动职业教育高质量发展的实施方案》《河北省关于推动职业教育高质量发展加快建设技能型人才强省的实施意见》《河北省教育厅等十部门关于深化现代职业教育体系建设改革的若干措施》，都对京津冀职业教育协同发展内容和方式提出了要求。2023 年修订通过、自 2024 年 1月 1 日起施行的《天津市职业教育条例》辟出两条对京津冀职业教育协同发展作出了专门规定。

综合来看，这些文件对共建京津冀职业教育产教对接平台、组建跨区域职业教育集团（共同体）和专业教学（科研教研）联盟、建设人才培养基地、异地建立分校、联合设立培训机构、共建实训基地、增加定向招生计划、合作办学、合作举办技术技能大赛、干部师资培训、合作开发课程、共建共享教学实习实训平台和资源、开展社会服务、建立对话交流合作机制、共享教学科研成果、创立京津冀跨区域资历框架等方面的内容和方式作出了原则性规定，并提出京津冀职业教育要着重为雄安新区、北京新机场、2022 年冬奥会等重大项目和重点产业与技能人才紧缺专业领域以及乡村振兴培养培训高素质技能人才。但这些规范性文件只是规划，提出了方向性指引、模糊性倡议和一般性依据，还不能称为严格意义上的社会政策，政策要素（主体、对象、资源和运行方式）不完备、不清晰，因而执行效果难以评估。

（二）重点突破

有计划、有组织的技能人才培养是京津冀职业教育协同发展的核心任务，也是从全面动员、广泛探索到攻坚突破、体制变革的关键领域。2019年，京津冀跨省市高职单独考试招生试点是政策方面的一个突破；2022

年，6 所中高职院校开展京冀职业院校"3+2"协同育人试点又是一个突破。其实，2016 年北京市教育行政部门曾经起草了《京冀联合培养职业技术技能人才试点方案》，试图将京津冀职业教育协同发展引入到跨区域人才联合培养的制度框架中，但囿于当时北京人口规模控制和财政拨款制度的制约，该方案未获得有关部门的同意，最终未能出台。

三、实践脉络：从全面探索到逐渐聚焦

（一）协同地理和时间维度上存在显著的广泛性与集中度

1. 广泛性

笔者通过对京津冀职业教育协同发展实践活动的监测和统计发现，2014—2023 年每年京津冀职业教育协同发展活动都有京津冀三地数量不等的职业院校参与；就河北省而言，除了 2020 年的沧州市和 2021 年的衡水市，2015—2023 年 11 个地级市和雄安新区全部涉及。

2. 集中度

（1）空间维度。

如果将一所京津冀地区的职业院校在一个年份中参与 1 次及以上京津冀协作活动记为 1 年次，那么在 2014—2023 年京津冀职业院校参加的协作活动频次总计为 1551 年次，其中河北省职业院校占 54.22%，北京市职业院校占 29.79%，天津市职业院校占 15.99%，并且以京冀和津冀间的合作为主，而京津间合作较少。这可能是因为河北省职业院校寻求协作、向上发展的意愿最强，北京市职业院校因为疏解非首都功能也承受了一定的压力，天津市职业院校的意愿可能是相对最低的。从河北省内部来看，石家庄市、保定市、张家口市职业院校参与的总频次分居前三（见图 2）。

结合协作内容分析，产生这种情况的原因在于，石家庄是省会城市且职业院校数量较多，雄安新区职业学校原属保定市，张家口市则与北京市合作筹备并举办了冬奥会；从热点区域来看，2019 年以后，随着北京市政府的搬迁，"通武廊"地区成为京津冀职业教育协同发展又一个热点，也是又一个重点，并与雄安新区成为京津冀职业教育协同发展的"两翼"。

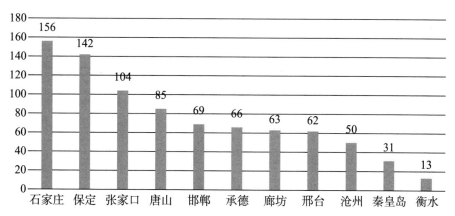

图2　2014—2023年河北省各地市职业院校参与京津冀职业教育
协同发展的频次（单位：年次）

（2）时间维度。

2017年、2018年和2019年京津冀职业教育协同发展活动频次每年都超过了200年次，三年合计活动频次为629年次，占2014—2023年总频次的40.55%，这三年北京市、天津市、河北省和三地合计频次均远超过去十年的年平均水平（155年次）。这可能是因为京津冀协同发展战略的政策动员效应经过一定时期特别是初始阶段（2014—2016年）的发酵之后有了较为集中的展现，后期的回落与协同发展试探之后的稳健有关，而2023年较为高涨的频次可能与高层领导又一次视察河北省有关。

（二）协同发展主体存在一定的多样性、层次性、集中度与持续性

1. 多样性和层次性

从实践来看，京津冀职业教育协同发展主体关系具有多样性和层次性。这主要表现在教育行政部门间、职业教育机构（中等职业学校、高等职业学校、职业技能培训学校、职业教育集团或联盟或联合体、科研和教研机构、职业技术教育学会、职业教育研究会）间的6种同层次或跨层次协作关系形式。其中，存在最多的是同层次职业学校间的协作关系。而层次性的另外一种表现是，职业院校依据资质或名号进行的分层，比如2020

年 24 所"双高"院校联合成立了京津冀"双高"建设联盟，在这个圈层中单独举行了多次活动。

2. 集中度

根据笔者的监测统计结果发现，数量众多的职业院校无疑是京津冀职业教育协同发展最主要的践行者，这其中具有一定的集中度，主要表现在河北省参与职业院校的绝对数量和占比较大、北京市职业院校相对参与率较高、高等职业学校参与率较高、公办职业院校参与数相对较大。

一是从绝对数上看，京津冀超过 1/3 的职业院校参与了协作，其中河北省占 60.98%。2014—2023 年，共计 369 所京津冀地区职业院校（包括职业高中或职业教育中心或职业中学、普通中等专业学校、技工学校、专科层次高等职业学校、本科层次高等职业学校）参与其中，以河北省为主（225 所，占 60.98%），北京（85 所，占 23.04%）和天津（59 所，占 15.99%）分居后两位；这 369 所学校约占 2022 年京津冀中等职业学校和高等职业学校总数（1043 所）的 35.38%（见表 2）。

二是就相对参与率而言，北京市职业院校的参与率相对较大，河北省较低。北京市、天津市和河北省参与协同发展的职业院校分别占其辖区职业院校总数的 66.41%、56.19% 和 27.78%（见表 2）。

三是就学校层次而言，京津冀高等职业学校的参与率远高于中等职业学校。116 所京津冀高等职业学校中有 110 所参与，参与率为 94.83%。其中，京津两市高等职业学校参与率均为 100%，河北省也高达 90.63%。927 所京津冀中等职业学校中有 259 所参与，参与率为 27.94%，北京市、天津市和河北省中等职业学校参与数占各自中等职业学校总数的比例分别为 57.84%、41.77% 和 22.39%（见表 2）。由此可见，无论是中等职业学校还是高等职业学校，河北省参与率均为三地中最低，而北京市均为最高。

四是就学校性质而言，京津冀公办职业院校的参与数远多于民办职业院校。公办职业院校 340 所，民办职业院校 29 所，前者比后者多 311 所，公办职业院校占比为 92.14%，民办职业院校占比为 7.86%。在 29 所民办职业院校中，民办高等职业学校有 18 所，占比为 62%；民办中等职业学校有 11 所，占比为 38%（见表 2）。

表 2 2014—2023 年参与协同发展的京津冀职业学校数量与占比

	北京市	天津市	河北省	总计
职业学校参与数（所）	85	59	225	369
占比（%）	23.04	15.99	60.98	100
职业学校总数（所）	128	105	810	1043
参与率（%）	66.41	56.19	27.78	35.38
高等职业学校参与数（所）	26	26	58	110
高等职业学校总数（所）	26	26	64	116
高等职业学校参与率（%）	100	100	90.63	94.83
中等职业学校参与数（所）	59	33	167	259
中等职业学校总数（所）	102	79	746	927
中等职业学校参与率（%）	57.84	41.77	22.39	27.94
公办职业院校参与数（所）	74	58	207	340
公办职业院校参与率（所）	87.06	98.31	92.41	92.14
民办职业院校参与数（所）	11	1	17	29
民办职业院校参与率（%）	12.94	1.69	7.56	7.86
民办高等职业学校参与数（所）	9	1	8	18
民办中等职业学校参与数（所）	2	0	9	11

注：因缺乏 2023 年京津冀中等职业学校总数的准确值，因此学校总数用 2022 年的数据代替；因缺乏 2022 年天津市中等职业学校中技工学校的数量，因此沿用 2021 年的 21 所，加上 58 所教育部门统计的中等职业学校，2022 年天津市中等职业学校按 79 所计算。本表中的高等职业学校包括 2015 年由天津中德职业技术学院升格成立的天津中德应用技术大学，不包括 2020 年由北京迁出的北京吉利学院。

3. 持续性

职业院校在参与京津冀职业教育协同发展的过程中表现出了一定的持续性，并且在持续性中还有一定的集中度。自 2014 年起连续 10 年参与的职业学校有 9 所，均为公办高等职业学校，分别是北京工业职业技术学院、北京交通运输职业学院、天津中德应用技术大学、天津市职业大学、天津交通职业学院、天津医学高等专科学校、唐山工业职业技术大学、河北女子职业技术学院、河北交通职业技术学院，北京市、天津市、河北省分别有 2 所、4 所、3 所。自 2015 年起连续 9 年参与的职业学校有 30 所，且均为公办学校。其中，北京市、天津市、河北省分别有 15 所、10 所、5 所；高等职业学校和中等职业学校各有 15 所。

（三）协同发展内容和形式在具有多样性的同时更加聚焦

1. 内容和形式的多样性

过去十年，京津冀职业教育协同发展实践内容丰富，主要包括协作组织关系建设、专业建设与资源共建共享、技能人才培养培训、教师队伍能力提升、社会服务、访问交流 6 个方面。这些内容附着在职业教育联合体、合作开发新专业、长学制人才培养、师资培训、社会培训、举办研讨会等近 30 种形式上（见表 3）。

表 3　京津冀职业教育协同发展的内容和形式

内容	序号	形式	总序号
协作组织关系建设	1	职业教育联合体（集团、联盟、中心、联合体、共同体）	1
	2	一校一地合作	2
	3	支援合作与对口帮扶	3
	4	校际合作协议签署	4
	5	设立分校	5
	6	校内机制建设	6
专业建设与资源共建共享	1	合作开发新专业	7
	2	专业共建	8
	3	管理信息系统和课程教学资源建设	9
	4	实训实践基地建设	10
技能人才培养培训	1	长学制人才培养	11
	2	短期技能培训	12
	3	学生德育和文艺交流	13
	4	技能比赛合作	14
	5	学生访学	15
	6	其他形式	16

内容	序号	形式	总序号
教师队伍能力提升	1	师资培训	17
	2	跟岗研修	18
	3	挂职锻炼	19
	4	支教	20
	5	其他形式	21
社会服务	1	社会培训	22
	2	研究咨询	23
	3	技术帮扶	24
访问交流	1	举行京津冀职业教育协同发展论坛等研讨对接活动	25
	2	举行人才培养和专业建设研讨会	26
	3	一般性考察交流	27
	4	参加产业界会议和产教交流活动	28

2. 内容和形式的变化趋势

从实践的发展来看，上述这些内容和形式在保持多样性的同时也在后期发生了一些变化，这些变化可以分为以下三类：

第一类是主要以人和技术的结合为载体进行的协作内容或形式常态化，被广泛采用且效果较好，并深入发展。在学生培养方面，短期的培训和交流让位于 1 年及以上的合作办学或学段衔接；在教师成长方面，较大规模的培训班逐渐减少，小型化、订制化培训逐渐增多，虚拟教研室、教学资源研发中心的成立成为新亮点，这样便于教学协作常态化，也是深入发展的一个趋势；同时，后期校长培训也更多地以跟岗、挂职、研修的形式增加体验的深度和获得的有效性。此外，校际结对帮扶关系趋于走深走实。聚焦的表现在于以人为中心的协作特点更加突出，即学生联合培养、教师能力提升和社会人员技能培训越来越成为京津冀职业教育协作的主要内容，当然这本身就是职业教育的根本任务和主要阵地，理所应当也是京津冀职业教育协同发展的核心内容。

第二类是协作共同体的数量逐渐增多，组织名称有所更新，覆盖范围不断扩大。2014—2023 年，45 个京津冀职业教育协作共同体（集团、联盟、共同体、联合体、研究中心）宣布成立。前期较多的是京津冀职业教育集团（联盟）的成立和职业教育集团吸收京津冀区域内异地新成员的加入。在后期，一方面，新成立了一些京津冀产教融合联盟（共同体、联合体）。比如，京津冀航空职业教育产教联盟、京津冀汽车产业园区产教联合体、京津冀现代物流管理专业教师教学型新团队协作共同体。另一方面，个别京津冀职业教育集团联盟逐渐扩面。比如，2011 年成立的京津沪交通职业教育集团跨区域集团化办学联盟，在 2014 年吸纳河北省交通职业教育集团加入组成京津沪冀交通职业教育集团联盟后，又逐步扩大为"京津冀沪+"交通职业教育集团联盟，并成立了若干个专业委员会。

第三类是部分协作内容或形式阶段性存在后终止或式微的。一种是因特定任务到期完成或其他原因而终止的。比如，教育精准扶贫、共享型实训基地免费开放、数字教学资源捐赠。另一种是式微的。比如，2016—2019 年北京市和天津市职业院校在河北省建立了 10 余所分校（基地校、校区），2020 年以后新增很少，原有的也很少提及；再比如，学生短期技能培训、学生赛前辅导、教师支教。

（四）有影响力的标志性协作项目和品牌活动逐渐增多

1. 从校际、自发、一般性的合作办学到有组织的、高级别协调层次的人才联合培养项目

在全面动员和广泛探索的阶段，京津冀职业教育协同发展以校际、自发、一般性的合作办学为主。随着实践的开展和时间的推移，部门认识逐渐深化，相关制度约束有所放松，相关支持条件趋于完备，决策共识易于达成，突破时机更好把控。比如，2019 年和 2022 年，京津冀跨省市高职单独考试招生试点和京冀职业院校"3+2"协同育人试点相继实施，2023 年在北京市教育行政部门的协调下，北京经济管理职业学院筹备组建京津冀职业教育改革示范园区（2024 年 2 月在固安成立），探索开展职业本科层次人才联合培养项目。

2. 京雄协作、津雄协作、"通武廊"协作，校地合作深入发展

截至 2023 年，北京市与雄安新区开展了京冀跨省"3+2"中高职衔接试点、技术技能人才提升项目、访学、说课大赛、教师培训、论文及教案评选、社会培训、成立名校长工作室、规划编制、标准研制等多种形式的职业教育协作，举办三届"京雄"职业院校学生技能大赛和两届"京雄"职业院校教师教学能力大赛，涉及学校10余所、师生超千人次，取得了良好效果。天津市通过建设联盟、研制职业教育发展规划、开展技能培训等方式，召开三届"津雄"职业教育协同发展论坛，将天津职业教育优质资源源源不断地输送到雄安新区。天津市第一商业学校等3所中等职业学校在雄县、安新、容城三县设立协作校区，累计招生1500余人，开展各类职业培训7200余人。

"通武廊"职业教育加快融合发展，成立京津冀职业技能发展联盟。天津市武清区职教中心与北京新城职业学校、廊坊市电子信息工程学校（廊坊市职教中心）定期举办"职业教育论坛""通武廊职业学校学生技能大赛"等联盟联谊活动，同时与廊坊电子信息工程学校、香河县职教中心采取"1+2"模式开展联合办学，采取分段分校培养方式开展招生工作，为区域产业发展培养更多高素质技术技能人才。

北京财贸职业学院、北京新城职业学校与天津武清区职业教育中心、廊坊的12所中等和高等职业学校持续开展协作，举办跨省"3+2"中高职衔接试点、技能大赛、师资培训、党政干部培训等。

在"一校一地"整体合作方面，北京财贸职业学院与保定市教育局、北京经济管理职业学院与固安县政府、天津市职业大学与雄安新区管委会签订全面战略合作协议，开展多形式、持续性、深入性合作。

第三章 政策路径

政策是发令枪、风向标和资源库，是实现区域发展目标的重要工具。在京津冀职业教育协同发展进程中，政府的政策路径主要包括五条：一是制定政策文件；二是确定工作重点；三是签署合作协议；四是召开推进会议；五是组织任务实施。

第一节 制定政策文件

政府制定产业政策和教育政策，引导京津冀职业教育协同发展实践按照规划的方向进行，是京津冀职业教育协同发展的首要政策路径。其主要政策内容是限制北京市职业教育发展规模，向外疏解，统筹推进京津冀职业教育融合发展，加快建设与产业发展相适应的现代职业教育体系，并发挥职业教育开展社会培训、促进就业方面的作用。

2014 年 6 月以来，《京津冀协同发展纲要》《京津冀协同发展规划纲要分工方案》《教育部等六部门关于印发〈现代职业教育体系建设规划（2014—2020 年）〉的通知》《河北省人民政府关于加快发展现代职业教育的实施意见》《北京市人民政府关于加快发展现代职业教育的实施意见》《天津市人民政府关于加快发展现代职业教育的意见》等规范性文件中关于京津冀职业教育协同发展的表述，以及若干份不断更新的《北京市新增产业的禁止和限制目录》，构成了京津冀职业教育协同发展政策的主体框架。

上述政策框架中比较有代表的有如下四个文件：一是代表中央的政策

精神。比如,《京津冀协同发展规划纲要分工方案》提出:支持有条件的北京普通高等学校、中等职业学校通过部分院系搬迁、办分校、联合办学等方式向外疏解;推动京津冀职业教育统筹发展,优化学校、专业布局,推进对口合作、集团化办学等,加快建设与产业发展相适应的现代职业教育体系。二是代表京津冀省级政府的政策精神。比如,《北京市人民政府办公厅关于印发市发展改革委等部门制定的〈北京市新增产业的禁止和限制目录(2022年版)〉的通知》提出:不再新设立中等职业学校、不再扩大中等职业学校教育办学规模、不再新增占地面积、不再增加建筑面积。三是代表教育行政部门的政策精神。比如,《京津冀教育协同发展行动计划(2018—2020年)》提出:依托职业教育集团促进院校服务能力升级;推动技术技能人才联合培养;推进三省市职业教育协同发展;建立三省市职业教育重要事项会商机制。四是代表地政府的政策精神。比如,廊坊市《关于推动职业教育高质量发展 加快建设技能型人才强市的实施方案》提出:统筹推进北三县与通州区职业教育资源共享,预留充足空间,承接引入北京中心城区和通州区向外疏解的高校和职业学校。廊坊燕京职业技术学院要以打造京津冀职业教育发展新高地为目标,探索京津冀职业教育协同发展新模式,推动学院扩规模、上水平。

第二节　确定工作重点

依据京津冀职业教育协同发展政策框架体系,制定五年规划、三年行动计划、年度工作要点和重点任务清单,推动工作落实,是京津冀职业教育协同发展的重要政策路径。

《教育部发展规划司2015年工作要点》提出:"扎实推进京津冀教育协同发展工作。按照中央京津冀协同发展的有关要求,研究制定推动京津冀教育协同发展的实施方案。建立三地教育协同发展的组织领导体系,推动三地教育协同发展,在基础教育、职业教育和高等教育领域逐步取得进展。"2015年5月,教育部启动京津冀教育协同发展专项规划编制工作。《教育部2016年工作要点》提出:"推动《京津冀协同发展教育专项规划》

落实，建立京津冀教育协同发展工作推动机制。"

北京市有关部门制定了《北京市"十四五"时期推动京津冀协同发展规划主要目标和任务分工方案》和北京市推进京津冀协同发展年度性工作要点，并要求定期报送进展情况。比如，2019年京津冀教育协同发展重点工作中与职业教育直接有关的内容包括：开展京津冀跨省市高职单独招生试点，重点培养冬奥会、学前教育、护理、金融管理、新能源、电子商务等领域职业技能人才，探索符合协同发展需求的高等职业学校招生录取政策；推进北京市优质职业教育资源到河北省廊坊市北三县地区开展合作办学。大力提升区域职业教育发展水平。

第三节　签署合作协议

确定了重点任务之后，京津冀三地教育行政部门签署合作协议，规定合作的目标、内容、方式、步骤，明晰各自的诉求、权利和责任，抓关键环节和重要事项，有序、有组织地开展京津冀职业教育协同发展，是京津冀职业教育协同发展的第三条政策路径。

2014年8月，经过两轮磋商，北京市教育委员会副主任何劲松和天津市教育委员会副主任吕景泉，与河北省教育厅副厅长贾海明分别代表京津冀三地教育主管部门在天津签署了职业教育协同发展框架协议。这项倡议最先由天津市教育委员会副主任吕景泉发起，得到了北京、河北两地的积极响应。虽然框架协议已经签署，但贾海明表示，协议还要继续问计于学校和企业，进一步修改和完善，"因为学校和企业才是职教协同发展的主体。政府的服务要到位，但不能越位，主要职责还是顺潮流、搭平台和搞服务，配置好公共资源"。❶

2014年11月，天津市职业大学与唐山市教育局签署协议。双方约定，在联合开展津唐职业教育发展研究、校际共建、教师培训交流的同时，建立津唐劳动力输转平台，在对唐山市富余劳动力和大中专院校毕业生进行

---

❶ 京津冀职教扛起协同发展大旗 [N]. 中国教育报, 2014-09-01.

岗前培训、技能培训和技能鉴定后，转移到天津就业。

2015年5月，天津市教育委员会与河北省教育厅签署框架协议，共同搭建产教对接平台，支持优质职业院校跨区域联合办学，组建跨区域职教集团。与此同时，天津市教育委员会与河北省石家庄市商定，将石家庄作为天津国家职业教育改革创新示范区建设成果推广的合作区，在职业教育领域开展全方位合作。天津市教育委员会还与邯郸市教育局签订协议，全面支持两地职业院校协同发展。

2016年4月，京冀职业教育协同发展战略合作协商会在河北省张家口市怀来县举行，京冀两地教育行政部门有关负责人分别介绍了北京市和河北省职业教育现状与发展形势，并就两地职业教育协同发展战略、合作项目和合作形式进行了讨论。同月，天津市职业大学与石家庄市教育局签署中等职业学校校长、骨干教师培养培训合作协议，对石家庄市教育局所属的中等职业学校校长、专业骨干近200人进行专项培训。5月，北京市教育委员会和河北省教育厅在北京签署职业教育合作协议。

2016年7月，北京市朝阳区教育委员会与唐山市教育局签署了职业教育战略合作协议，双方将加强优质教育教学资源共享共建，定期开展产教融合、校企合作对话服务，建立京津冀地区区域性师资与学生交流机制，共同开展京津冀一体化实证研究。北京市朝阳区教育委员会、唐山市教育局、路北区教育局相关领导和两地中等职业学校领导及教师共300余人参加了会议。在两地构建战略合作的背景下，北京市劲松职业高中、北京市电气工程学校、北京市求实职业学校分别与唐山市第一职业中等专业学校、曹妃甸区职教中心、迁安市职教中心达成具体合作意向并启动实施。此次职业教育战略合作协议的签署，为两地职教合作从战略性向实质性推进，迈出了坚实的一步。

2023年6月，天津滨海新区教育体育局与北京市朝阳区教育委员会签订了教育发展协同合作框架协议，为两区全面落实京津冀教育协同发展，积极推动两区教育优势互补、互惠互利、共谋发展提供更加清晰的目标导向和坚实的组织保障。两区设立了专项工作组，完善健全协同合作体制机制，为协同合作深入推进提供有力保障。双方在职业教育交流方面的合作更加深入，天津市滨海新区塘沽第一职业中等专业学校与北京市求实职业学校签订协作框架协议，组队到北京市求实职业学校进行学访交流，参观考察学校实习实训设施、产教融合基地，并就专业设置、课程教学开发、校企合作等事项进行研讨；开展网上联合教研，就课程设置、课程开发、课程标准、教学方法深入交流。

此外，北京市教育委员会和河北省教育厅、天津市教育委员会与河北省教育厅、天津市教育委员会与石家庄市教育局、北京市朝阳区教育委员会与承德市教育局也分别签署职业教育合作协议。石家庄市人民政府与北京市教育委员会签订教育合作框架协议，与天津市教育委员会签订现代职业教育合作框架意向协议，并和北京市确定了京石两地教育合作项目联席会议制度。在石家庄市人民政府与北京市教育委员会签署的教育合作框架协议中，双方特别提到："将共同协作，引进或对接北京职业教育优质资源与课程，开展多种模式合作，做好专业对接，实现职业教育全面合作。"

第四节　召开推进会议

在重要时间节点，定期或不定期地召开京津冀（职业）教育协同发展推进会议，总结宣传进展情况，交流协同发展工作经验，发布工作计划，签署合作协议，交流研讨工作措施，是京津冀职业教育协同发展的又一个重要政策途径。

2016年2月，由天津市教育委员会、教育部职业技术教育中心研究所等机构共同发起，在天津商务职业技术学院召开京津冀现代职业教育协同发展工作推进会。前期成立的8个产教合作平台代表单位进行经验和信息分享，京津冀三地职业院校代表分别在会上发言，三地职教所代表共同签署京津冀职业教育研究协同发展协议。

2017年2月，由北京市教育委员会、天津市教育委员会、河北省教育厅联合主办，河北省教育厅、廊坊市人民政府联合承办的京津冀教育协同发展工作推进会在廊坊市召开。会议总结交流了三年来京津冀协同发展工作，发布《"十三五"时期京津冀教育协同发展专项工作计划》和《京津冀教育对口帮扶项目计划》，教育部、三地教育主管部门领导、教育专家、相关学校负责人等还就基础教育、职业教育、高等教育进行分组座谈。同月，"京津冀职成教育协同发展·老年服务与教育推进会"在天津召开，京津冀养老专业人才培养产教协作会第三次会议也同期举行。

2018年12月，教育部在河北省青龙县召开2018年教育部定点扶贫工作推进会。教育部部长、河北省副省长、教育部22个司局单位负责人，北京市教育委员会、天津市教育委员会、河北省教育厅等有关负责人以及17所承担定点扶贫任务的高校负责人等参加会议。

2019年1月，北京市教育委员会、天津市教育委员会和河北省教育厅在雄安新区召开教育协同发展工作推进会，总结了2018年北京市京津冀教育协同发展工作，并共同发布《京津冀教育协同发展行动计划（2018—2020年）》。同年4月，北京市教育委员会和廊坊市教育局有关负责人、"北三县"4所职业院校（廊坊燕京职业技术学院、大厂县职教中心、三河市职教中心、香河县职教中心）校长到北京财贸职业学院，共同研讨推进"北三县"职业教育合作。

2020年5月，教育部组织召开2020年京津冀对口帮扶河北省青龙县和威县职业教育与继续教育工作视频会。教育部职成司、北京市教育委员会、天津市教育委员会、河北省教育厅、河北省青龙县和威县、教育部职业技术教育中心研究所、国家开放大学以及天津交通职业学院等12所承担定点扶贫任务的职业院校负责人等参加会议。高等职业学校代表在会上作了典型发言。会议对京津冀对口帮扶河北省青龙县和威县职业教育与继续教育项目进行总结，围绕两个县提出的具体需求进行对接和推进部署。2021年，为加快落实《教育部2021年对河北省青龙县、威县定点帮扶工作要点》分工任务，又召开教育部定点帮扶河北省青龙县、威县职业教育和继续教育工作对接会。

2021年10月，北京市教育委员会、天津市教育委员会、河北省教育厅在雄安新区共同召开京津冀教育协同发展工作推进会，总结"十三五"以来三地教育协同发展取得的主要成果，三地教育部门主要负责人共同签署《"十四五"时期京津冀教育协同发展总体框架协议（2021—2025年）》，北京市教育委员会与雄安新区签署《关于雄安教育发展合作协议

（2021—2025 年）》。

2023 年 10 月，2023 年京津冀教育协同发展工作会议在北京召开。会上，北京市教育委员会、天津市教育委员会、河北省教育厅共同签署《京津冀教育协同发展行动计划（2023—2025 年）》。会议安排分组讨论，京津冀三地与会代表围绕《京津冀教育协同发展行动计划》《推进京津冀教育协同发展工作机制》等文件的落地及推动京津冀教育高质量发展等内容进行研讨和交流。

第五节　组织任务实施

作为更加具体的政策路径，组织实施协作项目和分配帮扶任务，是教育部、京津冀三地政府、省级教育行政部门推进京津冀职业教育协同发展的直接抓手。

一、地方政府间开展职业院校对口援建

（一）天津市对口支援承德市建设承德应用技术职业学院

2016 年，天津市人民政府与河北省人民政府签署《天津市教育委员会河北省承德市人民政府对口支援建设高等职业院校框架协议》，确定以承德技师学院为基础，在承德市对口支援建设天津中德应用技术大学承德分校。按照协议，2017 年 2 月至 2018 年 1 月，天津中德应用技术大学连续举办两期天津中德应用技术大学承德分校师资班，通过组织社会与企业考察 50 余次、专题讲座近百场、师带徒分散培训近千课时，为 80 名骨干教师和管理干部进行专业的、系统化培训。

2018 年 5 月，教育部正式批准成立承德应用技术职业学院。首批招收汽车检测与维修技术、机械设计及制造、电子信息工程、电子商务、电气自动化技术、会计 6 个专业新生，采取"1+2"分段培养方式，即第一学年在天津中德应用技术大学学习，之后两年回承德应用技术职业学院学

习。承德应用技术职业学院作为天津中德应用技术大学协作校区，接受天津中德应用技术大学提供的全方位的办学指导。

（二）天津市第一轻工业学校和容城县职教中心密切合作

按照《天津市教育委员会与雄安新区管委会关于职业教育战略合作协议》要求，天津市第一轻工业学校和容城县职教中心自 2018 年签署合作协议、挂牌成立天津市第一轻工业学校雄安协作校区以来，在师资培训、专业建设、教学改革、赛项合作等方面开展了协作，建立了密切交流合作机制，制定了《天津市第一轻工业学校与容城县职教中心深入对接交流互动与合作的实施方案》。天津市第一轻工业学校于 2021 年 5 月开展了为期 4 天的"天津市第一轻工业学校—容城县职教中心师资能力协同提升培训"，来自容城县职教中心的 20 名教师参加了此次培训。

二、在府际产业合作关系牵引下，职业院校开展校际合作

北京市昌平区政府与河北省巨鹿县签订对口合作战略协议，并在巨鹿县建立昌平产业园巨鹿分园用来接收昌平转移产业。北京市昌平职业学校遂与巨鹿县形成对口帮扶项目，承接巨鹿县旅游局领导力内涵提升培训班，改变了他们对旅游业的认识，间接地促进了当地红杏旅游节的成功举办。

三、教育行政部门直接统筹安排职业教育合作

教育部专门召开京津冀对口帮扶河北省青龙县和威县职业教育与继续教育对接会，出台《京津冀对口帮扶河北省青龙县和威县职业教育与继续教育实施方案（2018—2020 年）》，北京市商业学校青龙分校和天津市职业大学威县分校依此成立。北京市商业学校接续开展针对青龙县的职业教育帮扶工作。2021 年签署《青龙县职业技术教育中心与北京市商业学校职业教育交流与合作协议》。协议以"十四五"为合作期，通过开展联合招生合作办学、干部师资培训、专业交流互访、短期游学活动等方式，联合培养青龙县当地急需的专业人才，提升当地信息化应用水平、新能源汽车

运用与维修水平和师生职业素养，共同扶持青龙当地乡村产业发展，探索乡村振兴战略实施背景下的人才培养新模式。

2017—2018 年，北京市教育委员会联合天津市教育委员会、河北省教育厅联合举办了两期京津冀职业院校校长领导力内涵建设高级研修班。2019 年，北京市教育委员会有关负责人、北京财贸职业学院校长和相关部门负责人一同到"北三县"开展职业教育合作调研，参观了三河市职教中心，并在燕京职业技术学院进行了座谈。

四、地方教育行政部门带队组织职业学校校长外出考察学习

2015 年 11 月，在北京市教育委员会和北京市朝阳区教育委员会的协助下，唐山市教育局组织县（市）区教育局局长、中等职业学校校长来到北京，先后考察北京市求实职业学校、北京市自动化工程学校、北京城市建设学校、北京市劲松职业高中、北京市电气工程学校，唐山市教育局最后对考察情况作了总结。

2016 年 4 月，张家口市教育局局长率有关区县主管教育领导和中等职业教育示范校校长一行到天津市职业大学参观考察。同年 5 月，由张家口市教育局、中等职业学校校长、区县教育局长组成的又一个考察团到天津开展了为期 5 天的职业教育考察交流活动。

五、地方教育行政部门与职业院校直接对接安排活动

2014—2016 年，天津市职业大学相继与唐山市教育局和石家庄市教育局签署职业教育师资培训协议，培训了两地教育局所属的中等职业学校校长和骨干教师近 350 人。

六、教育行政部门安排或委托职业学校承接协同发展任务

北京铁路电气化学校按照北京市教育委员会部署承接了"张家口市贫困地区中职校长培训班""张家口市贫困地区中职名师培训班" 2 个短期项目，培训了 195 人。学校针对培训效果进行了网络跟踪调查，99.5% 的学员认为专家课程内容实用性强、授课水平非常高；100% 的学员认为此次

培训的形式生动，对培训学员管理严格，培训效果总体评价好。

七、教育行政部门组织教师异地参加培训

2019 年 12 月，唐山市第三届职业名师高级研修班在北京举行。北京市朝阳区教育委员会、唐山市教育局和北京市劲松职业高中有关负责人出席开班仪式并讲话。在集中培训环节，学员聆听了职业教育专家作的专题报告。唐山市教育局有关负责人组织学员进行了专题研讨，实地参观北京电子科技职业学院和北京财贸职业学院并作沟通交流。

八、教育行政部门以授意或协调等形式推动职业院校或研究机构组织交流研讨活动

2015 年 11 月，在北京市教育委员会职业教育与成人教育处的授意和协调下，北京教育科学研究院职业教育与成人教育研究所、天津市教育科学研究院职业教育与成人教育研究所、河北省职业技术教育研究所联合主办，分别由北京交通职业教育集团、北京电子信息职业教育集团、北京商贸职业教育集团牵头学校承办，相继召开京津冀交通职业教育协同发展研讨会、京津冀电子信息职业教育协同发展研讨会、京津冀财经职业教育协同发展研讨会，85 所京津冀职业院校共 249 人与会，增进了相互了解。

第四章　协同组织关系建设

第一节　组织关系的结构

京津冀职业教育协同发展参与主体大体包括六类，即教育行政部门和人社部门（还有共青团、学会、研究会、协会等其他群团组织）、中等职业学校、高等职业学校、职业教育集团（联盟等）、职业技能培训机构、职业教育科教研机构。

这六类主体形成了复杂的协同发展主体关系，主要有六种层次：一是京津冀教育行政部门或人社部门间的合作；二是异地同等层次职业院校间的合作，比如北京卫生职业学院和沧州医学高等专科学校；三是异地不同层次职业院校间的合作，比如北京信息职业技术学院和怀来县职教中心；四是京津冀职业教育科研和教研机构间的合作；五是异地职业教育集团（联盟）间的合作，比如北京现代服务业职业教育集团与河北省现代服务业职业教育集团；六是异地职业院校与职业技能培训机构间的合作（见图3）。实践表明，京津冀职业教育协同发展的主体是数量众多的职业院校。

需要说明的是，群团组织除了教育领域的学会，比如北京市职业技术教育学会、北京市教育学会职业教育专业委员会、北京老教育工作者总会职业教育分会之外，还有行业领域的群团组织。比如，2022年京津冀三地环境科学学会启动京津冀三地生态环境领域职业教育发展的试点工作，面向三地50所高校开展生态环境职业教育需求调查，建设了生态环境类专业高考招生及就业专项服务网站并提供3个月的首期公益性定制服务。

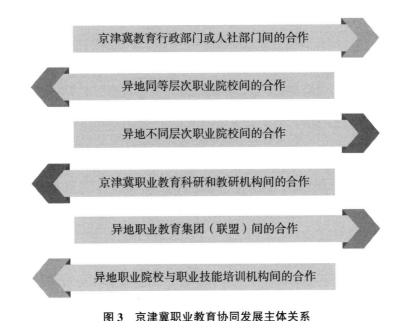

图 3　京津冀职业教育协同发展主体关系

除了这六类主体以外，还存在一些从事职业教育业务的企业，它们的一些活动事实上也在促进京津冀某些专业领域内的职业教育协同发展。

第二节　职业教育联合体

在京津冀职业教育协同发展进程中，活跃着一批京津冀甚至地域宽于京津冀的职业教育联合体。这些职业教育联合体以集团、联盟、专业委员会、市域联合体、合作共同体、团队协作共同体、虚拟教研室、研究中心、智库等为名，联合开展多种形式的办学或研究活动。

一、加入已有的职业教育联合体并开展合作

（一）一大批职业院校互相加入异地的职业教育集团或行业协会

2015 年，河北省武强县综合职教中心成为北京市昌平职业学校旅游休闲产业产教联盟成员；河北女子职业技术学院和石家庄铁路职业技术学院

加入北京人力资源服务职业教育集团，成为其成员单位。

2016 年，河北省阜平县职业教育中心等多所河北省中等职业学校加入新成立的"互联网+"职业教育集团；天津现代职业技术学院、天津轻工职业技术学院、张家口职业技术学院、河北工业职业技术学院和唐山工业职业技术学院加入新成立的北京城市建设与管理职业教育集团；天津中德应用技术大学、河北省涞源县职教中心、河北省怀来县职教中心、石家庄市第一职业中专学校、河北省沽源县职教中心、河北省阜平县职教中心、河北省曲阳县职教中心、石家庄市职业财会学校和北京市 4 所职业院校，成为中国非物质文化遗产保护协会非物质文化遗产职业教育专业委员会首批入会委员单位。

2017 年，北京现代服务业职业教育集团吸纳廊坊职业技术学院、青龙县职教中心、威县职教中心、石家庄市职业财会学校、涿州市职教中心、河北商贸学校、滦南县职业教育中心等 9 家京津冀区域内单位加盟；北京交通职业技术学院加入河北能源职业教育集团；北京劳动保障职业学院联合北京人力资源服务职业教育集团中天津、河北地区成员单位签署《民政事业协同发展合作框架协议》，商定以老年服务与管理专业为依托，建立三地协同合作的人才培养模式，培养优质的养老服务人才资源，推动京津冀三地养老服务业协同发展。

2018 年，北京市商业学校加盟河北省现代服务业职业教育集团，并与河北省现代服务业职业教育集团、天津现代服务业职业教育集团共同签署京津冀合作协议。廊坊燕京职业技术学院作为特邀理事级单位参加了北京文化艺术职业教育集团成立大会。

2019 年，由北京财贸职业学院牵头的北京商贸职业教育集团吸收廊坊燕京职业技术学院为集团成员单位；新成立的由北京经济管理职业学院牵头的北京数字经济职业教育集团 55 家成员单位中，在天津、河北有业务项目的单位有 52 家。

2021 年，北京农业职业学院应邀作为第二届理事单位加入天津市现代服务贸易职业教育集团，并派代表参加了该集团 2021 年年会暨第二届理事线上会议。北京青年政治学院加入"一带一路"康养职业教育集团，携手天津市职业大学等京津冀鲁院校共同研讨"一带一路"康养人才培养，主持"产教融合国际康养人才培养助力健康行动"圆桌对话。北京经济技术职业学院加入燕郊高新区中省直高校联盟理事会。北京市密云区职业学校是北京—燕太片区职业教育扶贫教育集团、天津市宝坻区产教融合职业教育集团"密宝唐"职业教育联盟成员单位。北京市丰台区职业教育中心学校作为中国职业技术教育学会智慧物联网专业委员会副主任单位和秘书处单位，在第二届会员代表大会举办之际，吸纳津冀职业院校12所，其中本科2所、高等职业学校8所、中等职业学校2所，不断深化物联网行业、企业与院校之间的交流和协作；作为中国职业技术教育学会智能融媒体专业委员会副主任和秘书处单位，在专委会成立筹备期间，吸纳津冀职业院校20所，其中本科1所、高等职业学校8所、中等职业学校11所；邀请青龙县职教中心加盟中国职业技术教育学会数字商务专业委员会并参加第四次会员代表大会，拓展青龙县职教中心领导干部视野。

（二）河北省8所交通类职业学校加入北京交通职业教育集团

协同发展，交通先行，人才储备迫在眉睫。2015年5月，河北省6所交通职业学校加入北京交通职业教育集团，首次打通京津冀交通人才培养的地域限制，共享教育资源。"我们也开设了轨道课程，不过师资力量比较薄弱。"石家庄市第三职业中专学校（现改名为石家庄交通运输学校）相关负责人说，"加入职业教育集团后，我们可以享受北京学校的一些实训基地了，老师也可以在寒暑假到北京来培训，学生可以有一些互动项目。"同月，涿州市职教中心、石家庄第三职业中专等加入了"京籍"职业教育集团的学校派代表参加在北京交通运输职业学院召开的研讨会，共商京津冀未来交通人才培训计划。9月，70名河北中专新生成为首批先行军，在京冀两地完成学业。2017年，怀来县职教中心（高级技工学校）、阜平县职教中心加入北京交通职业教育集团。

（三）京津冀职业院校和饭店组成北京外事服务职业教育集团

2016年，北京外事服务职业教育集团成立。集团由9家单位构成，包括北京市外事学校、天津市中华职业中等职业学校、石家庄市旅游学校、张家口市职教中心、张家口市崇礼区职教中心，以及北京饭店等4家饭店。

集团实行理事会制，北京市外事学校为理事长校。

2017年，北京外事服务职业教育集团将国际职业教育资源引进集团成员校——张家口市职教中心。北京市外事学校校长陪同荷兰蒙特里安教育集团国际交流负责人赴张家口市考察职业教育情况。在会谈中，包括张家口市教育局在内的各方就未来国际交流和服务冬奥会等领域可以开展的合作项目进行初步探讨。

2019年，北京市外事服务职业教育集团吸纳阜平县职教中心为集团成员单位，北京外事服务职业教育集团理事长校北京市外事学校，集团成员校张家口市职教中心、石家庄旅游职业学校、阜平县职教中心、崇礼区职教中心等派出代表参加2019年集团年会。会议就新时代如何发挥集团优势，开展校际交流，深化校企合作，发挥核心区优质职业教育资源功能开展对口帮扶进行深入研讨。同时，北京市外事学校组织集团成员校开展相关培训，参观北京饭店，向对口地区引进优质企业资源。张家口市职教中心、涞源职教中心、石家庄旅游职业学校和阜平县职教中心的8名教师参加了北京市外事学校开办的为期一周的调酒、中餐烹饪培训班。此次培训内容专门为学员定制，费用由北京市外事学校承担。学员顺利完成培训任务，取得培训证书。

（四）北京电子信息职业教育集团广泛吸纳京津冀三地职业院校和企业

2019年，北京电子信息职业教育集团第二届理事会改选，广泛吸纳京津冀三地职业院校和企业，天津电子信息职业技术学院、邢台职业技术学院、石家庄财经职业学院、保定职业技术学院、天津市电子信息技师学院等近20所京津冀三地职业院校加入该集团。

2021年，作为北京电子信息职业教育集团理事长单位，北京信息职业技术学院积极推动京津冀职业院校校企合作、专业建设、人才培养、学生就业和科技创新。集团组织召开学术年会，交流行业发展前沿动态和校企合作成功经验；改版集团网站，宣传各成员单位校企合作和专业建设成果；收集集团单位科研和创新创业成果，组织评审认定；收集集团内各单位工作数据，促进了京津冀三地职业院校电子信息类专业建设和发展。

2022 年，北京电子信息职业教育集团举办"贯彻职业教育法，促进职业教育高质量发展"线上主题论坛。京津冀三地 70 余个理事单位的 300 多名领导、专家和教师参加了论坛。论坛邀请了来自河北科技工程职业技术大学、北京市信息管理学校和一家企业的知名职业教育专家作专题讲座，对产教融合型企业支持职业教育工作、职业教育本科专业建设、特高专业群建设等内容作了探讨和分享。

（五）多所职业院校加入北京—燕太片区职业教育扶贫协作区暨职业教育扶贫集团

河北省阜平县是燕山—太行山集中连片贫困地区深度贫困县，是习近平总书记在党的十八大之后第一个亲临调研视察的国家级重点扶贫攻坚地区。

2018 年，北京电子科技职业学院、北京市延庆区第一职业学校、北京金隅科技学校等成员单位一道签署了集团组建协议。在此基础上，北京市延庆区第一职业学校又与河北阜平、怀安、唐县、商都共 5 所职业学校联合组建"北燕职业教育联合体"并签订协议。该协作区（集团）开展教师访学研修项目，主办"工匠精神、爱国情怀"燕太片区中等职业学校学生演讲比赛，召开北京·燕太片区教师访学研修暨职业教育扶贫座谈会。

2021 年，北京交通运输职业学院以北京交通职业教育集团的校企合作平台为核心，加入北京—燕太片区职业教育扶贫教育集团，对接河北省威县、阜平等贫困地区，探索"集团化职业教育＋精准扶贫＋区域协同发展"脱贫攻坚模式，主动输出优质学校、行业企业资源，推动实训资源共建共享。

二、参加异地职业教育集团举办的活动

2020 年，北京青年政治学院、北京劳动保障职业学院派出教师参加了在天津市职业大学举行的天津市养老服务职教集团成立大会暨津台两地养老智库大会，并提交论文，分享养老人才培养经验；北京学前教育职业教育集团师资队伍建设专委会通过腾讯会议的方式，聘请学前教育领域专

家，开展 3 期暑期专题讲座，来自京津冀中高职院校、幼儿园共计 200 余名教师参加。

2023 年，北京学前教育职业教育集团在北京青年政治学院举办 2023 年工作会暨京津冀托幼协同发展论坛。天津师范大学、石家庄幼儿师范高等专科学校等京津冀及全国职业院校的专家学者等百余人参加了本次会议。年会发布 2023 年课题指南，安排学前教育专业技能展演汇报和专家报告。北京政法职业学院作为特邀理事单位出席河北省法律职业教育联盟成立大会，并与河北政法职业学院进一步加强在专业建设、学生访学、文化活动、学术研究等方面的合作与交流。来自京津冀地区行业协会、企业界、科研院所、本科院校、职业院校的 200 余名嘉宾出席了北京现代服务业职业教育集团年会。38 家联盟成员单位和联系单位代表、专家和特邀嘉宾，参加了在首钢技师学院举行的北京（京津冀）幼儿教育产教合作联盟2023 年年会。

三、京津冀三地职业教育集团建立合作关系

2018 年，北京现代服务业职业教育集团、天津现代服务业职业教育集团及京津冀行业协会、成员企业、中高职院校负责人 240 余人，参加了由廊坊职业技术学院牵头组建的河北省现代服务业职业教育集团成立大会。大会上，有关代表签署河北省现代服务业职业教育集团与北京现代服务业职业教育集团、天津现代服务业职业教育集团战略合作协议。

2019 年，由北京商贸职业教育集团、天津交通职业教育集团、河北省现代物流职业教育集团共同发起，北京苏宁物流、天津苏宁物流等京津冀区域 50 余家企业、培训机构以及 36 所本科、专科院校共同建立了京津冀智慧物流校企联盟，达成《京津冀智慧物流校企联盟北京共识》，举行"智慧物流"教育改革论坛，分享交流物流业复合型技术技能人才培养培训模式建设经验，还举行了苏宁易购华北片区校企合作论坛。同年，河北省现代服务业职业教育集团在廊坊开发区组织召开河北省航空服务业职业教育教学委员会筹备工作会议。北京、河北两地的 30 所职业院校（14 所高等职业学校、16 所中等职业学校）的负责人或学科带头人近 80 人参加

会议。

2020 年，中华女子学院、北京社会管理职业学院、天津医学高等专科学校、天津城市职业学院 4 所京津高校等 82 家理事单位 115 人，参加了在河北女子职业技术学院召开的河北省家政职业教育集团成立大会；北京市现代服务业职业教育集团秘书长等出席河北省现代服务业职业教育集团 2020 年年会。

四、组建京津冀职业教育联合体并联合开展活动

2014—2023 年，共有 46 个京津冀职业教育联合体成立（见表 4）。

表 4　2014—2023 年成立的京津冀职业教育联合体

年份	联合体名称和成立月份	数量
2014 年	10 月，京津沪冀交通职业教育集团联盟	1
2015 年	5 月，京津冀卫生职业教育协同发展联盟； 10 月，京津冀职业教育协同发展研究中心； 12 月，京津冀艺术职业教育联盟	3
2016 年	3 月，京津冀协同发展口腔职业教育合作共同体； 5 月，京津冀模具现代职业教育集团、京津冀鲁汽车职业教育联盟； 10 月，京津冀职业教育教学协同发展联盟、北京–沧州渤海新区生物医药职业教育联盟	5
2017 年	5 月，京津冀现代制造业职业教育集团； 6 月，京保石邯职业教育联盟、"雄安丰容"电子商务联盟、京津冀出入境服务领域产教联盟； 12 月，京津冀现代职业教育联盟、京津冀乡村旅游服务联盟	6
2018 年	4 月，京津冀信息安全职业教育产教融合联盟； 6 月，京津冀协同发展康复职业教育合作共同体； 9 月，北京—燕太片区职业教育扶贫协作区暨职业教育扶贫集团、京津冀餐饮行校企协同发展联盟； 10 月，京津冀学前教育联盟、京津冀学前教育产教联盟、京津冀汽车职业教育联盟； 12 月，"密宝唐"职业教育联盟、京津冀食品行业产教联盟、京津冀航空服务业产教联盟、京津冀会计职业教育协同发展中心	11

续表

年份	联合体名称和成立月份	数量
2019年	3月，京津冀现代商务产教联盟； 5月，京津冀智慧物流校企合作联盟、京津冀航海类院校党建联盟； 6月，京津冀现代农业职业教育联盟	4
2020年	10月，京津冀"双高"建设联盟； 12月，京津冀智慧教育创新产教联盟	2
2021年	1月，京津冀财经专业职业教育联盟、京津冀儿童教育创新发展联盟； 3月，京津冀新能源现代职业教育集团； 5月，津雄职业教育联盟； 6月，京津冀电子商务产教联盟、京津冀交通服务产教联盟	6
2022年	8月，京津冀职业技能发展联盟； 11月，京津冀现代物流管理专业教师教学型新团队协作共同体	2
2023年	5月，京津冀航空职业教育产教联盟、京津冀数字金融产教融合联盟、京津冀托幼一体化产教融合共同体； 8月，京津冀长三角钢铁智能冶金产教融合共同体； 10月，京津冀汽车产业园区产教联合体、京冀康养市域产教联合体	6

以下选取若干个有代表性的联合体作简要情况介绍。

（一）京津沪冀交通职业教育集团联盟

2014年10月，京津沪冀交通职业教育集团联盟2014年工作会议在北京召开。河北交通职业技术学院院长等参加会议。会上，京津沪冀四省市交通职业教育集团理事长等与会人员对《京津沪冀全国交通职业教育集团化办学联盟章程（征求意见稿）》和集团化办学进行了研讨。研讨结束后，举行签约仪式，宣告京津沪冀交通职业教育集团联盟正式成立。

2015年11月，天津市交通职业教育集团承办了2015年京津沪冀交通职业教育集团化办学联盟高层论坛。本次论坛以"高职院校章程建设和未来五年联盟发展与展望"为主题，来自行业主管部门、教育主管部门、合作企业的领导和教育专家、行业专家近200人参加了此次论坛。天津市教育委员会有关负责人作主旨报告，还安排了四地职业教育集团分别作专题发言。12月，北京市交通职业教育集团承办联盟"秀出交通职教学生出彩人生"学生冬令营主题实践活动，来自天津交通职业学院、河北交通职业技术学院等联盟成员校的学员们参观公交"大1路"和北京市交通运行监测调度中心，在地铁北京西站各个岗位体验轨道交通志愿服务，听取4名北京交通专业讲师团成员（优秀职工代表）的演讲。

2016年5月，联盟秘书处工作会议在河北交通职业技术学院召开。与会人员针对联盟项目及活动的组织机构、活动形式、内容主题等问题进行讨论并提出合理化建议。此次会议为京津沪冀联盟内各地交通职业教育集团明确了目标和要求。10月，受联盟委托，天津交通职业学院承办2016年学生"创客文化体验"活动。来自北京交通运输职业学院、天津交通职业学院、上海交通职业技术学院、河北交通职业技术学院及观察员单位宁夏交通学校的指导教师、参赛选手等共计55人来到天津，参观考察天津滨海新区"双创"示范基地，共议职业院校众创空间建设方案；开展"创客之巅"路演及国家级创客团队成果展示活动；观摩全国物流大赛，体验了物流新技术，分享天津交通职业学院众创空间建设经验。

2017年，联盟在北京召开联盟主席会议，明确了联盟的建设思路、组织框架、运行机构、主要工作等。年中，河北交通职业技术学院院长到北京交通运输职业学院考察交流。

2018年，京津冀沪职业教育集团联盟扩容为京津冀沪宁晋川交通职业教育集团联盟，并成立联盟思想政治委员会和物流管理委员会、道路桥梁工程技术专业分委员会，召开道路桥梁工程技术专业建设研讨会，举行京津冀现代物流专业对接产业峰会暨智慧物流展示活动，并举办"践行习近平新时代中国特色社会主义思想"主题实践活动。

2019年，联盟组织"筑交通强国梦·聚冬奥家国情"优秀学生冬令营。河北交通职业技术学院等来自全国31支代表队124名选手参加了联盟智慧物流作业方案设计与实施挑战赛，在联盟"物流管理专业委员会"学生技能友谊赛备赛、比赛过程中，包括联盟成员校在内的31支代表队选手相互学习、切磋技艺，各队指导教师就大赛内容、"三教改革"以及"1+X"

试点情况等热点问题进行交流和经验介绍。

2021 年，联盟思想政治工作委员会开展思想政治课程青年教师课程展示活动，进一步提高联盟院校思政课青年教师教学能力水平。联盟主办"传承红色基因·励志青春报国"优秀学生校际交流活动，京津冀等地学校师生代表 60 余人，参观西柏坡中共中央旧址、雄安新区等地，接受红色革命精神洗礼，领略中华文化深厚底蕴。联盟道路桥梁工程技术专业委员会召开专业建设研讨会，审议工作计划，交流与探讨专业建设问题，分享各自成果、做法、经验、案例。来自北京、天津、河北、上海、宁夏、山西、四川及福建等地院校领导、专家，参加了在天津海运职业学院召开的联盟主席团扩大会议，共同协商集团联盟年度工作。

2022 年，联盟十周年年会暨联盟年度工作会在天津召开。会议展现了十年间交通职业教育集团七省联盟在服务京津冀协同发展战略、交通强国战略、立德树人、人才培养等方面取得的成绩。至此，联盟已成立了 6 个分委会。

2023 年，"京津冀沪+"交通职业教育集团联盟开展了 9 次活动。天津海运职业学院、河北科技工程职业技术大学、河北交通职业技术学院、石家庄铁路职业技术学院等学校代表参加联盟 2022 年年会暨高峰论坛，江苏交通运输职业教育集团成为联盟新成员。联盟物流管理专业委员会举办学生技能邀请赛和联盟院校"智慧物流"国际邀请赛。联盟思政工作委员会举办"筑梦新时代强国大交通"短视频评选展示活动和联盟院校"大思政课"建设研讨会。组织召开联盟院校现场工程师学院线上研讨会。举办了师生团干培训、船政文化研学夏令营、"重走习近平总书记福州足迹"暑期社会实践、"爱在申城·情系交通"2023 年联盟成员单位优秀学生夏令营主题实践、"缘聚蓉城·乐动大运"联盟四川主题实践活动，众多学生通过活动获得了成长。

此外，"京津冀沪+"交通职业教育集团联盟成员学校还组建了安全技术与管理、航海技术、机电一体化技术、计算机网络技术、数学、通用航空器维修、英语共 7 个虚拟教研室，通过微信群、腾讯会议等形式开展活动，得到教师们的认可。

（二）京津冀卫生职业教育协同发展联盟及其下属的口腔职业教育合作共同体和康复职业教育合作共同体

1. 京津冀卫生职业教育协同发展联盟

2015 年 5 月，京津冀卫生职业教育协同发展联盟成立大会暨京津冀现代卫生职业教育协同发展·健康服务业人才培养产教对接论坛在牵头校天津医学高等专科学校举行。论坛分为联盟成立仪式、产教对接、教育信息化论坛三个板块。天津市教育委员会、北京市教育委员会、河北省教育厅、天津市卫生和计划生育委员会等有关负责人出席会议。除了专题报告，京津冀 17 所本科院校，包括北京卫生职业学院、唐山职业技术学院在内的京津冀中等和高等职业学校校长、企业代表还就合作共赢、教学资源共享等方面内容进行探讨，并达成初步共识。同期，联盟还举办了"人卫杯"京津冀首届护理技能友谊竞赛，北京北大方正软件职业技术学院、天津医学高等专科学校、廊坊卫生职业学院、邢台医学高等专科学校、沧州医学高等专科学校、承德护理学院共派出参赛选手 19 人，指导老师 10 人。

联盟成立后举行了多种形式的活动。2015 年 11 月，天津医学高等专科学校作为京津冀卫生职业教育协同发展联盟主席单位组织召开了联盟师资培训交流会议，联盟成员单位 10 余所本科、高等职业学校、中等职业学校 30 余名教师代表参加了此次培训，各联盟单位成员代表还就联盟工作机制、人才培养、资源共享、教材编写等方面座谈交流合作内容与方式。12 月，廊坊卫生职业学院院长率领全院中层处级以上干部赴天津医学高等专科学校考察学习。2018 年，联盟主办、沧州医学高等专科学校承办京津冀药学专业实践与教学交流研讨会，天津医学高等专科学校、北京卫生职业学院及两家河北省药业公司代表出席研讨会并作专题讲座。2019 年，联盟教师实验技能邀请赛暨河北省卫生职业教育集团"泰盟·麦克奥迪"杯青年教师实验技能比赛在沧州医学高等专科学校举行。天津医学高等专科学校、北京卫生职业学院、沧州医学高等专科学校、廊坊卫生职业学院、承德护理职业学院、邯郸市卫生学校、邢台医学高等专科学校、唐山职业技术学院、石家庄医学高等专科学校等京津冀 12 所职业院校择优选拔推荐了

45 名选手，这些选手均为 40 周岁以下（含 40 周岁）从事基础医学实验教学的青年教师和实验技术人员。

2. 京津冀协同发展口腔职业教育合作共同体

2016 年，北京卫生职业学院、沧州医学高等专科学校、承德护理职业学院、华北理工大学、廊坊职业技术学院、天津医学高等专科学校、邢台医学高等专科学校等 10 所院校口腔医学及相关专业代表在天津医学高等专科学校签署协议，成立京津冀协同发展口腔职业教育合作共同体。该共同体是由天津医学高等专科学校发起，经京津冀卫生职业教育协同发展联盟批准后成立的。

2017 年，邢台医学高等专科学校口腔系 7 名教师参加在天津医学高等专科学校召开的京津冀协同发展口腔职业教育合作共同体"信息化教学"研讨会。

2018 年 1 月，天津医学高等专科学校口腔医学系召开口腔职业教育合作共同体年会暨口腔医学系 2018 届毕业生专场招聘会。70 余家用人单位提供口腔医学岗位 260 余个，口腔护理岗位 70 余个。作为京津冀口腔职业教育合作共同体牵头院校，天津医学高等专科学校进一步履行"共享资源、协同发展"的承诺。本次专场招聘会对外校学生全部开放，来自共同体院校的数十名学生与该校护理专业、口腔医学专业 200 余名学生一起参加招聘活动。5 月，在第一届京津冀卫生职业院校口腔医学技能大赛期间，京津冀卫生职业教育协同发展联盟批准建立"京津冀口腔职业教育合作共同体师生职业能力拓展训练基地"。来自京津冀地区 5 所卫生职业院校的 30 余名师生在比赛之余，参加第一期职业能力拓展训练。经过训练，京津冀卫生职业院校的口腔专业师生们以全新的"京津冀一体化战队"迎接 6 月底在河南开封举办的全国卫生职业院校口腔医学技能大赛。11 月，天津医学高等专科学校面向各院校毕业生免费举办"健康中国背景下的国家执业资格考试"培训，共有来自京津冀口腔职业教育合作共同体院校毕业生 400 余人参加，同时开启本年度"医师堂项目"。

2019 年 1 月，京津冀口腔职业教育合作共同体专业诊改工作研讨会暨区域学生岗位胜任力、教师教学科研创新力"双提升"工作推动会议召开。共同体各院校提出京津冀口腔医学人才培养方案（2019 版）修订指导意见，并通过论证。会议期间，为加强共同体各院校与行业医院、企业的对话和交流，沧州医学高等专科学校口腔党支部、承德护理职业技术学院口腔党支部以及天津医学高等专科学校学工党支部、保卫党支部、口腔党支部开展联合党日活动，行业、医院、企业、学校、学生通过专场招聘会的形式汇聚在一起，进行行业、专业调研，沟通就业意向。5 月，京津冀口腔职业教育合作共同体四周年成果展暨全国大赛集训、口腔数字化扫描技术、口腔显微根管技术培训及五省市口腔职业院校技能邀请赛在天津医学高等专科学校举行。来自北京卫生职业学院、廊坊职业技术学院、石家庄医学高等专科学校、沧州医学高等专科学校、唐山职业技术学院、承德护理职业学院、邢台医学高等专科学校、天津医学高等专科学校及湖南永州职业技术学院、云南红河卫生职业技术学院的 80 余名师生参加为期一周的活动。活动期间，有关领导为共同体与国内外领军企业建立合作关系共建"显微口腔应用技术""口腔扫描应用技术"培训基地揭牌，并为参与培训考核合格的教师颁发由共同体和企业共同认定的证书。活动还包括五省市口腔职业院校技能邀请赛。24 名参赛选手是从天津医学高等专科学校、石家庄医学高等专科学校等 10 所职业院校 7797 名同学中层层选拔出来的。

2021 年，京津冀口腔职业教育合作共同体主办、唐山职业技术学院承办了第三届职业学校口腔技能大赛。参赛的 100 余名选手来自全国 8 个省、19 家职业院校（包含北京卫生职业学院、天津医学高等专科学校、邢台医学高等专科学校、唐山职业技术学院）、附属口腔医院。

北京卫生职业学院医学技术系带领口腔医学技术专业学生参加由京津冀口腔职业教育合作共同体主办、承德护理职业学院承办的 2023 年第四届职业院校口腔技能大赛，2 名学生获奖。医学技术系还参加了由河北省教育厅、河北省卫生职业教育集团主办、唐山职业技术学院承办的 2023 年度河北省职业院校技能大赛首届口腔修复工艺比赛，专业教师受邀担任大赛仲裁员，为后续学校举办北京市口腔修复工艺技能大赛积累经验。护理系教师担任河北省职业院校技能大赛（高职组）健康与社会照护大赛和养老服务大赛裁判。

3. 京津冀协同发展康复职业教育合作共同体

2018 年，天津医学高等专科学校举办京津冀协同发展康复职业教育合作共同体成立大会。来自国内的康复教育专家、临床康复专家，以及天津医学高等专科学校、北京卫生职业学院、石家庄医学高等专科学校、廊坊卫生职业学院、石家庄医学高等专科学校、沧州医学高等专科学校、邢台医学高等专科学校、天津体育职业学院的康复治疗技术专业的负责人、教研室主任以及骨干教师参会，共议区域内康复职业教育发展问题。

（三）京津冀艺术职业教育联盟

2015 年 12 月，北京戏曲艺术职业学院、天津艺术职业学院、河北艺术职业学院、石家庄艺术学校在北京签署《京津冀艺术职业学院（校）协同发展框架协议》，成立京津冀艺术职业教育联盟。文化部科技司、全国文化艺术职业教育教学指导委员会、北京市文化局、天津市文化广播影视局、河北省文化厅有关领导，及相关院团领导、新闻媒体出席了签约仪式。联盟成立后，三地院校迅速开展了系列演出交流活动。北京戏曲艺术职业学院率先携舞剧《夕照》、京剧《中华美德故事汇》和评剧《花为媒》赴天津海河剧院演出；天津艺术职业学院师生在北京戏曲艺术职业学院"少儿戏剧场"进行交流演出。首都文明办出品、北京戏曲艺术职业学院创排的《中华美德故事汇》分赴天津艺术职业学院和保定两地举办 4 场演出活动，2015 年该系列舞台剧在北京 16 区和天津等地共演出 140 场，逾 10 万观众观看演出。

2016 年 5 月，河北艺术职业学院院长带队赴天津艺术职业学院考察交流。双方座谈交流专业建设等方面内容，实地考察专业实训室，参加联盟思政教学中华美德知与行课程建设项目研讨会，并就思政课实践教程的教材编写进行讨论，现场观摩在天津大礼堂举行的 2016 年中华优秀传统文化艺术表演赛。6 月，北京戏曲艺术职业学院到河北艺术职业学院考察交流。9 月，联盟思政教学"中华美德知与行"课程建设项目组，在石家庄市艺术学校举办了中专教材《学校弟子规实用教程》培训会。天津艺术职业学院、北京戏曲艺术职业学院、河北艺术职业学院和石家庄市艺术学校领导及项目组教师 30 余人与会。10 月，联盟举办为期 14 天的大型教学汇报交流演出活动。除特邀专家外，表演人员均为联盟 4 所成员校的教师和学生，其中《龙凤呈祥》由天津艺术职业学院、北京戏曲艺术职业学院、石家庄市艺术学校的京剧教师同台演出。为筹备京津冀三家艺术职业院校联袂上演的《长征组歌》，来自天津艺术职业学院和河北艺术职业学院的师生于演出前两周来到北京，与北京戏曲艺术职业学院师生相互配合。此次京津冀艺术教学汇报交流演出涉及音乐、京剧、评剧、河北梆子 4 个专业方向。参演师生超过 1000 人次，观众超过 5000 人次，观摩领导教师和研讨会点评专家超过 200 人次和 20 个院校，进一步促进了京津冀艺术职业教育协同发展，传承和发扬了中华民族优秀文化艺术。11 月，来自京津冀的 4 所京剧院团和 4 所戏曲院校的 84 名选手参加京津冀青年京剧人才展示活动。评选出一批优秀青年演员，也发现部分教师平时忙于授课、练私功较少、舞台实践太少、台上"火候"控制能力欠缺等问题。演出结束后，参演各单位领导召开座谈会。12 月，京津冀思政教学"中华美德知与行"专题研讨会在河北艺术职业学院召开。北京戏曲艺术职业学院、天津艺术职业学院、石家庄市艺术学校领导以及 12 名同行教师参加会议。研讨会期间，与会人员观摩河北艺术职业学院基础教学部思政教师的课堂教学，观看"中华美德知与行"相关教学实践专题片，并就京津冀思政教学"中华美德知与行"课程建设情况进行交流研讨。

2017 年，天津艺术职业学院党委理论学习中心组一行赴河北艺术职业学院学习交流。

2019 年，河北艺术职业学院舞蹈系师生受邀与天津艺术职业学院共同完成了庆祝中华人民共和国成立 70 周年系列活动——西藏昌都班"舞韵献礼新时代"主题演出。

（四）京保石邯职业教育联盟

2017 年 6 月，京保石邯职业教育联盟成立暨第一届理事会在保定市雄县召开。京保石邯职业教育联盟是在北京市教育委员会职成处、河北省教育厅职成处和北京金隅集团领导下，由北京金隅科技学校牵头，联合北京及河北部分职业院校、相关企业、科研单位、协会、服务机构等自愿组成的跨区域性非营利组织。加盟单位 35 家，其中职业学校 26 所，行业、企业 9 家。该联盟的成立是京津冀职业教育有序协同发展的重要标志，也是职业教育服务京保石发展轴的重要战略行动。

联盟成立后不断加强自身建设，深化成员合作。2017 年，该联盟成员单位免费为成员学校举办百度营销大学冬季师资培训活动。至 2018 年底，联盟开展中层及以上领导管理干部互访、教师教学观摩、研讨交流等活动 14 次，参与教师达 200 余人，联合办学 15 个班次，入校学生 463 人。通过沟通、研讨、参观，合作办学工作更加深入，充分发挥了联盟资源共享、优势互补的作用，实现了联盟成员共同发展的目标。

2021 年，北京金隅科技学校组织联盟成员校线上聆听北京市职业院校教学管理通则培训会，组织保定市第四职业中学等 5 所联盟学校参加教师教学能力比赛。

（五）京津冀"双高"建设联盟

2020 年，来自京津冀地区的 24 所"双高"院校参加在天津市职业大学召开的京津冀"双高"建设联盟成立大会暨高峰论坛。按照计划，联盟成立后将每年召开一次"双高"建设成果经验交流会；实施京津冀专业群结对子行动计划，由高水平专业群牵头，联合三地同类专业群，每年举办多场主题论坛，联合实施专业和产业调研，共同开发课程和资源。

2021 年，北京电子科技职业学院承办教育部"双高"院校建设工作推进会，会议期间召集京津冀职业院校举办分论坛，研讨京津冀职业教育协同发展。同年，中华职业教育社主办，天津市职业大学承办黄炎培职业教育优秀理论研究获奖者高峰论坛暨京津冀双高建设联盟经验交流大会，中华职业教育社专家委员会委员、京津冀双高建设联盟院校代表、职业教育领域专家学者，相关行业企业代表、新闻媒体代表等 200 余人与会。与会代表交流了"双高计划"建设中的经验做法，并聚焦问题和应对措施开展研讨。

2023 年，京津冀"双高"建设联盟工作会议召开。京津冀三地 20 余所"双高计划"建设单位、相关行业企业代表近 200 人参加会议。沧州医学高等专科学校、河北工业职业技术大学等机构负责人，围绕"双高计划"建设情况作专题报告。北京财贸职业学院、天津轻工职业技术学院、石家庄邮电职业技术学院、河北石油职业技术大学等分享建设经验。

(六) 京津冀职业技能发展联盟

自 2017 年以来，通武廊三地人力资源和社会保障部门持续联合举办"通武廊"职业技能大赛，规模、水平和社会影响力逐年提升，已成为环京津冀地区技能人才选拔的知名品牌赛事。

2022 年，召开了第一届京津冀职业技能高质量发展推进会。此次推进会由北京市通州区和天津市宝坻区、武清区、滨海新区，河北雄安新区、廊坊市、唐山市人力资源和社会保障部门（公共服务部门）共同发起，通州区人力资源和社会保障局主办，中国智慧工程研究会职业教育技能发展工作委员会承办。线上线下共计 200 余名职业技能培训机构人员参加此次会议。河北省廊坊市、天津市武清区的代表分享了技能人才培养经验。同时，"五区两市"发起成立了京津冀职业技能发展联盟，并签署《京津冀五区两市职业技能高质量发展战略合作框架协议书》，约定在培训平台共享、就业信息共享、技能水平评价、培训项目设置、智慧校园建设、筹办技能大赛、定期研讨等方面共同谋划、共同发展。

2023 年，第二届京津冀（四区三市）职业技能高质量发展推进会暨技能人才专场招聘会在北京财贸职业学院举行。此次活动由北京市通州区、天津市武清区和宝坻区、河北雄安新区、廊坊市、唐山市、山东省德州市等地人力资源和社会保障局共同主办。活动分设三个会场，技能人才专场招聘会、职业院校特色培养专业展示会和推进会同步举行。京津冀区域内近 80 家职业院校参加会议，近百家优质企业参加技能人才招聘会，释放就业岗位 2000 多个，线上线下参加招聘会 3000 余人次。推进会上还举行了京津冀职业技能发展蓝皮书撰写启动仪式，北京电子信息技师学院与唐山劳动技师学院签订校校合作协议，天津市普通高校人文社科重点研究基地职业教育发展研究中心与保定数字经济中等专业学校等共同签订校校合作协议。京津冀人社部门、国家职业教育研究专家、高校学者开展研讨交流，提供协同发展新思路、新建议。

该联盟自成立以来，共签约 11 名特聘专家，在京津冀区域内认定优质公共实训基地 4 家，供区域内有需要的企业、院校及劳动者实习实训。同时，发挥联盟的统筹协调作用，积极参与并谋划职业技能大赛，为各类赛事提供专家资源。

（七）京津冀市域产教联合体和产教融合共同体

2023 年 5 月，京津冀数字金融产教融合联盟启动仪式暨跨区域产教融合共同体论坛在天津举行。该联盟由京津冀地区开设金融类相关专业的职业院校、金融机构、金融科技型企业、科研院所、金融类行业协会等 60 余家机构共同组成。同月，北京青年政治学院协同天津城市职业学院、石家庄幼儿师范高等专科学校共同牵头发起的京津冀托幼一体化产教融合共同体在天津成立。由京津冀相关高校、职业院校、幼儿园和托幼相关组织等首批 53 家校企成员单位联合组建。8 月，京冀康养市域产教联合体获批入选北京市首批市域产教联合体建设项目。9 月，京津冀长三角钢铁智能冶金产教融合共同体成立，2023 年第五届京津冀模拟炼钢—轧钢竞赛举行。11 月，京津冀汽车产业园区市域产教联合体启动大会在京举行。该联合体由北京祥龙博瑞汽车产业园区申报，北京市商业学校与北京祥龙博瑞汽车服务（集团）有限公司牵头 4 家汽车行业协会、25 家汽车生态企业、3 家汽车科研机构和包括北京交通运输职业学院、阜平县职教中心、滦南县职教中心在内的 28 所中高本院校协同共建，并将构建由新能源汽车技术等 8 个专业组成的汽车专业群。

此外，还成立了一些校际联盟。2019 年北京市电气工程学校与曹妃甸区职教中心成立了职业教育联盟。2021 年北京科技职业学院成立京津冀职业教育联盟工作小组，通过论坛、互访的方式同张家口职业技术学院、石家庄信息工程职业学院、河间市职教中心、三河市职教中心、邯郸市永年区职教中心进行交流和研讨。

五、京津冀职业院校联合参与组建全国性及国际性联合体建设

2018 年，在天津市职业大学召开全国现代服务业职业教育集团京津冀

分部成立大会。天津市北辰区中等职业技术学校等当选为常务理事单位。

2019 年 5 月，全国职业院校融媒体联盟成立大会暨首届全国职业院校媒体融合与发展论坛在天津市举行，唐山工业职业技术学院成为联盟首批成员单位；6 月，在"丝路工匠"职业院校国际合作联盟牵头校北京市丰台区职业教育中心学校的推荐下，13 所京津冀职业院校正式成为首批联盟会员单位。

2023 年 3 月，全国托育服务与管理职业教育集团第一届理事会第一次会议在北京召开。来自北京青年政治学院、石家庄幼儿师范高等专科学校等 30 余家联盟理事单位的负责人、代表和专家顾问与会；6 月，北京信息职业技术学院联合京津冀职业院校和知名企业，共同发起成立全国信息安全产教融合共同体。该共同体是在京津冀信息安全产教融合联盟、全国信息安全职业教育集团基础上成立的跨区域产教融合共同体，其中有 9 所京津冀本科、高等职业学校、中等职业学校，信息安全产教融合发展大会也于同期召开。北京信息职业技术学院还与天津现代职业学院、河北软件职业技术学院、河北工艺美术职业学院等合作主持申报组建全国数字资源出版与运营行业产教融合共同体；7 月，全国民政职业教育教学指导委员会辅助技术、智慧养老和殡葬管理专委会成立大会在北京社会管理职业学院召开，天津城市职业学院校长等 130 余人参加会议；11 月，北京财贸职业学院作为协办建设单位，共同参与组建智能供应链产教融合共同体，首批协办单位包括 14 所本科、高等职业学校。全国智能供应链行业产教融合共同体由京东集团与天津大学、天津交通职业学院联合发起，聚合全国近 200 个单位组织；由北京电子科技职业学院牵头、河北化工医药职业技术学院等共 6 所学校参与的生物化工专业领域国家级职业教育教师创新团队共同体召开团队建设及专业领域课题中期检查会。

六、成立虚拟教研室等跨区域小规模教学协作组织

2023 年，天津市职业大学组织召开会议，成立天津市首个数字贸易虚拟教研室，审议通过《数字贸易虚拟教研室工作章程》。北京农业职业学院代表分享了"协同打造京津冀共同体线上教研会"情况。参会企业介绍

了校企合作、专业共建情况。数字贸易虚拟教研室是由天津市职业大学牵头，联合天津商务职业学院、北京农业职业学院和 3 家企业以教学研究为载体搭建的跨学校、跨行业、跨区域沟通交流平台。

北京卫生职业学院医学技术系牵头成立京津冀口腔交叉融合型数字化虚拟教研室，推动校际合作共享、共性问题联合研讨共建。虚拟教研室由来自京津冀地区及辽宁、黑龙江等地 10 家职业院校共 24 名口腔医学技术专业教师组成，以此为平台，校企合作开展《牙体形态与功能》活页式教材编写工作和"牙体形态与功能"课程国家资源库建设。

北京铁路电气化学校与阜平县职教中心、祥龙博瑞汽车集团联合成立新能源汽车教学资源研发中心，组建京冀校企产教共同体，在新能源汽车技术服务和营销等领域开展课程开发、实训基地建设、师资队伍培养培训、虚拟仿真等教学资源建设、师生访学、技术交流等方面的合作，创新京冀新能源汽车技术服务与营销类专业共建模式。

七、科教研组织建设

京津冀三地职业教育科研机构联合成立京津冀职业教育协同发展研究中心，天津市职业大学与北京曹妃甸职教城投资有限公司、曹妃甸职业技术学院建设联合职业技术研究院，充分发挥科研部门的知识和人才优势，共同开展研究活动，以专业知识和信息支持京津冀职业教育协同发展决策和实践。

（一）京津冀职业教育协同发展研究中心

2016 年，北京教育科学研究院职业教育与成人教育研究所、天津市教育科学研究院职业教育与成人教育研究所、河北省职业技术教育研究所签署合作协议，联合成立京津冀职业教育协同发展研究中心，协同开展职业教育研究。京津冀三个研究所对外可单独称为京津冀职业教育协同发展研究中心（北京）、京津冀职业教育协同发展研究中心（天津）、京津冀职业教育协同发展研究中心（河北）。

在此框架下，北京教育科学研究院依托职业教育与成人教育研究所骨干研究力量联合部分北京市高等职业学校研究人员成立京津冀职业教育协同发展研究中心（北京），对外联合天津市和河北省职业教育科研机构、京津冀地区职业院校协同开展职业教育政策、理论及实践研究，编印简报；对内为北京市教育委员会提供决策咨询，指导和服务学校实践。

1. 搭建交流平台

搭建了两个交流平台：一是编印和报送《京津冀职业教育协同发展简报》。2016—2023 年，京津冀职业教育协同发展研究中心累计编制 36 期《京津冀职业教育协同发展简报》，并印送教育部和京津冀省级教育行政部门领导参阅。二是创建京津冀职业教育协同发展研究微信群，交流信息，讨论工作。群内成员超过 20 人，包括北京市教育委员会职成处有关负责人和京津冀三地职业教育研究机构的研究人员。

2. 服务政府决策

京津冀职业教育协同发展研究中心（北京）以撰写研究咨询报告、编制简报、起草文件等形式，服务北京市教育委员会京津冀职业教育协同发展决策工作。

一是为北京市教育委员会起草相关文件、情况总结材料、讲话稿、宣传稿。先后起草《北京市教育委员会在首届现代职业教育论坛暨京津冀"互联网+"职业教育集团成立大会上的发言稿》《助力京津冀协同发展 首都职业教育航船已扬帆——首都推动京津冀职业教育协同发展》《北京市教育委员会关于推进京津冀职业教育协同发展的意见》《京冀职业院校高端紧缺技术技能人才联合培养试点项目方案》《张家口市人民政府 北京市教育委员会职业教育合作框架协议》《2016 年北京市推进京津冀职业教育协同发展情况》《京津冀职业教育协同发展实践与思考》等。

二是开展课题研究。2016 年完成"两委一室"委托课题——京津冀职业教育协同发展探索与实践研究，系统提出了京津冀职业教育协同发展的战略、策略和途径。2017 年，受北京市教育委员会职成处委托和指导，完成处级调研课题"京津冀协同发展与北京市职业教育资源优化配置研究"。该课题研究认为：京津冀协同发展战略的实施已经对北京市职业教育产生了很大的影响，建议未来北京市职业教育一方面要解决好自身转型升级问题，走"小而精"之路，功能定位于服务产业、兼顾民生，大力淘汰过剩和无效的资源，另一方面要面向津冀采取输出资源和共建共享资源并行的策略，积极推动职业教育协同发展。

3. 服务学校实践

以专业知识和信息服务京津冀地区职业院校开展合作：一是居中牵线搭桥，促成京津冀校际相互考察、洽谈与合作签约；二是通过研讨会、微信群等形式，为京津冀地区职业院校提供相关合作实践案例、政策咨询和方案建议。

（二）京津冀职业教育改革研究中心

2024 年 2 月，北京市教育委员会、天津市教育委员会、河北省教育厅共同批准成立京津冀职业教育改革研究中心，并授牌给北京教育科学研究院职业教育研究所。

八、职业院校加入其他类型的产学研用联盟

邯郸职业技术学院加入京津冀技术转移协同创新联盟。2015 年 12 月，由科技部火炬中心、北京市科委、天津市科委、河北省科技厅倡议的京津冀技术转移协同创新联盟在北京成立，联盟首批成员单位 102 家。邯郸职业技术学院技术转移中心继成为河北省技术转移示范机构、河北省技术转移联盟成员之后，又一次成为京津冀技术转移协同创新联盟成员。

河北工艺美术职业学院加入京津冀纺织服装产业协同创新高校联盟。京津冀纺织服装产业协同创新高校联盟是由中国服装设计师协会与北京服装学院共同发起，由清华大学美术学院、天津工业大学、天津美术学院、河北工艺美术职业学院等 11 所京津冀高校共同成立的联合组织，旨在合力打造京津冀纺织服装产学研协同创新平台，建立京津冀纺织服装院校创新人才培养基地。2015 年 12 月，京津冀纺织服装产业协同创新高校联盟首届年会在保定市容城县召开，围绕制约区域服装产业发展的关键问题开展学术研讨。

北京农业职业学院作为京津冀农林高校协同创新联盟成员持续参加活动。该联盟自 2015 年成立以来，每年组织召开全体会议。2019 年，北京农业职业学院领导出席京津冀农林高校协同创新联盟 2019 年交流推进会，并围绕"创新高素质农民培育模式，服务乡村振兴战略"作交流发言。2020 年，京津冀农林高校协同创新联盟交流推进会在北京农业职业学院举行，中国农业大学、天津农学院、河北科技师范学院等共 9 所京津冀农林高校及天津市农业广播电视学校、河北省农业电视广播学校的主要领导及相关部门负责人参加会议。2022 年，北京农业职业学院参加该联盟"新农科"建设研讨会，并作了"全方位建设国家级乡村振兴人才培养优质校"的报告。

第三节 一校一地合作

一、北京经济管理职业学院与廊坊市（固安县）

北京市在推进京津冀协同发展方面涌现出一批先进职业院校，它们积极探索与河北省一些地方的整体合作，敢于实践，成效显著。以北京经济管理职业学院为例，作为北京经济管理干部学院与位于河北固安县的河北远东职业技术学院（原华北石油职工大学）两所高校合并成立的高等职业学校，该校充分利用专业优势和其固安校区靠近北京大兴国际机场的地理优势，不断开创京冀职业教育协同发展新局面。

（一）"十三五"期间全面开拓

1. 外省招生指标安排向河北倾斜

自 2018 年开始，该校外省招生指标重点向河北倾斜。2020 年北京市教育委员会为学校增加了 100 个河北招生定向名额，使学校河北招生计划总数达到了 200 人，占学校外省招生总人数的 50%，河北也成为学校外省招生指标投放最多的省。

2. 将河北籍毕业生就业引导纳入学校就业辅导优先任务

自 2018 年开始，学校就河北籍毕业生就业状况进行大量走访调研，并根据调研结果对河北籍毕业生进行相关辅导。2019 年河北籍毕业生 53 人，就业率达到 100%。其中，升入本科院校 12 人，留京工作 34 人，返回河北及去外省工作 7 人。2020 年河北籍毕业生 50 人。其中，留京工作 29 人，回河北工作 10 人，去天津工作 2 人，专升本 7 人。

3. 完成学校临空经济管理专业群建设规划

走访调研顺义临空经济管委会、保税区管委会、廊坊临空经济管委会、北京市发改委等单位，结合大兴机场临空经济发展规划形成学院专业群发展规划，并逐步实施。

4. 牵头组建的北京数字经济职业教育集团广泛吸纳津冀两地会员

2019 年由该校牵头成立的北京数字经济职业教育集团，是全国首家探索全口径对接服务数字经济产业链发展的职业教育集团。其 56 家成员单位中在天津、河北有业务项目的 52 家。以集团为平台，该校与西门子公司在固安校区联合创立 BIEM—西门子工程师学院，还与科大讯飞联合创立 BIEM—科大讯飞 AI 学院，服务于京津冀数字经济发展对人才的需求。

5. 学校与固安县联合成立人力资源产业园

2020 年，该校与固安县人民政府共同发起成立固安人力资源服务产业园。固安区位优势明显，发展人力资源服务产业大有可为。以产业园为抓手，在人力资源与产业对接方面，全方位助力固安建设发展，做好京冀产教深度合作的试验田。

6. 积极承担重大培训项目

一是承担延庆区冬奥世园大培训办公室培训项目，为冬奥会培养旅游业人才。发挥学校另外一个铭牌——北京经理学院——的培训优势，结合旅游管理国家示范专业，经过评审，纳入延庆区冬奥世园大培训办公室采购，为延庆冬奥会地方人才提供导游证考证培训和民俗、民宿、研学从业人员培训。二是利用学院固安校区地理位置优势和师资优势，为固安工业园区和北京大兴机场临空经济区开展电子商务技能和外贸从业人员资格证培训 40 多人次。三是与企业合作承接 2018 年度职业院校教师国家级培训工作，来自河北省各个中等职业学校的 30 名教师参加本次培训。2019 年进行为期 3 周的面授培训以及学员返岗后的 1 周网络研修。四是举办"2020 年廊坊市退役军人适应性+就业创业培训班"，来自廊坊市各区（市）县的 27 名自主择业退役军官，参加了为期 5 天的培训。

2020 年 11 月，北京经济管理职业学院与固安县政府签订校地全面战略合作协议。此次签约为学校在"十四五"期间推进京津冀教育融合发展打下了坚实的基础。

（二）"十四五"期间更进一步

为落实双方签订的校地全面战略合作协议，2021 年，双方成立战略合作推进工作领导小组，统筹协调固安县与北京经济管理职业学院在科技创新、人才培养、区域公共服务、基础设施建设等领域重点合作事项的沟通、协调工作。学校对固安工业园区进行充分调研，寻找园区需求，充分挖掘学校资源，按照园区需要对接专业建设，实现学校服务园区的项目不断落地。

实地调研共同推进问题解决。固安县主要领导实地调研固安校区，并就学院办学过程中的实际需求与学校进行沟通交流。双方一致同意以固安经济社会发展需求为导向，加强全方位、多领域、深层次合作。学校充分发挥特色高水平骨干专业群的引领作用，为固安人才培养、产业发展、文化建设等领域提供智力和技术支持。固安县发挥管理服务协调组织优势，全力协调解决学院办学过程中的实际需求和有关问题。双方明确落实校地定期沟通机制，县政府组织教体局、自规局、供电局等部门和属地固安高新区工业园针对学校需求开展专门对接，有效解决学院办学实际困难。双方一致同意落实为固安县开展专业人才培训工作，进一步发挥学校育人优势，抓紧有效对接，共同推进区域产业转型升级。

学校加大对固安县职教中心的专业扶持、队伍帮扶、师资培训、质量提升工作力度。固安县职教中心学生参加计算机等级考试落实在北京经济管理职业学院考点进行。双方互相挂牌，实习实训室开放共享，教师交流培训和相互挂职，中高职衔接等项目得到有效推进。

与固安县合作共建永定河文化研究院。学校与固安县围绕永定河生态恢复与涵养开展专项调查研究，共同规划研究相关产业经济项目开发，开展非物质文化遗产传承与保护研究。推进固安非物质文化遗产现状调研与保护开发研究，打造区域内传统文化的示范基地——非遗馆，建成"文化展示、参观学习、互动体验"三位一体的特色文化博物馆。定期举办"走进非遗"非遗文化日，邀请一批区域内非遗传承人开展具有鲜明特色的文化宣讲、展览等活动。开设"中国文化"体验课程，定期面向社会开展乐享非遗微课堂、文化宣讲；同时输送非遗文化表演，积极参与区域民俗文艺展演、文化大礼堂的建设。召开永定河文化研究院座谈会，举办永定河文化研究学术论坛，双方共同致力于引领永定河文化研究方向，提升永定河文化研究平台的全国影响力，推动永定河生态、文化环境整体提升，打造京津冀生动交融的文化纽带，增强沿线居民的获得感和幸福感。

2023 年，北京团市委大学中专工作部、北京市青少年服务中心、廊坊团市委、固安团县委、固安县文旅局、北京经济管理职业学院有关负责人以及来自京津冀三地的 50 余名文化志愿者代表参加北京经济管理职业学院承办的"青春北京文化志愿者助力京津冀非遗传承"志愿服务有关活动。活动内容包括中华优秀传统文化技艺作品展示、发出"助力京津冀非遗保护"倡议、京津冀地区国家级非遗项目"屈家营古乐"展示、参观北京经济管理职业学院非遗技艺传承（花丝镶嵌）产业学院（珠宝艺术馆）等。

二、北京财贸职业学院与保定市

2017 年，北京财贸职业学院与保定市教育局开展"一校一地"整体合作，双方签订了两份合作协议。根据协议内容，双方将共同推进国家精准扶贫项目，在农村电商、农村会计、物流技术等项目中深化合作；开展文化创意、健康养老、学前教育、临空服务等专业合作。北京财贸职业学院在其涿州校区成立京冀创新教育学院，搭建京冀职业教育合作平台，开展健康服务、文化创意、学前教育、互联网创新 4 个专业方向的合作。

在保定市教育局的支持下，北京财贸职业学院自 2017 年开始承接"国培计划"——河北省幼儿教师培训项目，针对河北省乡村幼儿园骨干教师、园长、河北省农村校长素养提升开展专业建设、师资共建、学生实习实训等合作，至 2020 年底共举办 33 期幼教师资培训班，累计培训 9 万余人次，促进了京冀教育教学资源融通共享，提高了区域幼教师资教学水平。其中，2018 年北京财贸职业学院与保定市幼儿师范高等专科学校合作承接河北省幼儿教师培训项目，承办 5 期培训，累计培训 630 人次。

2020 年，北京财贸职业学院举办金融专业"双师型"教师专业技能培训、智能财税 1+X 中级培训师、网店运营推广 1+X 中级培训师、物流管理 1+X 中级培训师、电子商务数据分析 1+X 中级培训师线上培训班 5 期，培训京津冀教师 171 人，并对通过考核的教师颁发 1+X 证书培训师资格证书。

2021 年，北京财贸职业学院京冀创新教育学院开展京保教育培训，全年累计培训 458 人，共计 5055 人次。其中，与中联集团教育科技有限公司联合举办新一代信息技术应用培训，共培训 60 人、1871 人次；与河北省保定市幼儿师范高等专科学校合作开展 2 期"2021 年保定市幼儿园骨干教师培养对象培训"，共培训 398 人、3184 人次。

2023 年，北京财贸职业学院持续发挥涿州校区具有的北京教育资源优势，与涿州市委、涿州市文化广电和旅游局、博物馆、图书馆就推进产城教融合工作多次沟通交流。与涿州市文化广电和旅游局签署战略合作协议，将"8+"名人故居纪念馆资源引入涿州。

三、北京经济技术职业学院与三河市

2020 年，北京经济技术职业学院与三河市教育和体育局签订校地合作协议，约定学校每年选派一定数量的学生到三河市中小幼机构支教，截至年底第 1 批 11 名支教学生已经踏上了支教岗位。2021 年，北京经济技术职业学院与三河市人力资源和社会保障局、燕郊高新区人力资源管理局签署校地共建协议，为域内企业搭建用工平台，促进高校毕业生高质量就业，推进院校与企业人才共育共享。同年，选派学前教育专业 8 名学生参与三河市教育体育局大学生支教项目，为三河市学前教育教师队伍建设做出了贡献。学院与三河市燕达金色年华老年养护中心校企深度合作多年，服务养老行业人才需求，不断优化人才培养模式。

四、天津市职业大学与雄安新区

2017 年 7 月，天津市职业大学与雄安新区管委会城乡统筹组签订战略合作协议，天津市职业大学有关负责人带领合作办、继教中心负责人及教师代表出席签约仪式，并参加新区举办的"聚力雄安送培训"现场招生宣传活动。此次区校双方合作项目主要有 5 项：一是以挂牌建设"天津市职业大学雄安新区培训基地"为载体，先期推动雄安新区筹建阶段搬迁工作中的劳动力输出就业培训、职业学校师资和学生技能培训以及职业技能鉴定；二是以需求为导向，以"就地就近、输出就业"为原则举办对口专业成人高等教育学历班；三是服务京津冀协同发展战略，争取政策支持，增加单列招生计划，为新区重点产业紧缺职业岗位培养专业技术技能人才；四是依托新区产业布局和人才需求规划，联合制定"订单式人才培养计划"，整合优质专业资源，为新区重点产业建设做好技术技能人才储备；五是带动职业学校协同发展，在人才培养、教学改革、实训基地建设、师资水平提升、社会服务等方面联合共建、资源共享、促进发展。此次区校合作是雄安新区管委会与首家高等职业学校合作落实规划建设阶段劳动力输出再就业的重要途径。

2017 年 12 月，天津市职业大学与容城县职教中心签订战略合作协议，并实施"容城职教中心师资队伍水平提升"建设项目，由天津市职业大学结合容城县职教中心专业建设需求制定专项培训方案，安排专项培训资金，由天津市职业大学教务处长为容城县职教中心 6 个专业 120 余名教师进行了主题为"如何有效开展教学诊改"的专题培训。2018 年，天津市职业大学派出 1 名教授及合作办教师赴雄安新区容城县职教中心，为中心旅游服务与管理等 6 个专业 60 余名教师开展了题为"如何开发校本教材"的专题讲座。

天津市职业大学与雄县增民职业培训学校共建天津市职业大学雄县培训中心以来，为"入岗、在岗、转岗、下岗、无岗"人员开展育婴员、保健调理师、电工、中式烹调师等工种的免费公益技能培训，培训规模近千人次，有效助力了雄安新区人民的技能提升。

此外，2018年12月，为支持河北雄安新区医疗卫生职业教育建设，天津医学高等专科学校党委书记带队一行4人前往雄安新区，与雄安新区公共服务局签订合作框架协议。

第四节　支援合作与对口帮扶

一、有组织的职业教育支援合作

在北京市委、市政府及有关部门的直接或间接组织下，京津冀职业教育人力、财力、物力、信息往来频繁。以北京市为例，根据北京市教育委员会的统计，2017—2020年北京市干部教师派遣1389人次，支援合作地干部教师来京挂职35人次，支援合作地干部教师来京跟岗177人次，支援合作地干部教师来京培训2590人次，支援合作地学生来京访学4427人次，支援合作地学生来京参加活动373人次；北京职业院校到支援合作地举办短期培训6900人次，面向支援合作地开展学历教育（计划内项目）在校生、招生、毕业生分别为683人、648人和377人，促进支援地合作地产教融合项目33个。2017—2019年参与京津冀协同发展的职业院校数量、促进支援地合作地产教融合项目数、支援合作地干部教师来京跟岗人次、北京市干部教师派遣量、支援合作地学生来京访学均持续增长。

二、河北省与北京、天津两市高等职业学校"结对子"

（一）政策要求

2018年10月，教育部下发《关于确定北京市、天津市与河北省部分高职院校"结对子"任务的通知》（教职成司函〔2018〕138号），确定了27所河北省高等职业学校与7所北京市和10所天津市高等职业学校开展结对帮扶交流的任务，要求北京市教育委员会、天津市教育委员会、河北省教育厅指导本地这些"高职院校开展结对帮扶交流，完善协同创新工作机制，在人才培养、院校管理、师资队伍建设、社会技术服务等方面加强资源共享、优势互补，持续深入推动京津冀职业教育协同发展，整体提升区域职业教育办学水平，为实现区域经济高质量发展提供更多高素质技术技能人才"。根据此文件要求，这种结对子关系有"一对一"和"一对多"两种形式。"一对一"，如石家庄职业技术学院和北京电子科技职业学院在建筑电气工程技术、食品检测技术专业开展协作；"一对多"，如天津医学高等专科学校分别与沧州医学高等专科学校、河北女子职业技术学院、承德护理职业学院在药学、护理和口腔医学专业开展协作。

根据教职成司函〔2018〕138 号文，北京市教育委员会下发《关于组织北京市与河北省部分高职学院"结对子"的通知》，确定 7 所北京高等职业学校与河北省 8 所高等职业学校结成对子，拟联办专业 20 个左右。2018 年，参加教育部"京津冀高职学院结对子任务"的北京市和河北省共15 所高等职业学校举行对接会，两地学校探讨专业建设、教师跟岗、学生访学等方面的合作事宜。

（二）落实情况

根据笔者掌握的资料，22 对京津冀高等职业学校开展了"结对子"合作。其中，北京市、天津市和河北省高等职业学校分别为 6 所、7 所、22所。另外 5 对高等职业学校笔者尚未接触到"结对子"合作信息，其中，北京市缺少 1 所，天津市缺少 3 所，河北省缺少 5 所。

1. 北京信息职业技术学院与石家庄财经职业学院

2019 年 3 月，北京信息职业技术学院校长一行 7 人专程赴石家庄财经职业学院考察交流，并与该校正式签订"结对子"合作框架协议。合作框架协议内容主要是：（1）建立有效的沟通交流机制。每年举办 1—2 次双方领导参加的联席会议，制定年度合作计划，商讨两校合作发展大计。（2）发挥北京信息职业技术学院信息化技术、设备、经验优势，为石家庄财经职业学院提供专业带头人和骨干教师信息化教学能力提升培训。（3）双方互派教师进行教学交流。通过公开课、专题讲座、研讨会等形式，双方教师交流本校教育教学、专业建设和课程建设的经验和方法，提升相关专业和课程的建设水平。（4）根据各自学校实际情况，加强两校之间的干部、教师交流，互派干部和教师开展教育考察、学习访问等活动，举办优秀教师、专家讲座活动，帮助对方提高干部管理水平和教师队伍教育教学能力。（5）共同分享国家职业教育计算机应用技术专业教学资源库的建设成果，北京信息职业技术学院向石家庄财经职业学院开放网络平台，允许教师利用网络课程平台搭建课程，允许学生通过网络空间学习相关课程。

签订协议后，2019 年两校召开由双方学校领导参加的联席会 2 次，共同制定年度合作计划；向石家庄财经职业学院开放网络平台，共享国家职业教育计算机应用技术专业教学资源库的建设成果，授权对方教师利用网络课程平台搭建课程，有效提升了石家庄财经职业学院信息化教学平台的水平。2021 年，两校进一步加强数字资源、网络课程资源、教师信息化能力提升、教师教学交流等多方面合作。

2. 北京工业职业技术学院与张家口职业技术学院和河北建材职业技术学院

（1）北京工业职业技术学院与张家口职业技术学院。

在前期合作的基础上，教育部布置的"结对子"任务让北京工业职业技术学院与张家口职业技术学院更加紧密地携起手来。

开展考察交流和专业对接，签署合作协议。2015 年，张家口职业技术学院主要领导带领学院各部门负责人赴北京工业职业技术学院学习考察。双方就专业对接、共建实训基地等方面进行交流，并达成共识。2016 年，两校签署战略合作协议书。2017 年，北京工业职业技术学院基础教育学院党员考察学习代表团到张家口职业技术学院学习考察；北京工业职业技术学院党委书记带队到张家口职业技术学院开展深度合作交流。双方进一步落实了合办专业人才培养方案和学生联合开展社会实践等合作事项。北京工业职业技术学院党委书记为张家口职业技术学院全院内设科室以上干部、全体辅导员和思政课教师作了题为《深入学习贯彻总书记重要讲话精神，切实改进和加强学校思想政治工作》专题辅导报告。2018 年，张家口职业技术学院土木工程系一行 4 人赴北京工业职业技术学院建筑与测绘工程学院就工程测量技术专业进行对接。

加入职业教育集团和共同体。2016 年，张家口职业技术学院党委书记带领相关人员参加了由北京工业职业技术学院主办的北京城市建设与管理职业教育集团成立大会暨京津冀协同发展背景下深化校企合作论坛，加入北京城市建设与管理职业教育集团。2023 年，张家口职业技术学院加入北京工业职业技术学院牵头成立的两个行业产教融合共同体。

开展学生暑期实践活动和交换生项目。2016 年，两校团委联合组织开展了以"体验历史文化、寻访英雄足迹、助力奥运服务、体验企业文化"为主题的暑期实践活动。两校共计 20 多名师生组成的"2016 京张两地大学生携手共建暑期社会实践服务团"，在张家口进行了为期 3 天的实践活动，参观了董存瑞纪念馆、察哈尔烈士陵园、张家口大境门、堡子里、崇礼万龙滑雪场、长城桑干酒庄。此次活动不仅为两校大学生提供了更宽广、更深入的暑期实践平台，促进了大学生的自我完善和发展，还为两校协同发展奠定了良好基础。同年，北京工业职业技术学院举办了以"筑梦征程，残健同行"为主题的 2016 年迎新暨欢迎张家口职业技术学院交换生文艺晚会，张家口职业技术学院 32 名师生参加。

合作开展"2+1"联合培养。张家口职业技术学院建筑工程技术、电气自动化技术、机电一体化技术和汽车检测与维修技术 4 个专业的 30 名学生于 2016 年 9 月赴北京工业职业技术学院开启为期半年的学习。学院选派 1 名中层干部和 1 名教研室主任到北京工业职业技术学院相关部门和二级学院挂职锻炼。2018 年 9 月，两校合办的机电一体化技术专业（冬奥场馆设备维护维修方向）的 35 名学生顺利抵达北京工业职业技术学院。

合并专业，共建智能制造人才培养基地。作为两校战略合作框架协议的重要组成部分，合办机电一体化技术专业（冬奥场馆设备维护维修方向）是两校落实国家京津冀协同发展战略、服务 2022 年北京冬奥会的切实行动。该专业实施"1+1+1"培养模式，合作班级的学生第一年和第三年在张家口职业技术学院学习，第二年在北京工业职业技术学院学习。2019 年底机电一体化技术专业（冬奥场馆设备维护维修方向）2017 级合作班的学生已在北京工业职业技术学院学习 1 年。两校还合办了工程测量专业。2023 年，北京工业职业技术学院技能大赛优秀指导教师承担了帮扶张家口职业技术学院在技能大赛方面的指导工作，交流训练方法与技巧，安排两校学生同台演练切磋，张家口职业技术学院参赛队员竞赛水平大幅提升，并获得 2023 年全国职业院校技能大赛高职组"地理空间信息采集与处理"赛项三等奖。

开展"一支部一品牌"共建对接。2019 年，北京工业职业技术院工程测量党支部一行 7 人到张家口职业技术学院与土木工程系党支部开展"一支部一品牌"共建对接。双方就党支部基本情况、支部日常工作、主题党日活动、党建品牌创建等情况开展了交流，对共建活动、专业建设和人才培养方案进行了探讨。双方党员还前往经开区东宁街社区红色察哈尔革命历史博物馆学习参观，接受红色传统教育。

2023 年，两校共同参与工程测量技术专业和智能建造技术专业教学资源库建设。根据北京市教育支援合作项目任务安排，张家口职业技术学院土木工程系党支部书记和 1 名教师到北京工业职业技术学院党委组织部进行为期 1 周的跟岗研修，主要在党组织建设、党员发展、党建考核、干部管理、绩效考评、职称评聘、主题教育成果转化等制度建设方面学习交流，进一步提升了该校组织人事工作规范化、科学化水平。此外，两校在工程造价、智能建筑专业方向开展实践教学、教师进修、学生培养等方面的深度交流与合作。

（2）北京工业职业技术学院与河北建材职业技术学院。

2019 年 4 月，北京工业职业技术学院副院长一行 9 人到河北建材职业技术学院考察调研。双方就辅导员队伍建设、日常行为规范教育、第二课堂纳入人才培养等问题展开了深入的探讨和交流；5 月，北京工业职业技术学院与河北建材职业技术学院签署战略合作协议；12 月，北京工业职业技术学院电气与信息工程学院党总支副书记一行 4 人来到河北建材职业技术学院，围绕高校共青团"第二课堂成绩单"制度及共青团改革等主题开展专题调研交流，双方就一二课堂深度融合、新媒体建设、基层团支部志愿服务工作、学生会组织管理与队伍建设等方面内容进行探讨交流。

3. 北京政法职业学院与河北政法职业学院

根据《河北省教育厅关于做好与北京市、天津市部分高职院校"结对子"对接工作的通知》（冀教职成函〔2018〕16 号）的要求，2018 年 11 月，河北政法职业学院副院长带领教务处、法律系、法学系、信息网络中心相关负责人赴北京政法职业学院，就法律类专业在人才培养、师资队伍建设、社会服务等方面协作事宜进行对接洽谈。

（1）教师交流互访。

北京政法职业学院教务处、应用法律系、社会法律工作系分别赴河北政法职业学院进行交流，并协同全国司法职业教育教学指导委员会法律文秘专业教学标准编写组成员赴河北政法职业学院进行法律文秘专业教学标准调研。同时，两校开展法律文秘专业人才培养方案研讨、教学资源库培训与资源共享、学生职业技能竞赛、开办讲座等工作。

（2）举办法学专业能力提升专题培训班。

2019 年，作为"结对子"项目内容，法学专业能力提升专题培训班在中国政法大学举行，参加培训的 60 名学员中有 20 名北京政法职业学院教师、30 名河北政法职业学院教师。经过 6 天集中培训，教师们对于法学教育领域的一些重要理论和实践问题有了新的认识。

（3）合作开发法学教材。

共同开发法学理论或实践型教材，以实践课、培训包、活页教材等实践教学教材为资助重点，紧密结合专业培养目标，资助两个院校 14 名教师合作出版《刑事案件处理实务》等 7 部法律类高职高专教材，填补专业空白，并在实际教学中使用，提升了法律专业建设水平和课堂教学效果。

（4）合作开展教改研究。

共同进行教科研课题研究，资助两校 13 名教师立项研究"以"金课"标准打造《民法基本原理》混合式活动课堂"等 3 个专项教改项目。

（5）线上研讨课程思政。

2021 年，两校召开线上课程思政研讨会，讨论课程思政教学设计、课程思政与专业课有机融入等，推进了两院课程思政与专业课程同向同行。

4. 天津市职业大学与廊坊职业技术学院等 5 所河北省高等职业学校

2018 年，廊坊职业技术学院院长一行 5 人到天津市职业大学进行学访交流。双方围绕"结对子"以及职业教育集团合作展开交流，达成以下合作共识：一是按照教育部的部署，以电子商务专业协作开展帮扶工作；二是以京津冀三地现代服务业职业教育集团战略合作为契机，共建京津冀航空产教联盟。

2019年初，天津市职业大学与唐山幼儿师范高等专科学校签订合作协议；6月，唐山幼儿师范高等专科学校副校长一行4人到天津市职业大学结对交流，双方就学前教育专业人才培养方案制定、精品课程建设等进行交流，并在开展师资交流培训等方面达成合作意向。同月，河北化工医药职业技术学院副院长一行5人到天津市职业大学结对交流，双方就专业人才培养方案修订、教学信息化等进行交流；11月，天津市职业大学举办"推动双高项目建设，服务京津冀职教协同发展"津冀部分高等职业学校结对研讨交流论坛。来自河北化工医药职业技术学院、唐山工业职业技术学院、唐山职业技术学院、唐山幼儿师范高等专科学校和廊坊职业技术学院5所结对院校7个专业的负责人、教师参加论坛活动。各校代表分别分享了建设经验，各专业围绕产教融合、专业群建设等专题进行了研讨。

5. 天津电子信息职业技术学院与河北石油职业技术大学、石家庄信息工程职业学院

2018年，河北石油职业技术大学校长带队前往天津电子信息职业技术学院考察，双方在专业建设、科研攻关等方面进行交流研讨，签署两校合作协议，并就共同筹建"人工智能"跨区域联盟、推进专业建设等达成共识。

2019年，天津电子信息职业技术学院副院长一行7人到石家庄信息工程职业学院结对交流，双方就机构设置、专业群建设、科研项目研发等方面内容进行研讨。2023年，天津电子信息职业技术学院计算机与软件工程系主任带队到石家庄信息工程职业学院软件工程系调研交流。双方就"双高校"建设经验做法、软件类专业人才培养模式改革创新、优质教学资源共建共享等方面内容进行座谈交流。

6. 北京财贸职业学院与河北对外经贸职业学院

2018年，河北对外经贸职业学院院长一行6人，赴北京财贸职业学院交流学习，双方签订协同发展合作协议。2019年，河北对外经贸职业学院与北京财贸职业学院、北京农业职业学院分别签署《国内联合培养项目协议》和《职业教育协同发展合作框架协议》。签约仪式后，与会人员围绕京津冀协同发展战略、学院发展规划、国际交流与合作、专业建设与合作、建立合作命运共同体等方面问题进行交流与探讨。

7. 天津轻工职业技术学院与保定电力职业技术学院、河北轨道运输职业技术学院

2019 年 1 月，保定电力职业技术学院副院长一行 8 人到天津轻工职业技术学院交流座谈"结对子"相关工作；5 月，天津轻工职业技术学院邀请河北保定电力职业技术学院参加天津市教育委员会主办的鲁班工坊产教融合国际论坛；7 月，天津轻工职业技术学院教师到保定电力职业技术学院作题为"新能源类专业教学资源库建设的实践与应用"讲座，保定电力职业技术学院决定申请加入新能源类专业教学资源库升级改进项目建设单位。2020 年召开两校"结对子"经验分享交流会。

2019 年，河北轨道运输职业技术学院副院长一行 21 人到天津轻工职业技术学院交流座谈"结对子"相关工作。两校与会人员分成 5 组，分别围绕现代学徒制、教学管理、专业建设、人才培养、公共基础课开设等内容进行深入探讨。

8. 天津中德应用技术大学与衡水职业技术学院

2019 年，天津中德应用技术大学与衡水职业技术学院举行结对签约仪式。签约后，天津中德应用技术大学校长一行参观衡水职业技术学院内画大师工作室、剪纸艺术研究室以及众创大厦等，并就人才培养和师资队伍建设等方面内容进行探讨交流。

9. 天津医学高等专科学校与承德护理职业学院

2019 年，两校负责人及有关部门负责人进行座谈并签署合作备忘录。与会人员就骨干专业建设、高层次人才培养、科研、思政课案例库建设及涉外护士培训等方面的合作进行探讨。

10. 天津交通职业学院与河北交通职业技术学院

2019 年，天津交通职业学院与河北交通职业技术学院举行协同发展签约仪式。

11. 北京农业职业学院与河北旅游职业学院

2023 年，河北旅游职业学院到北京农业职业学院园艺系座谈交流党团建设、学生管理、双特高建设等方面内容。

此外，北京戏曲职业学院与河北艺术职业学院、天津交通职业学院与河北交通职业技术学院、天津机电职业技术学院与河北机电职业技术学院、天津医学高等专科学校与沧州医学高等专科学校通过联盟或其他形式开展交流与合作。

三、完成教育部定点帮扶任务

作为直接参与京津冀协同发展和扶贫攻坚的重要抓手，教育部制定了《京津冀对口帮扶河北省青龙县和威县职业教育与继续教育实施方案（2018—2020 年）》，京津两地部分职业院校承接了帮扶青龙县和威县发展职业教育的任务，促进两县职业教育水平的提升。

（一）北京市商业学校定点帮扶青龙县职教中心

北京市商业学校自接受河北省青龙县职教中心帮扶任务以来，在教育部、北京市教育委员会和祥龙博瑞公司的关心指导，青龙县政府的大力协助和青龙县职教中心的积极配合下，探索出了一套完整的定制化帮扶合作机制。以 2022 年为例，北京市商业学校在北京市教育委员会的支持下，贯彻落实《教育部 2022 年对河北省青龙县、威县定点帮扶工作要点》等文件要求，与青龙县职教中心各级领导反复沟通、调整思路、共同想办法，在双方共同努力下，较好地完成了各项帮扶任务。

1. 学生联合培养成果显著

（1）线上教学秩序井然。

一是云端学习不放松。青龙班学生无法到北京市商业学校现场上课期间，北京市商业学校采用云课堂为 2019—2021 级 6 个班共 136 名青龙学生提供在线教学。为了确保教学质量，班主任随时关注学生心理和学习状况，授课教师不断丰富教学内容和手段，学校也加强在线监督和管理。二是就业、升学两不误。北京市商业学校专门组织相关管理部门和系部教师对 2019 级青龙班学生进行辅导，协助他们顺利完成就业、升学；专任教师为在家准备单考单招复习和考试的学生提供针对性的辅导；班主任随时关注在祥龙博瑞公司实习学生的实践和生活状况，确保生产安全和心理安全；组织专人辅导青龙毕业生参与市级评优工作（2 名青龙学生获得市级"三好学生"）；还为自谋就业的青龙学生提供网上就业指导。

（2）及时发放各种补助。

为帮助青龙学子减轻生活压力和网络学习产生的经济压力，北京市商业学校经学校班子会审议后，在拨付助学金、伙食补助的基础上，为青龙学生发放 4 个月手机流量补助（每人每月 40 元，共计 21760 元）。同时，还积极组织青龙优秀学生参加政府奖学金、学校奖学金等奖学金申请，及时发放各项补助。

（3）名师专家云端讲座。

一是邀请北京市十大能工巧匠、全国五一劳动奖章获得者、首都楷模、全国劳动模范魏俊强为师生在云端开展主题为"弘扬劳模精神 凝聚奋斗伟力"的讲座，青龙班多个年级汽车专业学生在线聆听讲座，并积极参与互动；二是邀请 MCN 公司总经理开展了主题为"直播电商的未来"的云讲座，全体青龙班班主任和学生参加了此次讲座，对"直播运营""直播电商的未来"有了更加清晰的认知，为就业树立了信心；三是组织青龙电子商务专业学生收看了由电子商务专业国家级创新团队重要成员主讲的"中职电商专业改革下直播课程新动向"云讲座，从"授人以渔"的层面让学生们加深了专业认知；四是邀请不同行业领域专家每周四为青龙学生在内的相关专业学生直播"大咖讲座"，拓展同学们的职业视野。

（4）组织电子商务直播大赛。

赛制采取适当照顾青龙学子的方式，并选择帮扶地区特色农产品为直播大赛商品，帮助青龙学生强化专业学习兴趣，提升专业实操技能。

2. 2022 级联合办学招生 27 人

2022 年，北京市商业学校克服困难积极开展与青龙县职教中心的联合招生动员工作，完成汽车专业招生 27 人。

为落实乡村人才振兴战略，完成教育部定点帮扶任务，北京市商业学校 2023 年继续接收受援地区河北省青龙县、云南省保山市共 151 名学生。在开学典礼上，教育部职成司领导为青龙班、保山班授予象征着新征程"发令枪"和新集体"冲锋号"的班牌并为他们佩戴胸卡。

3. 干部师资培训"多点开花"

（1）增加专业大赛经验。

北京市商业学校联合多家企业共同组织召开 2022 京津冀互联网营销师技能竞赛邀请赛和京津冀中职财经类新专业·新教法说课大赛。两场专业比赛邀请包括青龙县职教中心在内的京津冀地区 10 余所中等职业学校的师生参与，有效协助参赛学校电子商务和财经专业教师提升教学水平，锻炼学生专业技能，丰富师生比赛经验。

（2）在线学习提升能力。

一是通过网络方式提供"数字技术：新目录、新专业、新课程""数字经济下的新零售岗位"等多场培训课程，不断提升青龙县职教中心干部和教师的综合素养与教学能力。二是邀请青龙县职教中心领导干部及相关专业教师参加中国职业技术教育学会第十九届"说专业·说课程·说专业群·说教材"研讨会。三是为帮助青龙更好理解国家"碳达峰碳中和"战略与绿色经济发展新方向，规划院校和产业双碳人才培养政策，邀请青龙县职教中心参加由中国职业技术教育学会数字商务专业委员会组织的"双碳战略产业发展与人才培养在线分享会"网络课程学习。

（二）天津交通职业学院与青龙县职教中心合作建立"天津交通职业学院青龙分校"

2017 年，依据《教育部 2017 年对河北省青龙县、威县定点扶贫工作要点》精神，在天津市教育委员会和青龙县人民政府支持下，天津交通职业学院与河北省青龙县职教中心签订合作建立"天津交通职业学院青龙分校"的框架协议书。天津市教育委员会对天津交通职业学院青龙分校部署了任务要求，在青龙分校深入实施"六个一"工程，即帮建一所分校、打造一支专业师资团队、策划一组专业、提供一批课程资源、引进一套管理模式、打造一个产教校企对接平台，在分校管理、师资培训、专业建设和资源共享等方面逐一细化方案，提高教育扶贫的有效性和精准性，为青龙县培养高素质技术技能人才。同年 11 月，为贯彻落实教育部、天津市教育委员会协调京津冀优质教育资源帮扶青龙县脱贫攻坚的部署，支持青龙县农产品电子商务技术服务项目，受青龙县政府的邀请，天津交通职业学院经济管理学院院长携师生团队与天津双创空间企业孵化器有限公司团队一行 14 人，赴青龙县进行实地调研，就农民专心做产品，农村合作社、种植或养殖带头人重点抓农产品标准化作业和品控，第三方公司专业化运作"品牌管理、模式打造、平台运营"的实施方案达成了初步构想。

（三）天津市职业大学、天津城市职业学院和天津医学高等专科学校对口帮扶威县

1. 天津市职业大学

2018 年，为落实《京津冀对口帮扶河北省青龙县和威县职业教育与继续教育实施方案（2018—2020 年）》，天津市职业大学校长一行 6 人赴威县，与威县主要领导就威县分校筹建工作进行深入对接，威县教育局、职教中心相关负责人陪同考察。双方就威县分校筹建工作的具体内容和时间进度进行了座谈磋商，最终在"五年一贯制"人才培养、职业教育园区建设、师资培训等方面达成合作意向，并就合作项目签署备忘录。

2019 年，天津市职业大学合作办、公管学院教师及旅游学院企业讲师为威县分校学前教育、空中乘务专业 70 余名教师开展专题培训，并为 140 余名学生示范指导。按照需求，此次培训针对学前教育专业教师及学生开展感觉统合训练；针对空中乘务专业教师及学生进行了职场礼仪培训及现场指导，有效提升了师生职业技能水平和教师教育教学能力。

在教育部和天津市教育委员会、河北省教育厅大力支持下，天津市职业大学申报并获批汽车运用与维修和学前教育"五年一贯制"专业，2020年面向河北威县招生 140 人，为威县经济社会发展培养本土化、用得上、留得住的技术技能人才。

2. 天津城市职业学院

2018 年，为落实教育部、天津市教育委员会对口帮扶工作的有关要

求，经与威县民政局商议，天津城市职业学院举办了 4 期养老护理人员培训，共培训 120 人。培训方式为理论与实操并重、天津与威县两地学习并举。天津城市职业学院发挥自身"京津冀养老人才培养协作会"作用，汇集优质的养老护理标准、师资、设施资源，承担全部培训费用，切实提高威县养老机构骨干人员专业水平。

2020 年，学院采用线上"云端"培训方式，开展养老护理、社会工作取证等专题职业技能提升培训项目，辐射 4 类人群共 163 人。

3. 天津医学高等专科学校

2017 年 10 月，按照天津市教育委员会要求，应河北省邢台市威县人民政府邀请，全国卫生职业教育教学指导委员会、天津医学高等专科学校 5 名教授一同前往威县对基层卫生状况和卫生技术人员培训需求进行考察。经过双方协商，确定培训基地名称为天津医学高等专科学校、威县卫生和计划生育局共建威县卫生专业技术人员培训基地，共建期为 3 年。同年 11 月，天津医学高等专科学校、威县卫生和计划生育局在威县卫生学校签署威县卫生专业技术人员培训基地共建协议书，并举行揭牌仪式。威县相关领导、县人民医院和各乡镇卫生院院长、参加培训的 18 名急救人员、县卫生学校全体教师约 80 人参加了仪式。首批参加基础生命支持培训的 18 名学员全部通过考核，获得合格证书。

2018 年，天津医学高等专科学校在威县卫生专业技术人员培训基地免费为该县 2 个班级的基层卫生专业技术人员开展临床实践技能规范化培训。

2019 年，应威县卫生和计划生育局请求，配合当地开展村级卫生室输液项目达标活动，以威县所提供的北京卫生职业学院先期对其帮扶项目"护理专业培训方案"为参照，天津医学高等专科学校实施了威县基层卫生人员护理技术项目培训，免费提供培训所需实训设备，在天津医学高等专科学校与河北省威县卫生和计划生育局共建基地举办无菌技术与静脉输液 2 个专项的护理技术培训共 2 期、4 个班级，培训总量达 200 人天，培训内容与村级卫生室日常工作密切相关。此次培训的成功举办也促进了学校护理专业社会服务能力的提升。

（四）北京卫生职业学院面向河北省威县开展三期帮扶培训

2020 年，在前两期帮扶培训的基础上，按照教育部和北京市教育委员会对口帮扶工作要求，北京卫生职业学院与威县启动第三期帮扶培训活动。此次培训主要面向威县贫困乡镇卫生院的中医康复人员，内容是实用手法、小儿推拿、艾灸、拔罐技术、常见病中医特色疗法。

四、其他部门确定的帮扶关系

（一）教育行政部门安排的帮扶任务

2017 年，北京市丰台区职业教育中心学校承担教育部、北京市、丰台区等各级政府、教育主管部门的对口帮扶任务，分批次培养"影子校长""影子干部""影子教师"，年内共接待挂职校长 10 人、挂职干部 3 人、挂职教师 8 人。

2018 年，为贯彻落实教育部《京津冀对口帮扶河北省青龙县和威县职业教育与继续教育实施方案（2018—2020 年）》要求，北京市实美职业学校和威县职教中心签署了《京津冀一体化职业教育合作办学协议》。年内，威县职教中心先后派出 2 批学前教育专业师生共 20 人赴北京市实美职业学校接受学前教育专业教育技能培训，并与专业教师交流，还进行了专业汇报表演。同年，根据北京市教育对口支援与区域合作项目任务安排，北京财贸职业学院负责对口帮扶阜平县职教中心电子商务专业学生技能提升培训项目。阜平县职教中心遴选电子商务专业 2017 级学生 80 人，在北京财贸职业学院京冀创新教育学院进行为期 3 个月的能力提升培训，提升了就业和发展能力。

2019 年，应教育部职业教育与成人教育司、教育部职业院校信息化教学指导委员会要求，北京信息职业技术学院教师发展中心教师付强作为信息化教学专家，赴河北省青龙县职教中心开展为期 1 天的信息化教学帮扶活动，近 100 名青龙县职教中心教师参与。

（二）民政部、财政部、国务院扶贫办安排的帮扶任务

根据民政部、财政部、国务院扶贫办《关于支持社会工作专业力量参

与脱贫攻坚的指导意见》和民政部、国务院扶贫办制定的《社会工作教育对口扶贫计划实施方案》，天津城市职业学院加入中国社会工作教育第一批百校对口扶贫计划，对口支持国家级贫困县河北省威县。2018年，天津城市职业学院院长一行前往威县就对口扶贫工作进行深度对接。在威县民政局与局长、书记、办公室主任座谈，就社会工作教育对口扶贫工作进行需求调研；到"孝道村"孙家寨实地考察，听取支部书记介绍"没有围墙的养老院"和"没有围墙的学校"建设情况，交流关爱"空巢老人"和"留守儿童"服务内容。

（三）市委组织部门安排的帮扶任务

2021年，北京交通运输职业学院参加市委组织部扶贫项目，与怀来县职教中心·高级技工学校签订"一对一帮扶"合作意向书，并吸纳其加入北京交通职业教育集团。

（四）区级政府间安排的帮扶任务

自北京市昌平区与河北、内蒙古等地开展对口帮扶工作以来，北京市昌平职业学校承接了多项教育帮扶项目，包括学生联合培养、教师培训提高、新型农民培训等，均取得了良好效果。按照北京市昌平职业学校和河北省尚义县职教中心对口帮扶计划，2018年尚义县职教中心8名干部、教师参加了跟岗学习培训班。育好带头人，带富一群人。2019年，按照昌平区发改委要求，昌平职业学校完成尚义县2批共40名贫困村创业致富带头人培训工作，派出专业教师赴尚义县帮扶贫困村产业发展和贫困户稳定脱贫。

2023年，北京市外事学校承接北京市西城区政府和河北省阜平县确定的重点协作项目，通过定制培训等形式传授办学理念和教育教学管理工作经验，运用"标准输出、资源支撑、因地制宜"的帮扶模式助力对口帮扶学校发展，输出培训课程472人时，助力协作帮扶地区巩固拓展脱贫攻坚成果、全面推进乡村振兴。

（五）其他帮扶活动

2018年，北京铁路电气化学校开展了为期5个月的对口帮扶涿鹿县职教中心学生技术技能提高培训项目。为确保项目的顺利实施，北京铁路电气化学校精心组织了前期调研、课程设计、德育活动。年内，天津市北辰区中等职业技术学校与河北省兴隆县职教中心签署了对口帮扶协议。

2019年，北京市求实职业学校新增张家口市康保县职教中心、保定市唐县职教中心以及内蒙古自治区和湖南省共4所"精准扶贫、对口支援"学校。年内，北京市劲松职业高中与唐县职教中心开展帮扶合作。

2020年，北京农业职业学院完成了河北省威县、青龙县、赤城县等相关教育扶贫和支援合作任务。派出食品、果树、电子商务等专家教授9人到受援地指导食品检测、果树栽培技术并开展相关专业技能培训，共培训282人次。"十三五"期间，该校对河北省承德县、涞源县、饶阳县、雄安新区、赤城县、青龙县等地区开展技能培训共计3500人次，培训骨干教师9人，推动结对帮扶地区职业教育发展。同年，北京市黄庄职业高中到顺平县职教中心进行教育帮扶工作，内容包括教师心理讲座，分批次给全校高一、高二年级1000余名学生做心理培训，对学前专业约70名学生进行舞蹈、声乐、钢琴弹奏等技能训练；指导学生手工社团和摄影社活动；为建档立卡同学赠送学习用品，还举行了2020黄职—顺平对接帮扶成果汇报表演。

2021年，北京市财会学校与张北县职教中心结对帮扶，赴张北支教团队教师通过听评课、大赛指导、师徒结对、项目培养、追踪帮扶等方式帮助张北县职教中心培养了一批教科研骨干。在青年教师培养青蓝工程中，北京支教团队组成的听课专家团全程参与听课、评课，悉心指导每一名青年教师。还开展"推进课程思政落实立德树人"师德师风建设系列活动、京张英语课堂教学交流展示系列活动、党课讲座等，高质量完成一系列送教任务。

2023年，京津秦"三校"思政课线上教研，推动教育人才"组团式"帮扶走深走实。北京市商业学校与天津市物资贸易学校、秦安县职业中等专业学校共同开展了3次线上思政课教研交流活动。三校领导和思政课教师围绕落实立德树人根本任务、全面推进课程思政和思政课同向同行、实现"三全"育人进行了分享交流，原北京市商业学校思政教师陈济对三校思政课教师课堂展示作了点评指导。第五届"在京一周、影响一生"隆化中学生夏令营活动在北京农业职业学院举行。隆化县职教中心、隆化县郭家屯中学等学校的149名中学生参加了夏令营,京隆两地大中学生进行了节目汇演。夏令营活动是北京农业职业学院作为北京高校"引智帮扶"联盟理事长单位落实中央"引智帮扶"精神的重要工作内容之一,也是参与"美丽乡村建设"的重要活动之一。

第五节 校际合作协议签署

在京津冀职业教育协同发展进程中,自2014年唐山市第一职业中等专业学校和北京现代职业学校签订专业对接合作办学协议之后,113对职业院校签署了合作意向书或合作办学(框架)协议,形成了在专业建设和人才培养等方面合作发展的契约关系,在一定程度上促进了校际合作活动的开展。

一、总体情况

根据作者的监测,2014—2023年共有113对京津冀区域内的职业院校签订或续签合作协议。从签约类型来看,以新签协议为主,续签协议次之。从办学层次上看,校际合作协议的签订主体包括5种结对类型:一是中等职业学校和中等职业学校(包括技工院校和技工院校);二是高等职业学校和高等职业学校;三是中等职业学校和高等职业学校;四是职业学校与职业技能培训学校;五是职业学校与职业技术师范学校。从学校所处地域来看,主要是京冀和津冀的双边协议,京津双边协议较少。从年度签约数量来看,2014年有1对,2015—2018年每年均有20对左右,2019—2023年则回落到10对以下。这可能与信息采集方法有关,也可能是京津冀职业教育协同发展政策效应集中释放以后的自然回落,符合新生事物发展的一般规律,也与前面论述的京津冀职业教育协同发展参与院校数量的变化趋势基本上保持一致。

二、典型案例

(一) 新签订合作协议及相关活动

1. 中等职业学校和中等职业学校 (包括技工院校和技工院校)

2016年，北京市昌平职业学校与阜平县职教中心签订了阜平县天生桥景区特色民俗旅游项目共建合作协议。天生桥镇10户民俗旅游农家院经营者前往北京市昌平区十三陵康陵村接受免费培训，受到了天生桥镇民俗户的欢迎和阜平县政府领导的肯定。同年，北京市电气工程学校与曹妃甸区职教中心签署合作办学协议，两校的合作项目被列入北京市教育委员会与河北省教育厅共同推进的合作项目范围。自合作以来，两校在智能环保集群专业的输出、电气工程专业的转型升级、新型紧缺专业的研发、师生技能大赛、"双师型"培养与交流、学生专业实习实训等诸多方面展开深度合作。特别是2017年12月北京市电气工程学校曹妃甸分校的正式成立，更使两校的合作迈向新台阶。

2019年，北京市平谷区职业学校与天津市信息工程学校签订合作协议，约定在双方共有的学前教育、汽车运用与维修、机电技术应用、计算机网络技术4个专业进行专业共建、资源共享；选派专业教学水平较高、科研能力较强的教师进行交流、研讨，共创教学改革新方式、新途径；开展德育管理经验交流，选派优秀班主任交流学习班级管理经验。

2. 高等职业学校和高等职业学校

2015年，为落实天津市教育委员会和石家庄市教育局签订的《职业教育合作框架意向协议》精神，石家庄科技工程职业学院16人学习考察团考察了天津市职业大学，就学校管理体制机制建设、校园文化建设和专业内涵建设等方面的工作进行了座谈。双方签订了合作意向协议，将在专业共建、资源共享、教职工培训和学生培养等方面进行广泛合作。学习考察团还到天津海河教育园区参观了天津中德职业技术学院数控、物流、机械制造等实训基地和校园文化建设。2019年，石家庄科技工程职业学院又与天津铁道职业技术学院签署协同发展战略合作协议。两校领导共同为天津铁道职业技术学院在石家庄科技工程职业学院设立"习近平新时代中国特色社会主义思想研修基地"揭牌；有关负责人共同为天津铁道职业技术学院在塔元庄村设立"社会实践基地"揭牌。根据合作协议，双方将发挥各自优势，重点在专业共建、教师访学交流、学生交流互访、干部挂职锻炼、大学生社会实践等方面深化合作，实现共同发展。

2020年，唐山工业职业技术学院与北京工业职业技术学院签订战略合作协议，约定在"双高"建设、专业共建、师资共享、科学研究和国际交流合作等方面开展合作。本次活动也是唐山工业职业技术学院落实唐山市委市政府"四个一百进唐山"活动部署和"百家科研院所（大学）进唐山"活动方案的重要举措。

3. 中等职业学校和高等职业学校

2016年，北京科技职业学院与高阳县职教中心签署联合办学协议书。双方确定自签约当日起正式就高铁人才培养项目进行合作，在高阳县职教中心设立北京科技职业学院人才培养合作校，共同培养市场急需的铁路客运与高铁服务专业、铁路维修与电气工程两个专业的学生，以一年内短期培训为主，培训合格后由北京科技职业学院负责推荐就业。

2016年，北京信息职业技术学院与怀来县职教中心举行战略合作签约仪式。双方约定定期开展教师交流，对怀来县职教中心骨干教师、学科带头人进行培训；帮助改造和提升怀来县职教中心计算机、数控技术等专业；帮助建设精品课程，实现课程资源共享；帮助提升校园信息化建设水平，实现校园无线网络全覆盖；共同开展远程学历教育；帮助引进校企合作订单班、冠名班；分享国家计算机应用技术专业教学资源库建设成果，开放网络平台；将现代质量管理与保障体系引入怀来县职教中心，改进学校管理。

4. 职业学校与职业技能培训学校

2020年，在北京市人力资源和社会保障局组织下，雄县英姿职业培训学校校长一行到北京市工贸技师学院进行培训项目合作对接。双方就师资培训、专业增设、兼职教师交流、示范校建设、职业教育研究等事项进行研讨，并签订了校校战略合作协议。2021年，北京劳动保障职业学院与北京支持雄安产业发展促进会会员学校河北雄安一方职业技能培训学校签署合作框架协议。

5. 职业学校与职业技术师范学校

2023 年，北京商贸学校与天津职业技术师范大学经济与管理学院签订合作协议，约定在师资培养、专业建设、实训基地建设、职业教育理论研究等方面进行合作。内容包括：北京商贸学校教师受天津职业技术师范大学经济与管理学院聘请作为教育专硕合作导师，参与学生实习、毕业论文指导、答辩等工作；两校共同参与天津市"十四五"教育教学改革研究项目；教师交流互访等。

此外，2017 年北京劳动保障职业学院联合北京人力资源服务职业教育集团中天津、河北地区成员单位签署民政事业协同发展合作框架协议；北京市信息管理学校、神州数码云科信息技术有限公司、河北慧网科技有限公司、河北省 40 所中等职业学校携手举办京冀数字资源分享论坛，并签订京冀职业院校计算机及相关专业人才培养协同发展战略框架协议。2021年，北京市爱莲舞蹈学校与涿鹿县职教中心探索建立姊妹校联合体，并初步达成了北京市爱莲舞蹈学校专业教师到合作校进行舞蹈教学的意向协议。

（二）续签合作协议

自 2016 年北京市求实职业学校与迁安市职教中心签订合作协议之后，2017 年两校又签订深化院校合作协议。根据协议，双方互建基地校，并在专业调整建设、人才培养、师资培训、师生大赛、实习实训和招生就业方面开展全面合作；围绕双方联办专业形成双向互动共建机制，充分挖掘两校的文化共性，探讨在育人目标、管理模式、招生就业等方面的融合，确立符合京冀两地人才需求的新型育人理念；在课程体系、教学资源建设、校内外实训基地资源建设方面形成共建机制和交流互动机制，通过合作的制度化、机制化形成双方在师资、企业资源、教学资源、互动资源的共享，使双方在专业建设、课程体系构建、师资专业能力、实习实训基地建设方面达到共同培养京冀需要的高技能型人才的目标，共同推动京冀两地职业教育发展。2023 年，两校续签了对口协作框架协议书。

2023 年，北京市劲松职业高中与唐山市第一职业中等专业学校续签合作办学协议，内容主要包括干部教师跟岗、学生联合培养、大师工作室建设等，有效期为 1 年。

第六节 设立分校

异地设立分校既是京津冀职业教育协同发展的一条具体路径，也是京津冀职业院校合作关系深入的一种表现。从名称上看，分校还有基地校、联办校、总校部、教学点、校区等不同的称谓。这里面有单向设立分校、互为基地校、分校（教学点）与总校部的不同关系。2014—2023 年，北京市和天津市共在河北省设立了 18 所不同称谓的分校，其中北京市分校 13 所，天津市分校 5 所。分校的建设主要是依托当地职业院校以挂牌和开展具体合作内容为主，基本不涉及新校园基础设施建设。

一、北京市职业院校在河北设立的分校

（一）2016 年北京市昌平职业学校唐山分校和北京市丰台区职业教育中心学校沽源分校相继成立

2016 年 10 月，北京市昌平职业学校唐山分校成立暨京唐 IT 产教中心落成仪式在唐山市第一职业中等专业学校举行。为更好实现两校"同频共振"、协同发展，需要形成创造性的发展模式和稳定、长效的合作机制，经唐山市路北区政府和教育主管部门同意，北京市昌平职业学校在唐山市第一职业中等专业学校设立唐山分校。分校成立仪式上，北京市昌平区教育委员会和唐山市路北区教育局、北京市昌平职业学校与唐山市第一职业中等专业学校分别签署合作协议。北京市昌平区教工委副书记与唐山市路北区区长为北京昌平职业学校唐山分校揭牌；教育部职成司综合处和唐山市教育局负责人共同为京唐 IT 产教中心揭牌；唐山市路北区政府副区长为北京市昌平职业学校校长颁发特聘专家证书。

在京津冀协同发展国家战略背景下，北京市昌平职业学校围绕北京产业转移和唐山产业升级与唐山市第一职业中等专业学校开展合作。双方此前已开展紧缺人才联合培养与专业建设，北京市昌平职业学校接待唐山市第一职业中等专业学校新能源汽车运用与维修、IT 两个专业 6 名教师来校挂职培养，35 名学生到校进行技能强化培训，效果突出。时任北京市昌平职业学校校长表示，唐山分校的成立标志着昌平与唐山两地的职业教育合作在深度和广度上达到一个全新的水平，是"升级版"的合作，是两校协同发展的新起点。随着分校的成立，北京市昌平职业学校选派优秀干部、教师来唐山分校任职、任教，将学校的管理理念与文化、教育教学标准与经验带到分校，全面参与分校教育、教学、管理等各项工作，逐步实现两校在理念、标准、行动上的"协同一体"。北京市昌平职业学校作为昌平职业教育集团的董事长单位，还会发挥集团作用。活动期间，还举行了京唐职业教育协同发展研讨会。

2016 年 12 月，河北省沽源县职教中心挂牌成为北京市丰台区职业教育中心学校沽源分校，北京市丰台区职业教育中心学校成为河北省沽源县职教中心学校丰台区总校部。

（二）2017 年成立 5 所分校

2017 年是北京市中等职业学校在河北省设立分校的比较集中的时期。北京市商业学校青龙分校正式挂牌成立后，由北京市商业学校与青龙县职教中心联合培养 2 个班共 80 名学生在青龙县职教中心学习 1 年后，进入北京市商业学校进行为期 2 年的访学。青龙县职教中心近百名师生及家长应邀到北京市商业学校访学。北京市丰台区职业教育中心学校在雄安新区容城县职教中心挂牌容城分校，在石家庄职业财会学校挂牌石家庄分校，开始在产教融合、校企合作、专业共建、资源共享等方面开展深度合作，并建立北京市丰台区职业教育中心学校容城分校。北京市工艺美术高级技工学校曹妃甸分校和北京市电气工程学校曹妃甸分校也于年内成立。

（三）2018 年成立 3 所分校

2018 年，北京市求实职业学校与河北省迁安市职教中心互建基地校揭牌。同时，举行了双方首轮办学方案交流活动，形成双方未来三年发展规划。北京市求实职业学校组织 2017 级 300 余名师生分成 3 期赴迁安市职教中心进行为期 3 天的交流访学实习实践活动。河北省涿鹿县职教中心在学前教育专业 22 名学生进入北京市延庆区第一职业学校进行专业技能提升培训的基础上，两校决定挂牌互为分校。经过北京市西城区教育委员会批准，北京市外事学校与阜平县职教中心合作建立外事阜平分校，合作培训学生、开展教师培养。

（四）2019 年北京财贸职业学院廊坊校区挂牌成立

2019 年 3 月，北京财贸职业学院积极承接北京市教育委员会工作任务，对接廊坊市"北三县"职业教育质量提升工作，与"北三县"职业学校在专业建设、师资培训、学生访学等方面开展合作。在北京市教育委员会、廊坊市教育局的带领下，北京财贸职业学院与"北三县"多所职业院校先后 6 次研讨交流、实地调研，提需求、找路径、定方向，确定了以建立分校和联合申报学前教育专业等的合作方式。10 月，北京财贸职业学院与廊坊燕京职业技术学院签署协同发展合作协议。根据协议，廊坊校区采取河北计划、河北生源、河北学籍方式，学生的日常教育教学由廊坊燕京职业技术学院负责开展，北京财贸职业学院在人才培养体系建立、专业建设、课程开发、教师团队培养等方面给予支持，双方以互派的方式，每年安排 2—4 名专业带头人、骨干教师或管理干部到对方学校进行挂职锻炼，安排 10—20 名学生跨校访学。北京财贸职业学院牵头的北京商贸职业教育集团吸收廊坊燕京职业技术学院为集团会员，与集团内学校、企业积极开展校校合作、校企合作。协议至 2022 年 12 月 31 日结束。

二、天津市职业院校在河北省设立的分校

（一）天津市第一商业学校雄县分校

2017 年 9 月，在天津市教育委员会和雄县人民政府、保定市教育局的高度关注和大力支持下，国家现代职业教育示范区建设成果分享汇报会暨

天津市第一商业学校雄县分校揭牌仪式在河北省保定市雄县职教中心举行，天津市教育委员会、河北省保定市雄县人民政府、保定市教育局和天津市教育委员会、雄县教育局、容城县教育局主要负责人出席揭牌仪式，雄县职教中心和天津市第一商业学校两校校长签署分校办学协议。

自分校建立以来，两校依据协议书条款，通过定期互访、互派教师交流、互帮互培、干部挂职锻炼等多种途径及方式进行人才培养、专业建设、课程改革、师资培养等全方位合作，为实现精准对接、共建共赢、创新合作，服务雄安新区职业教育事业发展、拓展京津冀职业教育合作空间、探索两地职业教育资源共享路径奠定了坚实基础。两校共同制定《师资队伍建设培训实施方案》，通过召开全国信息化教学大赛获奖作品分享会，聘请知名德育专家强化班主任业务知识学习，共享相关专业教学标准、课程标准、课件、试题库、网络教学视频、优质示范课教学资源等形式，提升师资队伍综合素养能力。以教学工作诊断与改进为切入点，结合学校内涵式发展管理、专业课程建设、信息化数字平台搭建等方面内容，为雄县职教中心把脉问诊，完善制度体系、健全运行机制，持续提高技术技能型人才培养质量。截至 2018 年 7 月，两校已合作开展 6 期师资队伍培训，受益管理人员及教职工超过 500 人次；开展跟岗培训 5 期，共计 10 人参加，跟岗采取入职科室、进班听课、列席会议的方式进行，在 2 周的跟岗实践中，跟岗教师深入了解学校课堂教学形态、科室管理与运行状态，促进了两校在师资队伍建设层面的深度交流。两校建立了深厚的区域校际合作关系。

(二) 天津交通职业学院青龙分校和天津市职业大学威县分校

按照教育部《京津冀对口帮扶河北省青龙县和威县职业教育与继续教育实施方案（2018—2020 年）》，天津交通职业学院与青龙县职教中心合作建设天津交通职业学院青龙分校。

2018 年 12 月，天津市职业大学与河北省威县人民政府在威县举行天津市职业大学威县分校成立仪式。仪式结束后，天津市职业大学代表参观了威县职业教育园区，深入了解职业教育园区建设规划和进度，并针对实训中心建设进行实地调研。同时参观调研河北深圳电子产业园（威县）创业就业基地、嘉寓科技产业园等产业园区，了解威县产业布局及企业对技术技能人才的需求。

三、北京市和天津市职业院校依托同一所河北省学校设立的分校

2016 年 11 月，按照邯郸市教育局"招校引智"活动工作部署，邯郸市职教中心与北京金隅科技学校、天津市东丽区职业教育中心学校举行联合办学签约暨揭牌仪式。邯郸市教育局负责人与京津两校校长分别为"北京金隅科技学校邯郸分校""天津市东丽区职业教育中心学校联办学校"揭牌。同月，"天津市第一商业学校保定教学点""北京金隅科技学校保定分校"揭牌仪式在保定市职业教育中心举行。天津市第一商业学校与保定市职教中心 2015 年签订联合办学协议，通过合作办学的形式，为保定市中等职业教育学生提供更为便捷的学习与就业渠道。

第七节　校内机制建设

京津冀职业教育协同发展过程中涌现出一批勇于探索、不断优化协作机制建设、协同发展取得明显成效的职业学校。

2018 年，北京市丰台区职业教育中心学校成立了由校长、书记任组长，副校级干部为成员的京津冀合作项目领导小组，成立由分管副校长主抓，外联处主任牵头，教务处、学生处、团委、新闻管理中心、总务处等处室密切配合的工作小组，还制定了《北京市丰台区职业教育中心学校京津冀合作项目管理办法》。同年，北京市商业学校出台《北京市商业学校河北青龙联合办学分校学生待遇实施标准》，在学生待遇、安全保障、往返交通、勤工助学等方面进行全面细致的规定。

2021 年，北京市财会学校坚持将教育帮扶纳入学校全年工作计划，坚持每周简报、日常管理、定期研商相结合，统筹协调优秀管理干部和骨干教师赴帮扶地，党政工关心派驻人员，使其解除后顾之忧全身心投入工

作；校长多次带领学校专业带头人、骨干教师、教学科研干部等赴帮扶地，有计划、有重点开展帮扶工作。通过"后方"与"一线"的完美配合，这支赋予新内涵的"支教团队"在工作中形成许多宝贵经验，带动当地教学理念明显转变、办学水平显著提升。

2023 年，北京财贸职业学院挂图作战，对表推进，拓宽与廊坊"北三县"合作新路径。深化京冀职业院校交流合作模式，高站位谋划部署，确定《北京财贸职业学院贯彻落实京津冀职业教育协同发展十大任务》，并分解为 30 项子任务，细化工作举措，强化统筹联动，高标准推进任务落实。北京财贸职业学院加强京津冀交流频次，夯实交流互动新内容，形式多样。邀请 20 余所津冀职业院校参加学校主办的研讨会、赛事等活动；主办第一届"翰智杯"全国智慧商业供应链运营大赛，邀请天津交通职业学院等 3 所院校组队参加；主办全国高职院校学生职业素养教育研讨会，推广学校职业素养教育阶段性成果经验，邀请天津市职业大学参加活动；召开京津冀数字财经人才培养高峰论坛，天津海运职业学院等 9 所院校参加；召开智慧商业供应链虚拟仿真实训中心师资培训研讨会，天津交通职业学院等 4 所院校参加；召开数字资源建设支撑职业教育智慧化转型实践研讨会暨会计信息管理专业教学资源库启动会，天津轻工职业技术学院等 3 所院校参加。

2023 年，北京市延庆区职业学院（北京市延庆区第一职业学校）依照《北京市延庆区教育委员会关于持续做好京蒙、京津冀学校（幼儿园）结对工作的通知》精神，成立了由常务副院长任组长，副书记、副院长任副组长，党建管理部、招生就业处、合作办学联络处、中职教学处、德育处、教研室等责任部门组成的工作小组，专门制定《北京市延庆区职业学院精准对接教育协同工作实施方案》；召开专项工作推进会，将所有工作进行细致分工并提出量化要求；建立了学院和 5 所京津冀教育协同校人员加入的专项工作群，每个月由合作办学处将在学院学习专业技能的学生上实操课的照片和视频发到对应学校的专项工作群，加强合作校对在延学生学习情况的了解，同时便于工作交流。学院上下联动积极推进京津冀教育协同工作的落实落地，2023 年学院相关领导与各合作校相关领导共对接 35 次，并随时随地进行电话和网上交流；与 5 所合作校实地互访 19 次，完成与 5 所合作校的签约。

2023 年，北京市劲松职业高中与唐山市第一职业中等专业学校两校正职、主要负责干部、专业教师保持高频互动。借助线上方式随时保持联系，沟通合作过程中的各类事宜；利用各种线下机会增进校际友谊。8 月和 10 月合作负责人两次面对面对接学生管理工作。9 月北京市劲松职业高中赴唐山研讨规范联合培养工作。10 月双方在京进行合作专题研讨。

第五章　专业建设与资源共建共享

专业是人才培养的基本单位。在京津冀职业教育协同发展过程中，依托专业这个基本载体，协助或合作开发新专业，共建专业或通过智力和资源支持的形式以提升专业建设水平是做新、做强协同育人基本载体的两类基本做法。

第一节　合作开发新专业

一、协助开发新专业

2017 年，北京国际职业教育学校协助沧州工贸学校共同开发建设新专业——智能控制应用专业，其计算机网络技术专业教师协助完成智能控制专业的课程开发、人才培养方案的制订，并提供专业课程的师资支持。北京市电气工程学校委派专业主任协助唐山市第一职业中等专业学校筹建楼宇智能化设备安装与运行专业，分享专业建设、课程开发、实训基地建设、师资队伍建设、校企合作经验。

二、联合开办新专业

2015 年，北京市劲松职业高中、天津市第一商业学校校长齐聚张家口市职教中心共同探讨京津冀职业教育一体化发展新路。各校均将各自的主打强势品牌专业作为合作交流项目。北京市劲松职业高中与张家口市职教中心将联合开办中西餐专业、动漫游戏专业以及高级家政服务 3 个专业，天津市第一商业学校将与张家口市职教中心在"3+2"中高职衔接及天津春季高考专业上继续深化合作。张家口市职教中心作为河北省职业教育的标杆，在硬件条件上虽与京津发达地区职业院校存在差距，但在专业建设、校企合作、招生就业、教师队伍建设以及学生管理等方面特色鲜明，优势明显，特别是张家口市职教中心充足的生源也成为京津两地院校青睐的原因之一。此次合作，三校坚持以就业为导向，充分发挥各自优势，共同为建设现代职业教育体系做出有益尝试。此外，北京市劲松职业高中新设立休闲体育专业，与张家口市职教中心共建，在学生培养等领域进行合作。

三、拓展专业内涵

北京市丰台区职业教育中心学校与曲阳县职教中心开展"非遗+电子商务"专业合作。河北曲阳是著名的"中国雕刻之乡"。曲阳县职教中心把传承当地传统文化技艺当作学校发展之本。曲阳县职教中心"希望更新工艺，培养更多石刻、定窑方面的工匠和设计传人，让这些非遗产品和工艺能够走进寻常百姓家"。因此，与北京市丰台区职业教育中心学校合作空间凸显，曲阳的民间传统工艺加上北京市丰台区职业教育中心学校的电子商务专业优势，等于给非遗传承插上了翅膀。

2017 年，曲阳县职教中心专业课教师王克被学校派到北京，跟着北京市丰台区职业教育中心学校电子商务专业教研组组长沈丽伟做徒弟。除了派教师去北京市丰台区职业教育中心学校跟岗拜师，还派学生去随班就读一年半。2016 年，曲阳县职教中心就有 43 名学生在北京市丰台区职业教育中心学校学习。不仅跟北京市丰台区职业教育中心学校的专业教师拜师，还在学校内部推行学生哥带弟、姐带妹模式。从北京市丰台区职业教育中心学校学成归来的雕刻专业 14 级学生正在教 15 级，15 级学生教 16 级，这样更利于中等职业学校学生之间相互学习和交流。在北京市丰台区职业教育中心学校帮助下曲阳县职教中心申报的电子商务专业被正式批准设立。

除了与曲阳合作，北京市丰台区职业教育中心学校还与河北阜平、沽源、威县等地职业学校合作，用电子商务模式推动阜平大枣等农特产品行销海内外，在帮助当地培养人才的同时助推地方经济发展。真情实意的付出与协同，让彼此在共享丰富教学、社会和行业企业资源的同时，也令更多学校站到了新的发展平台。

第二节　专业共建

一、升级专业建设水平

2015 年以来，唐山市第一职业中等专业学校积极开展与多所京津职业学校的对接，根据自身现有专业和城市发展的需要，先后与北京市昌平职业学校、北京市电气工程学校、北京市劲松职业高中、北京市现代职业学校等，就互联网、计算机、新能源汽车、智能楼宇、电子商务以及中西餐烹饪、形象设计等专业联合进行升级、创建。在与北京接轨的过程中，学校迅速转变教育理念，调整办学思路，并在路北区政府、区教育局的鼎力支持下，多方筹措资金近 1000 万元，用于改扩建新的教学空间，更新教学设施，改善升级实训环境，使学校整体办学水平和实力有了较大提升。

协助引进京东集团资源。为开展深度的校企合作，唐山市第一职业中等专业学校在与北京市昌平职业学校的对接中引进京东集团，并专门开设了"京东班"，招生 35 名，入学成绩远高于学校平均录取分数线。企业直接参与到教学计划之中，使学生有机会学习、掌握京东完备成熟的营销、运营体系及方法。京东农村电子商务生态中心的入驻为学生提供实践操作的机会，使学校在完成基本课程教育的基础上，培养可以直接胜任工作岗位的符合企业标准的蓝领人才。除了教学上的支持，校企双方共同为本地企业开展电子商务和互联网营销培训以及电子商务孵化，帮助企业从无到有建立起完整的电子商务体系，从而将唐山的优质产品推广销售到全国，推动区域经济增长。2016 年 10 月，唐山市第一职业中等专业学校与京东集团联合召开唐山市企业电子商务扶持计划发布会暨唐山特色馆启动发布会，标志着京东农村电子商务生态中心正式落户唐山市第一职业中等专业学校。

根据《北京市昌平职业学校与唐山市第一职业中等专业学校协同发展合作框架协议》，两校在电子物流、计算机网络、新能源汽车 3 个方向开展专业共建。2016 年，唐山市第一职业中等专业学校参加北京市昌平职业学校新能源电动汽车检测与维修专业研讨论证会。

统一课程体系、评价体系、校本教材。2016 年，北京市劲松职业高中与唐山市第一职业中等专业学校在京开展专业建设专题研讨会。双方达成了协同培养专业人才的共识，在专业课程体系、评价体系等方面进行了统一，唐山市第一职业中等专业学校中餐烹饪专业、美容美发与形象设计专业采用北京市劲松职业高中的校本教材进行授课，并在学生大型活动、专业赛事等活动中与北京市劲松职业高中联动。

依据昌平区与尚义县对口扶贫协作的有关精神，2017 年河北省尚义县职教中心与北京市昌平职业学校达成合作办学框架性协议，决定共建冰雪、旅游服务与管理、汽修 3 个专业，学生注册为河北省尚义县职教中心学籍，北京市昌平职业学校全面负责学生的教育、教学管理工作。13 名尚义县职教中心招收的首批冰雪专业学生，于 2017 年 9 月赴北京市昌平职业学校接受一个学期的专业训练，掌握了较高水平的滑雪运动理论和技能。

北京汇佳职业学院利用集团办学优势，充分挖掘机构内各年龄段、各学科优势教育资源，如与幼教机构和职业院校合作进行幼儿园阶段 0—3 岁托育教师课程开发及优质师资合作，开展与河北、天津各级各类院校的专业共建、短期访学合作，将学院特色优势专业建设成果、国际化教育理念、先进教学设施设备转换成合作内容，实现合作院校资源共享和互补。

二、协助制定实训教学计划和编制专业人才培养方案

2017 年，北京信息职业技术学院应张家口市怀来县职教中心的要求，就计算机网络技术、数控技术、会计专业人才培养方案进行了深入研究，协助制定 3 个专业为期 8 周的实训教学计划；2018 年，又协助对方制定完

成计算机网络技术、机电一体化技术、会计 3 个专业 "3+2" 中高职衔接
人才培养方案。

三、为实训室建设提供技术支持

北京市外事学校安排专业技术人员赴河北省张家口市崇礼区职教中
心，为其建设导游实训教室提供技术支持。北京市外事学校校长带领北京
外事服务职业教育集团秘书处及外事学校办公室、基建、网络、相关专业
部负责人研究阜平县职教中心新校区酒店、旅游专业实训室建设设计，拟
出两套建设方案建议，供阜平县职教中心参考。

2023 年，北京科技职业学院指导河间市职教中心共建电子商务、会计
专业，与企业联合帮助该校共建实训室。

四、联合开展教研和交流

2018 年，北京交通职业技术学院派出城市轨道交通工程技术和城市轨
道交通运营管理专业 6 名教师到河北能源职业技术学院进行为期 3 天的工
作交流活动，两校教师互相探讨、深入学习、听课评课、共同研究人才培
养方案，取得良好的效果。同年，河北能源职业技术学院 5 名教师来北京
交通职业技术学院学习交流。

2018 年，北京市经济管理学校派出财经专业 5 名优秀教师和 2 名企业
专家组成的团队到涞源县职教中心研磨专业教学，与该校专业教师及专业
负责人就理论课、实训课、技能课等不同课型的教学方法进行深入探讨。
在此基础上，还成立电子商务工作室，重点把该校的扶贫企业和当地的惠
农企业——涞源县六旺川生态养殖有限公司——的品牌通过电子商务平台
推介出来，一方面提高了企业的知名度，另一方面锻炼了双方的师资
力量。

2018 年，北京市实美职业学校美术专业教师与雄县职教中心师生一起
到石板岩写生教研，并组织两校教师到首都博物馆参观 "天路文华——西
藏历史文化展"。同年，"津冀教师学科教学联合共研" 活动在天津市红星
职业中专学校举行，天津市红星职业中专学校和廊坊市第四职业中学负责

人、教学管理主任、教师代表 40 余人参加会议，以学科组为单位分别进行了教研活动。

2019 年，北京市电气工程学校派出 2 名高水平专业教师赴唐山市金桥中等专业学校参加专业建设交流活动。

五、提供多方面专业建设支持

2019 年，保定职业技术学院传媒艺术系与中国传媒大学高等职业技术学院召开广播影视类专业人才培养方案研讨会。会上，回顾了同年 2 月两校签订《联合共建专业框架协议书》以来广播影视类专业人才培养方案的改革工作进度，并通报了传媒艺术系 2019 年单招情况。中国传媒大学高等职业技术学院副院长对保定职业技术学院广播影视类专业人才培养方案的修订工作提出具体意见，并结合联合共建专业框架协议，通报了中国传媒大学高等职业技术学院制订的联合共建专业教学计划的内容。

2021 年，北京市电气工程学校派出副校长指导唐山市第一职业中等专业学校智能楼宇专业建设，并对骨干教师开展了 2 轮培训，还为 2020 级智能楼宇班学生讲授了一堂大师课。协助其开发工作过程导向的课程体系，为专业教师进行为期一周的技术培训，全部教师通过考核，为新学期的专业实训项目开展奠定了基础。唐山市第一职业中等专业学校智能楼宇专业已按照最新的人才培养方案落实全部课程教学任务。

2021 年，北京科技职业学院和河间市职教中心、永年区职教中心、三河市职教中心共建航空服务、大数据与会计、电子商务等专业。四校共同开展教学研究，通过线上和线下的方式派遣师资，开展专业课教学 32 次，共完成 500 余课时教学任务。为合作校建设两个共 900 平方米的实训室，解决了学生校内实习实训的难题。为合作校师生通过网络平台开展 4 次思政教育课程。牵头打造学生升学、实习实训、就业平台，全年为这 3 所学校共 200 余名学生提供 3 次实习实训机会，为 120 名学生提供升学就业机会，为 500 余名学生提供近 1000 家企业招聘信息。还为永年区职教中心和河间市职教中心分别引进 5 家与北京科技职业学院深度融合的企业，共同开展产教融合，拓宽学生就业渠道。2023 年，北京科技职业学院通过研讨交流、培训等形式，与张家口职业技术学院和河间市职教中心共同打造了电子商务、大数据与会计专业，更新了教师的教育理念。

第三节 管理信息系统和课程教学资源建设

一、数字校园建设

2017 年，在北京市丰台区职业教育中心学校与河北省容城县职教中心的合作签约仪式上，作为北京市丰台区职业教育中心学校的合作伙伴，一家公司向容城县职教中心捐赠了"腾讯智慧校园"平台；该公司还向沽源县职教中心捐赠了总价值为 12.8 万元的校园信息化整体解决方案平台。2019 年，北京市信息管理学校与邯郸信息工程学校在数字化校园建设方面开展深度合作，前者将数字校园网中的重要功能模块提供给后者使用，共享校园门户网站建设经验，提升了对方学校数字化校园建设水平。

二、课程标准开发

2023 年，北京青年政治学院承办教育部职业教育发展中心"基于数字化的托育岗位职业能力与人才评价标准课题研讨会"，与石家庄幼儿师范高等专科学校共同承担婴幼儿托育服务与管理专业核心课程"婴幼儿家园共育"的课程标准开发任务。北京卫生职业学院中药与康复系专业教师和京津冀地区同类院校教师及行业企业专家在调研交流基础上合作开发课程标准。

三、共享或共同开发课程教学资源

（一）免费捐赠

2017 年，北京市信息管理学校将开发和积累的大量数字教学资源与河北省 40 所中等职业学校共享。2018 年，北京市实美职业学校为雄县职教中心提供专业教学设备、画室、模特、教具、图书等方面的支持，并捐赠绘画书籍。

（二）开放共享

2015年，北京市昌平职业学校与河北省容城县职教中心、河北省涞源县职教中心共享教学资源。

2019年，北京劳动保障职业学院教育部人力资源管理专业教学资源库建设项目会同天津市职业大学、北京财贸职业学院、河北女子职业技术学院、上海工会管理职业学院等31家单位，面向企业大力发展社会培训用户，将开发的教学资源库课程资源全部权限免费开放给京津冀职业院校，为各院校教师和技术人员之间的沟通与探讨提供了一个良好平台。北京市房山区第二职业高中将其专业教学计划和课程引入到肃宁县职教中心汽车运用与维修专业，整合与完善其课程体系。

2000年，北京市劲松职业高中利用信息化资源及教学优势，为唐县职教中心开放端口，为学生提供了8个学科、19周、400课时的线上教学资源。此外，学校还向唐县职教中心输出电子商务、老年人服务与管理、数字影像技术和中餐烹饪4个专业人才培养方案、30门专业课程标准及实习实训、学生管理、创新创业教育相关管理制度27项，助力唐县职教中心打造高水平专业。

北京市信息管理学校根据受援地需求，提供"计算机安全""移动终端安全"两门MOOC课程。北京交通运输职业学院有针对性地向河北省威县职教中心、怀来县职教中心、阜平县职教中心等对口帮扶地区职业院校开放线上共享专业核心课程，选派各专业骨干教师开展大众发动机电控系统检修、保时捷车身电气及网络系统等课程分享，合作院校近100名专业教师参加课程学习，提高了专业技能和教学水平。北京市经济管理学校加大网络课程建设力度，集中经费与企业合作开发制作专业精品课程、微课、动画、PPT、用具等教学资源并已向合作校推广；投资230万元建设了一个高质量的课堂教学录播系统并配备移动录播系统，也逐步向合作校开放，为京冀异地同上一堂课提供充足的条件。

（三）联合开发教学资源

联合申报和开发建设教学资源库是这类途径的主要形式，涉及人力资源管理、民族文化传承与创新、宝玉石鉴定与加工、智能建造技术专业、测绘工程技术、建筑工程技术专、智慧健康养老服务与管理、老年保健与管理、体育保健与康复、导游、会计事务等 10 余个专业教学资源库和中国传统金属工艺与泥塑工艺美术资源库，其中很多是国家级专业教学资源库。

北京劳动保障职业学院人力资源管理专业教学资源库自 2017 年开始申报和建设以来，吸引了来自津冀两地的多所高等职业学校参与资源库共建与使用，比如天津中德应用技术大学、天津市职业大学、河北政法职业学院、河北青年管理干部学院。在资源库标准化课程的建设过程中，京津冀三地教师共同梳理课程资源知识树、分享课程颗粒化资源等，并在各自的教学中积极使用。建成的资源库融"使用、实用、实训、实际"为一体，为全国高等职业教育相关专业标准制定、岗位标准及培训内容设计、实训项目体系开发、课程体系建设、实训条件及师资配套、教学方法提升、教学实施机制保障提供支撑。2019 年课程资源库正式入选国家级教学资源库。2021 年，河北政法职业学院作为该资源库主要参建单位，负责"员工关系管理"课程的开发与推广，累积建设上百条动态教学资源。河北青年管理干部学院、河北女子职业技术学院作为资源库建设的一般参与单位，积极运用资源库课程开展教学。

2017 年，北京电子科技职业学院艺术设计学院联合唐山工业职业技术学院进行教育部中国传统金属工艺与泥塑工艺美术资源库升级改进项目建设，重点内容包括收集唐山皮影、唐山陶瓷相关素材，对素材分类整理，并开发相应教学资源，进行创新再设计及衍生品开发。2018 年，该校艺术设计学院又依托国家级民族文化传承与创新专业教学资源库项目，与北京市珐琅厂有限责任公司、廊坊京锐釉料有限责任公司、唐山工业职业学院等企业和学校合作，升级改进北京景泰蓝、北京花丝镶嵌、天津泥人张等传统金属与泥塑教学资源，开发北京哈氏风筝、唐山皮影等民间美术项目教学资源，并开发创新产品，实现专业人才培养与非物质文化遗产传承对接，积极促进职业教育与文化创意产业双向互动，有效提升民族文化创新应用人才培养质量。

2020年，北京经济管理职业学院珠宝与艺术设计学院组织召开教育部职业教育宝玉石鉴定与加工专业教学资源库建设工作会议。教育部职业教育专业教学资源库评审专家、天津轻工职业技术学院教务处处长作了《职业教育专业教学资源库项目验收分析与建议——以新能源类专业教学资源库建设为例》的专题报告，并对此次参会的参建单位及企业进行指导。资源库各参建单位汇报资源库课程建设情况，并就建设中的问题和建设经验进行分享交流。

2023年，北京交通职业技术学院与3所河北省高等职业学校联合申报国家级教学资源库。一是与张家口职业技术学院联合申报国家级智能建造技术专业教学资源库，当年有4门课程资源库建设任务，主要合作内容是完成教学资源建设前期人员和课程架构、共同申报项目、资源建设资金准备，当年开展了"建筑建模""装配式建筑技术"教学资源建设工作；二是与石家庄铁路职业技术学院联合申报国家级测绘工程技术专业教学资源库，当年有2门课程资源库建设任务；三是与沧州职业技术学院联合共建建筑工程技术专业教学资源库。

此外，北京经济管理职业学院作为第一主持单位，联合天津城市职业学院等共同建设智慧健康养老服务与管理专业教学资源库；作为第二联合主持单位，与天津城市职业学院合作建设老年保健与管理专业教学资源库。北京青年政治学院与天津城市职业学院联合申报国家教学资源库建设，共有3门课程参与教学资源库建设。北京体育职业学院与天津体育职业学院共同开展体育保健与康复专业教学资源库建设项目。秦皇岛职业技术学院聘请资深职教专家、行业企业实践专家19人组建国家导游专业教学资源库项目建设指导小组，联合天津市职业大学等7家旅游专业优势院校、12家企业共同开发建设教学资源。北京商贸学校与天津市第一商业学校、天津市东丽区职业教育中心学校联合主持会计事务专业国家级教学资源库建设，完成了"税费计算与申报"等5门课程教学资源库建设任务。

此外，协助受援校建设教学资源也是一种辅助形式。比如，2021年北京市劲松职业高中协助河北省唐县职教中心搭建线上教学资源，帮助其克服特殊时期教育教学实施存在的困难。

四、联合开发教材

北京政法职业学院与河北政法职业学院连续多年共同开发法学理论和实践型教材，已开发《刑事案件处理实务》《模拟法庭训练步骤》《刑事诉讼法原理与实务》《刑事诉讼综合模拟实训教程》《民事诉讼实训教程》《行政诉讼实训教程》《行政案例研习教程》等职业教育法律专业教材，系列教材已在实际教学中得到应用，助力开展"教学做"一体化教学和提升法律专业建设水平。

北京卫生职业学院组织本校教师并吸纳京津冀地区同类院校教师及行业企业专家，编制《中药常用剂型》等6本新型活页式、工作手册式教材；召开教材编委会，以教材编写为契机开展京津冀地区专业技术和教法交流，截至2024年底，教材初稿均已完成，部分教材已出版。

第四节　实训实践基地建设

一、免费开放共享型实训基地

在北京市教育委员会安排下，北京市职业院校物流专业共享型实训基地面向京津冀地区开设同类专业的职业院校免费开放。2016年3月，作为该基地面向津冀地区开放后的首批学员，河北省保定市职教中心的34名物流专业学生进入共享型实训基地，在2周时间里进行"物流中心作业"和"运输作业"项目实训；10月，河北轨道运输职业技术学院物流专业2014级77名学员开始为期3周的仓储作业实训、运输作业实训以及供应链实训，这也是共享型实训基地面向津冀地区开放后的第4批学员。

二、建立共享型实训基地

2019年，在北京市教育委员会、北京市交通委员会等支持下，北京交通运输职业学院、北京交通职业教育集团与威县职教中心签订《实训设备共享合作协议》，将学院价值 200 万元的设备运到威县职教中心，建立三方共享型实训室。

三、援建实训基地

2019 年，北京科技职业学院先后支援河间市职教中心、邯郸市永年区职教中心建设了高铁模拟仓实训室、电子商务实训室和模拟银行实训室，改善相关专业学生的实习实训条件。北京市电气工程学校成立专项工作组，派出专业主任多次到唐山市第一职业中等专业学校实地勘察，为他们规划设计智能楼宇综合实训中心建设方案，全方位帮扶唐山市第一职业中等专业学校进行楼宇智能化设备安装与运行专业实训基地的规划设计。唐山市第一职业中等专业学校投入 100 多万元建成楼宇智能化实训中心，北京市电气工程学校为其制冷以及楼宇专业提供价值 150 万元的设备，满足了教学和校内实训需求。

2020 年，北京市丰台区职业教育中心学校融媒体技术应用专业发挥专业教育资源、实训资源和新华网等优秀合作企业资源优势，协助河北省容城县职教中心建设当地首家产教融合实训基地——影视融媒工程师学院。该基地的建设增强了该校产教融合、校企深度合作运行机制的创新，有助于打造产学研一体化人才培养新模式和提升人才培养质量。

2021 年，北京市商业学校联合北京祥龙博瑞汽车服务（集团）有限公司与河北省阜平县职教中心共建汽车专业产教融合生产性实训基地。该实训基地整合了北京市商业学校汽车专业现代学徒制教学模式和祥龙博瑞公司企业化管理模式。北京市商业学校组织眼视光与配镜专业教师和专家团队前往阜平县职教中心考察，论证继续合作建设眼视光与配镜专业实训基地的可能性。应阜平县职教中心提出的开展酒店专业实训基地建设的要求，北京市外事学校协助其制定《实训室建设设备预算清单》《酒店专业实训楼装饰概算》等 6 份文件，供其在实训基地建设过程中参考使用。

2023 年，北京市外事学校在接到天津中华职业中等专业学校协助改造烹饪实训室的请求后，组织专家研究团队，研究该校的办学定位和服务面向，向该校提供完整的烹饪实训室改造方案。实训室的成功改造为该校人才培养提供了硬件保障。

四、协助引入企业资源建设实训基地

依托集团化平台，北京交通运输职业学院引入优质校企合作资源到帮扶学校，协调上汽通用汽车公司将受援学校列为教育部通用 AYEC 项目学校，并支援发动机、变速器及整车等教学实训设备，助力其汽车运用与维修专业建设。2016 年北京市昌平职业学校帮助河北省唐山市第一职业中等专业学校规划设计京唐 IT 产教中心，利用自身资源优势搭桥引进京东、中盈创信、康邦科技等知名企业带技术项目和技术人员进驻，建成唐山地区第一家 IT 产业产教融合实训基地，实现企业生产与人才培养同步进行。

五、捐赠实训设备

2017 年，北京市密云区职业学校向河北省承德县职教中心援助价值 31.56 万元的汽修专业实训基地设备，用于专业课教学实训。在京冀数字资源分享论坛暨京冀职业院校计算机及相关专业人才培养协同发展战略框架协议签约仪式上，河北慧网科技有限公司为河北省 40 所中等职业学校计算机网络技术专业实训项目捐赠网络设备。2020 年，天津中德应用技术大学对口帮扶衡水职业技术学院，捐赠了上海企想网络综合布线设备。此次捐赠的主要设备有网络综合布线全套设备和相关教材资源共计 53 件，可进行网络综合布线工程设计、施工、验收、测试、网络运行和系统维护等全方面训练，能满足快速发展的网络和通信行业对高技能专业人才的需求。天津中德应用技术大学支持衡水职业技术学院相关专业建设和课程改革，随时对设备使用、课程教学提供支持。

六、共建校外研究生实践教育基地

2017 年，天津职业技术师范大学 1 名教师带领工业设计系 8 名学生到唐山工业职业技术学院实习工厂进行毕业设计调研与产品制作。此次社会实践学习活动为期 2 个月，9 名师生根据设计与制作周期先后参与，实践主题包括日用陶瓷产品设计和陶瓷造型设计等。

2023 年，北京铁路电气化学校与天津职业技术师范大学共建校外研究生实践教育基地，在新能源电驱动技术及其延伸应用专业人才培养方案制订、实验实训室规划建设、职业教育师资培养与能力提升以及课程建设等方面进行长期深度合作，培养符合行业需求的高层次技能应用型人才，2名教师还担任天津职业技术师范大学兼职硕士生导师。

第六章 技能人才培养培训

　　培养技能人才是京津冀职业教育协同发展的主要目的和主要内容之一，也是发挥京津办学条件优势和河北生源优势的主要方面。从学校实践来看，主要包括长学制人才培养、短期技能培训、学生德育和文艺交流、技能比赛合作等形式。

第一节 长学制人才培养

　　长学制人才培养是京津冀职业教育协同发展走向深入的重要标志性内容，它包括保持和扩大在河北省的计划内招生数量、跨省市高职单独招生、跨省市"3+2"中高职衔接、高等教育自学考试专本衔接、联合办学等形式。其中，分段式合作办学是涉及学校数量最多的形式。

一、保持和扩大在河北省的计划内招生数量

　　出于北京人口规模总量控制的考虑，北京市不断缩减市属院校京外招生规模。在此情况下，北京市教育委员会根据对某些产业领域的人才需求情况，重点支持部分职业院校部分专业在河北省的招生计划。

　　2016年，5所北京市非艺术体育类中专计划招生共560人，其中，投向河北省280人，占比50%。2017年，北京体育职业学院体育运营与管理（冰雪运动服务与推广）统一招生计划除本市16人外，其余30人均安排到河北省。

北京电子科技职业学院多年努力保持在河北省的招生规模，加大招生计划向京津冀地区的倾斜力度。该学校2017年河北省招生计划占外省计划的40%（定向培养士官计划除外），2018年占比为82.5%。当个别外省计划录取出现空缺时，及时增加到河北省，以满足广大优质考生的报考愿望。2020年和2021年河北省统招计划分别为58人和225人，在京外各省市中排名均为第一，专业从10个左右扩大到23个，包括通信技术、汽车制造与装备技术、电子信息工程技术、广播影视节目制作等特色专业，为京津冀人才培养搭建教育平台，并且通过多种渠道推荐京津冀地区的学生就业，缓解北京个别专业领域技术技能人才短缺问题。

自2018年开始，根据学校整体发展规划，北京经济管理职业学院外省招生指标重点向河北省倾斜，2019年河北省生源人数达100人。学校将河北籍毕业生就业引导纳入学校就业辅导优先任务，广泛走访调研了河北籍毕业生的就业情况、就业特点、行业及岗位分布、专业与职位匹配度，并根据调研结果对河北籍毕业生进行针对性辅导。2019年河北籍毕业生53人，就业率达到了100%，其中，升入本科院校12人，留京工作34人，返回河北及外省工作7人。

"十四五"期间河北省面临数量庞大的北京养老需求，急需大量优秀的养老服务人才。北京社会管理职业学院积极协调民政部、北京市政府、北京市教育委员会扩大对河北省的招生计划投放比例。由2018年的300人招生计划增加到2019年的400人，占学校全国29个招生省份总计划的20%，单招与普招录取阶段一次投档率均为100%。

2023年，北京科技职业学院进一步加大对河北省的统一招生计划投放力度，将学校近50%的外省计划投放到河北省，其中护理、学前教育、计算机网络等重点建设专业也相应增加了计划投放量，2023年计划150人，录取152人，录取率101%。

二、跨省市高职单独招生

根据《教育部办公厅关于同意9所高校开展京津冀跨省市高职单独考试招生试点工作的通知》（教学厅函〔2019〕25号），北京财贸职业学院

2020 年首次在天津市和河北省开展跨省市高职单独招生。根据学校发展规划和办学定位，学校将电子商务、空中乘务（航空服务与管理）和人物形象设计 3 个专业纳入京津冀跨省市高职单独招生范围，其中电子商务是中国特色高水平高职学校和北京市特色高水平职业院校建设计划核心专业，空中乘务（航空服务与管理）和人物形象设计是学校特色专业。经北京市教育委员会、天津市教育委员会和河北省教育厅审批，投放天津市春季考试招生计划 20 人、河北省高职单独考试招生计划 160 人，共录取津冀两地普通高中和中等职业学校毕业生 180 人，录取率 100%，初步改善了该校全部为北京生源、结构单一的现状，更为探索建立京津冀高素质技术技能人才协同培养体系奠定了基础。2021 年，学校将电子商务、旅游管理、建设工程管理和人物形象设计 4 个专业纳入京津冀跨省市高职单独招生范围，其中旅游管理、建设工程管理是学校特色专业。经三省市教育行政部门审批，投放天津市春季考试招生计划 21 人、河北省高职单独考试招生计划 160 人，共录取津冀两地普通高中和中等职业学校毕业生 181 人，录取率为 100%。

2020 年，北京社会管理职业学院也在河北省和天津市开展跨省单独招生、普招等类型的招生。其中，天津市投放招生计划 9 个，河北投放 300 个；天津录取考生 9 人，河北录取考生 320 人，录取率为 106.47%，其中，老年服务与管理、殡葬、康复、假肢等民政类专业录取人数占大部分。

2022 年，多所北京市高等职业学校继续执行 2022 年河北省高职单招考试计划。北京工业职业技术学院面向河北省高职单招计划 140 人，无人机测绘技术、机电一体化技术、电子商务、移动互联应用技术专业各计划招生 35 人。北京汇佳职业学院面向河北省计划招生 140 人，分布在学前教育（50 人）、冰雪设施运维与管理（10 人）、人工智能技术应用（35 人）、空中乘务（25 人）、网络营销与直播电子商务（20 人）5 个专业。北京社会管理职业学院面向河北、天津等 16 个省（自治区、直辖市）开展跨省单招工作。

2023 年，北京工业职业技术学院河北省单独招生完成 4 个专业、140 人的录取，报到率 100%；天津市春招完成 4 个专业、20 人的录取，报到率 100%。北京汇佳职业学院在河北省、天津市高职单独考试招生中共投放 120 人招生计划，录取率为 92%，其中河北省投放招生计划 90 人，录取 90 人，报到 70 人，报到率为 78%；天津市投放招生计划 30 人，录取 20 人，报到 13 人，报到率为 65%。受区域经济因素和民办院校收费相比公办学校偏高的影响，北京汇佳职业学院在津冀跨省单招中学生报到率偏低，很多学生被录取后主动放弃报到入学。

三、跨省市"3+2"中高职衔接

2015 年，北京市延庆区第一职业学校与河北省宣化科技职业学院进行异地中高职对接，即河北户籍进京务工人员随迁子女在北京上中等职业学校，在河北上高等职业学校。

自 2022 年起，北京市教育委员会支持 6 所京冀中高职院校在养老服务、托幼、母婴照护、护理等北京技能人才紧缺专业开展跨省"3+2"中高职衔接协同育人试点，每年招收 300 人。北京市教育委员会和河北省教育厅商定，大厂县职教中心、张家口市职教中心、雄县职教中心分别对接北京财贸职业学院、北京汇佳职业学院、北京工业职业技术学院开展京冀跨省"3+2"招生培养，分段完成京冀高素质人才培养。三所河北省中等职业学校 2022 年招生计划各为 100 人。这是职业教育京冀联合迈出的跨越性一步，具有里程碑意义。

2023 年，北京汇佳职业学院向三河市职教中心和保定工业学校各投放了 50 人"3+2"中高职衔接招生计划，其中三河市职教中心实际招生 40 人。截至当年 10 月，京津冀三地共有 15 所职业院校开展跨省单招和中高职联合培养。天津市与河北省也探索出"3+2"分段衔接和五年一贯制人才培养等多种模式。

四、高等教育自学考试专本衔接

北京青年政治学院持续与天津理工大学合作举办高等教育自学考试专本衔接助学项目。在新闻学（网络方向）、项目管理和社会工作与管理 3 个自考专升本专业，双方合作共同建设培养方案，共享课程资源，实施自考专接本助学辅导。为了鼓励在校生继续学习深造，学院制定《北京青年政治学院在校生参加高等教育自学考试奖励办法》。"十三五"期间，该项目形成依托天津理工大学教学大纲和学习指导，以北京青年政治学院本地教学为主，核心课程在天津考试，其余课程均在北京青年政治学院考试，双方共同进行毕业论文指导和答辩的人才培养模式，2019年这3个专业课程考试平均通过率达80%以上。

五、联合办学

京津两市和河北省职业院校分别发挥自身在实训实习资源和学生数量方面的优势，联合举办学历性质的职业教育，共同培养技能人才。北京市与河北省职业院校间的合作办学以提高学生技能为主，也有部分的升学衔接。天津市与河北省中等职业学校间的合作办学主要是以河北省学生参加天津市春季高考为主。联合办学为河北省职业院校学生提供了更多技能成长、素质提升和升学的机会，参加技能大赛和高考的成绩也得到了提升。

（一）京冀联合办学

京冀联合办学参与主体较多，既有"一对一"，也有"一对多"；既有同层次职业学校间的合作办学，也有跨层次职业学校间的合作办学。

1. "一对一"联合办学

（1）高等职业学校之间。

北京交通职业技术学院与河北能源职业技术学院联合培养城市轨道交通工程技术专业和城市轨道交通运营管理专业学生。双方联合制定人才培养标准、课程体系和教学进度计划，并依此组织实施整个教学过程，采用"2+0.5+0.5"的分段联合培养模式。第一学年和第二学年在河北能源职业技术学院学习，第三学年第一学期在北京交通职业技术学院进行校内实训和必要的专业课教学，第三学年第二学期北京交通职业技术学院主要负责顶岗实习及实习过程的跟踪调查、管理。2018年，两校完成两个联合培养专业招生工作，共录取新生91人，达到预期目标；河北能源职业技术学院2016级城市轨道交通工程技术专业65名学生以及2017级城市轨道交通工程技术专业和城市轨道交通运营管理专业88名学生，进入北京交通职业技术学院参加为期半年的专业课学习。

2020 年，河北能源职业技术学院与北京交通职业技术学院联合培养的 2017 级城市轨道交通运营管理专业和城市轨道交通工程技术专业 147 名学生面临着顶岗实习如何开展、毕业和就业工作如何推进的难题。双方系部及相关教师积极努力沟通，尝试多种方式方法推进工作，把学生安全放在第一位，同时不降低各项工作质量要求。把学生顶岗实习改为顶岗专项方案设计，制定设计方案，筑牢安全教育，并把分组情况落实到位，叮嘱各组指导教师严格约束本组学生按设计要求进行，关注学生安全，并保证在专项方案设计中有所收获，阶段性提交成果。向学生及时推送相关单位招聘信息，让学生们获得足够的就业信息以确保按时就业。双方互通信息，工作步调一致。

2021 年，河北能源职业技术学院 2019 级城市轨道交通工程技术专业和城市轨道交通运营管理专业共 100 名学生到北京交通职业技术学院，参加为期半年的专业课学习。两校教师见面交流教学工作 2 次，线上交流 4 次，更多交流通过线上完成。

2023 年，两校共同培育 2023 级新生城市轨道运营管理专业 47 人，城市轨道交通工程技术专业 35 人。年内开展的相关工作有：第一，研讨交流。院级领导面对面交流研讨 2 次，专业建设交流研讨 8 次。第二，重视学生生活保障。为来校的联合培养学生在入学、住宿、餐饮、洗浴、学习、实习各方面提供保障。第三，做好联合培养学生的职业整体规划，开展多项业余活动，丰富学生生活。鼓励学生参加数学、英语、结构力学专升本培训班、八大员证书考试、BIM 等级考试。第四，做好校内教学和校外实习就业工作。毕业生就业质量和就业率有所提高，在对口单位就业的毕业生人数有所增加，就业率超过 95%。

（2）中等职业学校之间。

北京商贸学校与保定虎振中专开展"2+1""1.5+1.5"合作办学，至 2015 年 12 月三年合作期截止。

2015 年，北京市劲松职业高中接收张家口市职教中心西餐专业的高一年级学生来校就读。

2017 年，河北省尚义县职教中心与北京市昌平职业学校共同开设冰雪、旅游服务与管理专业，开展联合招生办学。招生工作以河北省学校为主，北京学校协助开展招生宣传等工作。9月，尚义县职教中心冰雪、旅游服务与管理两个专业的15名学生赴京就读，标志着两校合作办学工作迈出了真正意义上的"第一步"。15名学生均注册河北省学籍，颁发尚义县职教中心毕业证书；学习期间全程在京就读，由北京市昌平职业学校全面负责教育教学管理工作及就业安置。15名学生除享受河北省中等职业教育学生的奖学金、助学金、免学费等政策外，在京学习期间还由昌平区按北京市中等职业教育生均拨款数额给予学校经费支持。本次另有尚义县职教中心9名汽修专业学生一同赴昌平职业学校进行实习实训。2019年又有5名河北省尚义县职教中心学籍学生全程在北京市昌平职业学校就读。

2018年，北京市经济管理学校安排合作方涞源职业教育中心21名会计专业学生进入北京百旺金赋西部科技服务有限公司等公司跟岗实习。北京市经济管理学校与涞源县职教中心不断完善"2+1"教学模式人才培养方案、学生德育管理办法和学生考核办法，开发出符合学生特点的校本课程、教材和学材。"2+1"模式合作办学稳步推进。截至2019年，北京市经济管理学校已经连续接收三届涞源县职教中心的学生，共计37人参与全日制学习。

2023年，北京市商业学校完成与青龙县职教中心的联合办学计划，共58名2020级学生（汽车运用与维修班31名、电子商务班27名）。同年，在校青龙学生共4个班、110余人，按照北京学籍学生的教学内容和要求接受1—2年的培养。北京市教育委员会批复的汽车运用与维修专业（新能源技术方向）30个招生指标全部完成。

（3）高等职业学校与中等职业学校之间。

截至2017年底，北京科技职业学院与河间市职教中心已经实现多方面的合作：一是加强教师交流；二是成立河间市学历提升中心，实现河间职业教育在读学生学历贯通，在河间就能提升到研究生学历；三是成立北科班，已招生80人；四是共建实习实训基地，建成高铁航空模拟舱、会计专业实景模拟银行、电子商务实训室。2023年，北京科技职业学院通过接待参观、举办讲座和开放网络课程的形式与张家口职业技术学院共同培养了学前教育、计算机、民航服务、艺术设计等6个专业学生250多人次，与河间市职教中心联合培养电子商务、会计等专业学生 70 多人次。

2. "一对多"联合办学

（1）唐山市第一职业中等专业学校与多所北京市优质中等职业学校联合办学。

2014 年，唐山市第一职业中等专业学校与北京现代职业学校签订专业对接合作办学的协议。2015 年，唐山市第一职业中等专业学校 2014 级电子商务班选派 4 名学生到北京现代职业学校学习。2016 年，唐山市第一职业中等专业学校第二批电子商务专业 33 名学生赴北京现代职业学校学习。

自 2016 年起，唐山市第一职业中等专业学校又与北京市昌平职业学校、北京市劲松职业高中、北京市电气工程学校签署合作协议，引进北京优质职业教育资源，开展全方位合作办学。经过 7 年的合作，唐山市第一职业中等专业学校在河北省 600 多所中等职业学校中的综合排名由第 3 档第 88 名，提升到第 1 档第 7 名，7 年间攀升了 5 个台阶。

唐山市第一职业中等专业学校和北京市昌平职业学校合作互动频繁。以 2017 年为例，1 月，唐山市第一职业中等专业学校参加北京昌平教育集团发展研讨会，北京市昌平职业学校校长作了《现代职业学校管理的实践与思考》专题报告，两校就《北京昌平职业学校唐山分校 2017 年工作计划》作了专题研讨。双方在项目章程的顶层设计、运行机制、专业合作、招生宣传、思想文化统一等方面的落地实践进行了积极磋商，力争不断实现两校"同频共振"。3 月，在京唐 IT 产教中心，召开了关于唐山市第一职业中等专业学校与北京市昌平职业学校联办的 360 班学生专业课程设置与资源共享研讨会。4 月，唐山市第一职业中等专业学校校长陪同唐山市路北区副区长等一行人来到北京市昌平职业学校学习考察。9 月，北京昌平职业教育集团段福生校长率队到唐山市第一职业中等专业学校交流指导。段福生以《供给侧改革背景下职业教育发展》为题作报告。两校召开了京唐职业教育合作交流研讨会，段福生分别和 4 所企业的代表进行了交流，力图帮助唐山市第一职业中等专业学校开展深度的校企合作，并为企业的发展出谋划策。

2023 年，北京市昌平职业学校接收 34 名唐山市第一职业中等专业学校学生来校就读，采用"2+1"模式，安排学生进入中餐、汽修等专业学习，并通过校企合作为学生提供了理论知识学习和专业技能强化平台，为当地经济社会发展输送了优质人才。学校积极为联合培养学生打开综合素质提升通道，在专业知识、职业素养、实训技能等方面为学生拓展学习平台，培养学生德智体美劳全面发展。2021级唐山联合培养学生20名，其中10人学成后回乡继续升学深造，10人在京参加岗位实习并分别进入学校合作企业宝马、大众、联想、京东、美团等企业实习。同时，为15名唐山汽修专业师生举办了技能强化培训班，提供专业的实训操作设备，安排优秀教师授课，学生回唐山后在2023年钣金修复项目中获得技能比赛市级三等奖和省级一等奖。

北京市劲松职业高中与唐山市第一职业中等专业学校通过"1+2"模式分段联合培养学生。唐山市第一职业中等专业学校负责学生高一学年的公共基础课及专业基础课学习，北京市劲松职业高中负责高二学年专业核心课及高三校外实习实践，两校开展综合评价。针对高二联合培养学生特点，将其单独成班，配备班主任并外聘企业专家讲座。2023年在北京市劲松职业高中接受培养的学生包括西餐、中餐、养老服务、美容美体共4个专业93名学生。联合培养学生以唐山市第一职业中等专业学校学生身份，参加北京市职业院校烹饪专业、养老专业技能大赛等各级各类比赛，荣获市级二等奖2人次、三等奖1人次。

2017年，唐山市第一职业中等专业学校与北京市电气工程学校正式签署合作意向书。双方约定，凡满足相关条件的唐山市第一职业中等专业学校学生，即可注册北京市电气工程学校成人中专学籍。两校以京冀中等职业教育校际联盟的形式开展合作，使唐山学子也有机会可以享受北京优质的教育资源。同年9月，唐山市第一职业中等专业学校2016级智能楼宇班学生到北京电气工程学校学习。

（2）北京金隅科技学校与保定市职教中心和京保石邯联盟其他成员校。

北京金隅科技学校与保定市职教中心于2015年举行签约仪式。两校制定并执行了具体工作方案。

一是成立联合办学组织领导机构。北京金隅科技学校成立联合办学领导小组，负责联合办学的领导和实施。校长任组长，其他班子成员为成员；下设办公室，主管招生就业副校长任主任，招就办、教务处、学生处及专业系部主任为成员，办公室设在招就办，招就办设专人负责。

二是确定合作办学模式。根据两校多次商讨，2016 年联合办学专业定为数控技术应用、建筑工程施工两个专业，签订具体合作协议，先行试点。其一，采用"1.5+0.5+1"合作办学模式。学生注册保定市职教中心学籍，在保定市职教中心学习一年半，然后到北京金隅科技学校技能强化半年，两校共同安排和管理顶岗实习一年。此模式在 2016 年在建筑工程施工专业进行，两校共同完成该专业教学方案，首批学生于同年 3 月到北京金隅科技学校进行技能强化。其二，采用"1+2"合作办学模式。学生注册为北京金隅科技学校学籍，在保定市职教中心学习 1 年，然后到北京金隅科技学校学习 2 年，由北京金隅科技学校安排就业。此模式在数控技术应用、建筑工程施工专业进行，首届学生 2016 年开始招生。

三是开展教学交流活动。经过协商，两校就教师教学交流、共同组织培训等达成共识，意在通过交流活动，发挥两校优秀教师的作用，达到互促提高的目标。2015 年，保定市职教中心建筑专业教师一行 5 人专门针对建筑技能大赛观摩训练情况，并进行研讨。同时，北京金隅科技学校为保定市职教中心提供大赛训练软件，为两校合作开展技能大赛奠定了基础。2016 年，保定市职教中心 11 名教师到京观摩教师信息化教学比赛，增进了两校教师间的了解；保定市职教中心和北京金隅科技学校共 30 名教师参加迎新春羽毛球友谊比赛；北京金隅科技学校专业主任及教师四赴保定市职教中心进行建筑工程施工专业教学方案、学生技能综合实训具体实施方案的研讨。

四是开展学生交流活动。2015 年 12 月，保定市职教中心师生一行 53 人到北京金隅科技学校参观学习，沟通交流，加深对校园文化、实训基地、专业设置的了解；同月，保定市职教中心遴选文艺节目《礼仪操》参加了学校元旦文艺汇演。按照北京市教育委员会职业教育与成人教育处布置的八项工作任务，2016 年两校将重点落在学生的交流活动上，包括文艺、体育以及专题教育活动，意在促进两校学生之间的融合，达到合作育人的目标。

2017 年以来，北京金隅科技学校选取学校优势专业与联盟成员校——雄县职教中心、石家庄鹿泉区职教中心、保定市职教中心、张家口职教中心、阜平县职教中心、涞源县职教中心——开展合作办学，在数控技术应用、建筑工程施工、电子商务、计算机及应用、楼宇智能化设备安装与运行、软件信息服务、航空服务等专业开展了"1+2""2+1""1.5+1+0.5""2+0.5+0.5"等形式的访学。2017 年共形成联合办学 15 个班次，入校学生人数达 463 人；2018 年共联合办学 9 个班次，入校学生人数达 218 人。2021 年，北京金隅科技学校接收雄县职教中心和涞源县职教中心学生以访学的名义来京就读，共计 4 个访学班、90 人，涉及建筑工程施工、计算机与数码产品维修、人工智能技术应用、电子商务 4 个专业。

京冀两地学校高度重视合作育人，制定专门工作方案，创设良好育人环境，组织优秀教学团队，取得明显成效。一是双方协同教研。每年定期组织教学研讨，调整协商培养计划，并开展教研交流和专题培训，举办教学能力大赛，提高教师教学能力。比如，2018 年 3—6 月，北京金隅科技学校和阜平县职教中心对楼宇智能化设备安装与维修专业联合培养学生进行双管理制，阜平县职教中心派教研室主任和另一名教师跟进学生课堂，掌握学生动态，参加学校各种活动，让学生有了归属感，让教师深入地了解了工作过程导向的课堂教学改革和"三有"课堂的实施。二是实施专班专策。按照河北省单招考试政策，学校认真研读考试大纲要求，根据学生报考专业和类型的不同，将不同专业的班级重新组建成专业类备考班，按照备考要求制定授课计划，选派学科能力强的教师分科分层教学，并加强对学生的个性化辅导。三是职业教育高考喜获佳绩。2020 年，经过两校 3 年的精心培养和共同教育，首届 2019 年 4 个专业 181 名雄县职教中心访学学生中的 179 名学生参加河北省单招考试，录取 178 人，录取率 99.44%。2021 年，88 名访学学生参加河北省高职单招考试，录取 77 人，录取率达 87.5%。这是两校协同教研和实施专班专策获得的宝贵成果。

（3）北京市密云区职业学校。

2016 年 5 月，北京市密云区职业学校与河北省涞源县职教中心签署合作办学协议。当月，便迎来河北省涞源县职教中心 9 名学生进入客户信息服务专业学习，2 名专业教师也同时到校学习交流，主要以听课形式学习客户信息服务专业知识，了解专业人才培养方案，参与专业教研活动和班级学生管理。9月，涞源县职教中心新招收的第二届客服信息服务专业学生到京学习。11月，涞源县职教中心2015级26名学生赴北京市密云区职业学校实训基地学习，组成"涞源班"。同期，涞源县职教中心2015级汽修班学生已在京接受"理实一体化"专业训练。

2017年，北京市密云区职业学校与河北省承德县综合职教中心发挥两地相邻、专业相近的优势，在汽车运用与维修专业开展"6+8+8+16"分学期交替培养。承德县综合职教中心以理论授课为主，北京市密云区职业学校以技能授课为主，即第二、第三、第四学期学生在京技能实训6周、8周、8周，第六学期北京市密云区职业学校负责学生实习安排16周并推荐就业。双方资源共享、联合育人，在专业建设、课程体系、教学资源共享、校企合作、实训基地共享、师资队伍建设、实习就业等方面深度合作。

2018年，北京市密云区职业学校接收河北省涞源县职教中心27名数控技术应用专业学生、37名汽修运用与维修专业学生和4名客户信息服务专业学生来校学习专业实训课程，并负责推荐实习就业；接收河北省承德县综合职教中心中餐烹饪与营养膳食专业20学生到校学习专业实训课程；接收张家口正大新能源中等职业学校17名客户信息服务专业学生和25名旅游服务与管理专业学生到校学习专业实训课程。

2019年，北京市密云区职业学校继续与河北省承德县职教中心在中餐烹饪与营养膳食专业以"1+2"形式合作；与河北省涞源县职教中心在数控技术应用专业以"1+2"形式合作，在汽车运用与维修专业以"2+1"形式合作；与张家口正大新能源中等职业学校在汽车运用与维修、中餐烹饪与营养膳食、旅游服务与管理和客户信息服务专业均以"2+1"形式合作。2018—2019年接收上述3所学校5个专业362名学生，推荐123名学生在北京地区就业，对口就业率100%，实现"一人就业、一家脱贫"。

2000年，河北省滦平县职教中心对口帮扶合作班27名汽修专业学生，来到北京市密云区职业学校参观并进行专业实操课程体验。这些学生是两校签订对口帮扶合作办学协议后，第一批到校进行为期一年半学习的学生。

2021年，北京市密云区职业学校分别与河北省承德县综合职教中心、河北省滦平县职教中心、河北省涞源县职教中心、河北省正大新能源中等职业学校3地4所学校签订合作办学协议，接收252名技能访学学生在校1年学习，推荐31名学生实习就业，辅导承德汽修交流学生参加河北省技能大赛4人获奖，干部教师交流学习11人次，跟岗教师1人学习汽修专业教学1年，线上教研活动4次。252名访学学生中有建档立卡学生51人。与河北省涞源县职教中心在数控技术应用、会计、供用电技术3个专业开展"1+2"形式的合作，在汽车运用与维修专业继续开展"2+1"形式的合作；与河北省承德县综合职教中心在中餐烹饪与营养膳食专业开展"1+2"形式的合作；与河北省张家口正大新能源职业学校在客户信息服务专业开展"2+1"形式的合作；与河北滦平县职教中心在汽车运用与维修专业开展"1+2"形式的合作。

（二）津冀联合办学

津冀两地中等职业学校构建紧密型共同体。2015年，天津市第一商业学校与河北省保定市职教中心合作办学，开办保定市职教中心办学点，后又与邯郸市第二职业中学、保定市雄县职教中心等，相继建立了校际合作共同体。河北省邯郸市第二职业中学与天津市第一商业学校开展"2+1"合作办学，即邯郸学生在邯郸第二职业中学学习两年，第三年到天津市第一商业学校学习，参加天津市春季高考。天津市第一轻工业学校与邯郸市第六职业中学、峰峰矿区职教中心、馆陶县职教中心、磁县职教中心、成安县职教中心，天津市仪表无线电工业学校与邯郸市工业学校、邯郸市理工学校、武安市职教中心、永年区职教中心、鸡泽县职教中心合作办学，探索中等职业学校跨省联合培养人才和中高职衔接的创新模式。

河北省学生参加天津市春季高考是津冀中等职业学校合作办学的主要目的之一。河北省中等职业学校学生参加天津市春季高考，增加了一条升学通道。在2016年天津市春季高考中，1名河北省唐山市曹妃甸区职教中心与天津经济贸易学校联办的2013级春季高考班学生，以555分获天津市西青区第一名，并被天津中德应用技术大学本科录取，这是两校联合办学结出的成果。同年，张家口市职教中心春考班4名学生被天津中德应用技术大学自动化本科专业录取，占该校招收的首批本科生的11.4%。

2019年3月，河北省雄县职教中心师生一行190余人到天津市第一商业学校考察交流。考察团师生参观了各专业的实训基地，了解学校专业发展情况。两校教师就春季高考班教学计划、教材使用等问题进行了深入探讨。还组织雄县职教中心学生参观了天津商务职业学院的众创空间和天津中德应用技术大学。5月，河北省保定市雄县职教中心师生一行60余人赴天津市第一商业学校考察交流。两校师生共同参观了鲁班工坊建设体验馆，到天津海河教育园区参观"技艺传承 设计之都"文化创意设计作品展。两校会计和计算机应用专业的学生分别进行了会计电算化T3软件、office办公软件等项目对抗赛。还举行了篮球友谊赛、团体心理活动及拓展训练。11月，天津市第一商业学校副校长及招生就业办公室负责人走访了河北省雄县职教中心，与雄县职教中心2019年度联合办学招收的新生进行座谈交流。

2019年，按照协作办学建设要求，天津市第一轻工业学校雄安协作校区——容城县职教中心师生60余人来校参观交流。此次参观的学生即通过"2+1"模式联合培养电子商务专业的学生。这批学生于两年后到天津市第一轻工业学校进行为期一年的学习以参加2022年春季高考。同年，张家口职教中心副校长及春考专业部老师一行到天津市第一商业学校开展校际交流，在春考部观摩课堂教学，并交流春考班教育教学管理模式、学生管理方式等问题。为给参加2019年天津春考的学生加油打气，还召开了张家口联办学生春考誓师大会。河北省廊坊市第四职业中学的15名计算机专业学生来到天津市北辰区中等职业技术学校，计算机专业组主任对学生进行入学教育，介绍天津市春季高考政策及学校高考取得的优异成绩，鼓励学生努力学习。

2021年，天津中山志成职业中等专业学校副校长带领学校教务处主任、招生办公室主任、教育教学改革委主任以及专业骨干教师一行7人来到位于沧州市的华北工业学校开展教学交流、研讨活动。研讨交流的重点是汇报近两届合作专业学生在中山志成职业中等专业学校的学习和天津春季高考录取情况。华北工业学校相关科目教师也对相关考试成绩作了分析和评价，并提出建设性建议。会后，任课教师分组就各科教学重点、难点和侧重点与到访的教师们进行了交流。天津中山志成职业中等专业学校领导和教师深入华北工业学校春考班开展听课活动，语文、数学、英语和综合科目教师分别开展了课堂教学。听课结束后，两校任课老师针对课程内容进行了教学研讨和学术对接。两校共同召开春考班家长学生见面会，重点介绍天津中山志成职业中等专业学校情况、天津春季高考政策并解答家长、学生相关疑惑。

（三）冠以访学或游学名称的联合办学

2019 年，北京铁路电气化学校开展了张家口市张北县职教中心学生北京访学项目。访学实际为培训，为期 5 个月、18 个教学周。北京铁路电气化学校组织学生赴专业对口的合作企业开展现场研学活动，通过校外德育实践提高职业认识、塑造职业精神。借鉴"工作过程导向"的课程体系构建方法，采取"理实一体"教学模式，为访学学生开设"机械基础与综合训练"等核心课程。

2021 年，北京市怀柔区职业学校利用自身实训基地资源，为河北省合作校学生搭建长期学习和短期培训相结合的学习平台，接收 73 名丰宁县职教中心新生来校进行为期 3 年的游学培训，当年共有 142 名在校生。

第二节　短期技能培训

京津冀职业学校利用专业优势对学生开展 3 个月以内的技能培训也是常见的形式之一。

学生短期技能培训主要以河北省职业院校学生到北京学习为主，也有北京市职业院校学生到河北省职业院校实习，还有北京市职业院校教师到河北省职业院校对学生开展培训的。这种培训以在中等职业学校间进行为主，也有少量是在高等职业学校间进行的。

一、在中等职业学校之间开展

河北学生来京参加培训和北京学校派出教师到河北培训学生，这两种形式都有，以前者为主。2017 年，北京市黄庄职业高中接待安排了部分河北省定兴县职教中心专业老师和二年级财会专业的 30 名学生分批到校进行学习、实习，并对该部分学生进行岗前培训及就业推荐工作。河北省承德县职教中心 86 名汽车运用与维修专业学生来到北京市密云区职业学校进行为期 6 周的实训。2019 年，河北省顺平县职教中心音乐专业（幼教方向）35 名学生来北京市黄庄职业高中学前教育专业短期培训 23 天。河北省乐亭县综合职业技术学校的 14 名学生到北京市求实职业学校数字媒体技术应用专业开展短期培训。2020 年，北京市黄庄职业高中派出 3 名教师到河北省顺平县职教中心，对学生手工社团摄影社师生进行摄影技巧和视频剪辑方法的指导。

北京市劲松职业高中连续 6 年接待河北省中等职业学校学生来校参加以西餐专业为主的短期技能培训。2017 年，张家口市职教中心西餐专业 35 名学生来校进行短期专业技能培训，同时在合作企业进行体验式实习实训。唐山市第一职业中等专业学校中餐、西餐、美容美发与形象设计、老年人服务与管理 4 个专业、32 名学生来京进行短期技能培训与实习实训体验。2018 年，张家口市职教中心又安排西餐专业 28 名学生赴京进行短期专业技能培训，北京市劲松职业高中有针对性地调整了课程设置、职业体验、工学交替等方面的内容，受训学生技能进步明显。32 名唐山市第一职业中等专业学校西餐专业学生来京进行为期 3 个月的短期技能培训，并在北京的企业开展工学交替、跟岗实习。2021 年对来自唐山市第一职业中等专业学校的 24 名学生开展强化技能培训，合作开展综合评价，其中西餐专业 15 名、中餐专业 9 名。这是两校合作以来第 6 批次接收来京培训的学生，合计为唐山培训学生近 250 人。

北京市电气工程学校和河北省职业学校互相接待学生短期技能培训或实习。2018 年，北京市电气工程学校接待唐县职教中心选派的 25 名园艺专业学生和 4 名教师来校学习 18 天，河北省丰润区金桥职业中专 26 名学生到校进行专业技能培训 12 天，接待河北省邯郸市肥乡区职业教育中心 47 名学生到校接受计算机技能短期培训 56 天。北京市电气工程学校制冷、楼宇、轨道专业 211 名学生及 12 名教师来到曹妃甸区职教中心、曹妃店工业区文丰集团和二十二冶集团进行金工实习 12 天。2019 年北京市电气工程学校为京津冀联盟校开展学生技能训练和综合素养培训 300 余人次。派出干部和教师赴河北省保定市唐县职教中心和张家口市阳原县职教中心，对对口支援校学生开展专业技能短期培训，并就计算机专业建设工作进行商讨和指导。唐县职教中心 37 名园林花卉专业的学生和 2 名教师到北京市电气工程学校进行为期 4 周的专业学习。2020 年，阳原县职教中心 20 名建档立卡及贫困学生赴北京市电气工程学校游学，包括制冷/楼宇类技能强化学习，其中 9 名学生参加了第一批"1+X"BIM 取证考试。阳原县职教中心 1 名老师作为项目带队教师在协助管理学生的同时也在做班主任跟岗学习工作。2023 年，北京市电气工程学校接待唐山市第一职业中等专业学校 2021 级 25 名学生在京短期职业技能和职业素养培训工作，安排 7 名学生进入在京合作企业进行岗位实习，并完成唐山市曹妃甸区职教中心2021 级 22 名学生短期职业技能和职业素养培训，为有就业需求的学生安排在京合作企业实习。

2021 年，北京市求实职业学校帮扶合作校进行专业人才培养，培养学前教育、数字媒体、航空服务专业学生 140 余名，其中为迁安市职教中心和唐县职教中心定制 5 天的短期培训项目，培养学生 38 名，参训学生参加河北省职业院校"中华茶艺"中高职技能大赛，派出 6 名选手参赛，获得1 个一等奖、3 个获二等奖、2 个获三等奖的好成绩。

二、在高等职业学校之间开展

2016 年，唐山职业技术学院财经系 3 名教师应用友新道科技有限公司的邀请来到北京，为北京电子科技职业学院学生讲授 VBSE 课程，并与该校经济管理学院会计系教师就财经类课程设置、实训教学、实验室建设和管理等内容进行深度交流。在 VBSE 实训中，学生真正成了教学主体，通过小组合作完成了企业一个月完整的业务会计处理，真正做到了教学做一体化。配合实训，还开展各项学生活动，调动了学生参与实训的积极性，受到学生的欢迎。

2019 年，天津城市职业学院老年服务专业的 36 名学生在北京劳动保障职业学院接受为期 1 个月的培训，培训内容包括老年健康照护（60 学时）、老年康复（60 学时）和老年心理（40 学时）等。

第三节　学生德育和文艺交流

一、德育交流

学生德育工作协作与交流主要是在北京市中等职业学校和河北省中等职业学校之间进行。两地学校互有协助，以北京市的协助输出为主。

2017年，北京金隅科技学校充分利用邯郸市职教中心德育工作室的资源优势，聘请其教师团队到学校进行"做最好的自己"德育培训，30多名学生积极配合老师，踊跃参加活动，增强了自信心，乐观积极向上的精神状态也感染了培训的教师。北京市房山职业学校与河北省固安县职教中心互相选派优秀德育教师，对学生进行系列主题教育，2018年在北京市德育"一校一品"创建过程中还获得固安县职教中心在社团建设中的帮助，促进了双方德育工作的开展。2021年，北京市房山职业学校代表北京市房山区教育系统，参与京冀教育系统在河北省阜平县举办的"薪火好少年 奋进新时代"——京冀牵手关心下一代主题教育活动，40余名师生演唱《没有共产党就没有新中国》这一发源于房山区的经典红色歌曲，充分展现了首都职业教育的良好精神风貌，增进了两地的友谊。

2019年，邯郸职业技术学院社科部2名教师带领9名学生，赴天津参加海河教育园区暨京津冀甘第五届"思政课情景剧大赛"，并荣获特别奖。

二、文艺交流

河北省3所中等职业学校学生在北京金隅科技学校元旦联欢晚会上表演节目，促进了双方的交流和感情。在2017年元旦联欢晚会上，保定市职教中心的舞蹈"美人吟"掀起了晚会的一个高潮，学生婀娜的舞姿让观众享受了视觉盛宴；2018年元旦联欢晚会上，雄县职教中心的武术表演展现了青年人的朝气，更体现了中华传统文化的传承；2019年元旦联欢晚会上，雄县职教中心的古典舞《烟花三月》、吉他弹唱《斑马》和涞源县职教中心的小合唱《海阔天空》掀起了晚会的一个高潮。

2017 年，北京市昌平职业学校举行了以"携手走进新时代 追求美好新生活"为主题的第十五届教育教学成果汇报演出，尚义县职教中心学生受邀在本次汇报演出中表演了舞蹈《美酒美食尚义人》。

2019 年，北京市求实职业学校派出特级教师到唐县职教中心开展现场观摩课，并带领北京市求实职业学校清姿合唱团的学生们演出，与唐县职教中心合唱队交流。同时，由清姿合唱团、男子篮球社团、溶学社组成的师生团队赴河北省唐县职教中心进行为期 3 天的学生训练营活动。

2019 年，北京市电气工程学校校长等 6 人在唐山市第一职业中等专业学校召开了京冀协同发展对口支援专业建设、名师工作室建设以及"大手拉小手"活动研讨会。在"大手拉小手"活动中，双方联合举办"中国汉字传统文化进校园——甲骨文发现 120 周年巡展"，中国著名甲骨文专家作了题为《甲骨文的秘密》的讲座。

第四节　技能比赛合作

学生技能大赛寓教于赛、赛教结合，可以充分展现学校专业实力，对推动学校相关专业发展，鼓励更多学生学习和实践具有非常重要的意义。通过比赛，参赛学生的团队协作能力、自我表达能力及创新能力也得到了全面提升。学生技能比赛合作大体可以分为同台竞赛、赛前辅导和竞赛观摩 3 种形式，活动频次依次减少。

一、同台竞赛

2014—2023 年，京津冀职业院校学生同台技能竞赛活动大量举行，也伴随着协同发展进程始终。从活动频次上统计，京津冀职业院校学生同台进行技能竞赛是仅次于校际一般性考察交流的一种形式。技能比赛主要冠以交流赛、邀请赛、友谊赛的名称，分布于很多专业领域，很多中等职业学校和高等职业学校参与其中。从中也能看出，有些比赛并不是专门为京津冀而举办的，而是多以京津两市的市级技能比赛附设的。此外，一些京津冀高等职业学校也派出学生参加华北地区普通高校间的技能比赛。技能竞赛为京津冀职业院校学生提供了交流、锻炼和检验的重要平台，促进了赛事管理、学生成长和专业建设。以下分类举例。

（一）附设的京津冀交流赛、邀请赛和友谊赛

自 2014 年开始，在天津市职业院校技能大赛护理技能、纯电动汽车装调与维护技术等赛项中，连续举办京津冀院校师生交流切磋赛，探索三地职业院校技能大赛模式。2014 年度天津市高职高专院校学生技能大赛护理赛项暨兄弟院校交流赛在天津医学高等专科学校举行。参加友谊赛的选手共 26 名，包括 5 所兄弟院校共 10 名选手。其中，沧州医学高等专科学校作为天津医专的友好合作院校前来参加友谊赛。兄弟院校的加盟对天津市护理技能大赛起到了良好的促进作用，也为参赛选手提供了一个难得的学习、交流平台。2015 年度天津市高职高专院校学生技能大赛护理赛项暨兄弟院校交流赛友谊赛继续在天津医学高等专科学校进行，天津医科大学职业技术学院、北京北大方正软件技术学院、河北省廊坊卫生职业学院等派出参赛选手共 18 名。

2016 年，来自中国音乐学院附中、北京戏曲艺术职业学院、北京舞蹈学院附中、天津音乐学院附中、河北艺术职业学院、石家庄市艺术学校、唐山市艺术学校共 7 所院校的 38 名选手，参加了京津冀地区声乐表演邀请赛暨北京市中等职业学校声乐表演技术技能比赛，同台交流和角逐。比赛全程开放观摩，来自各个职业院校的师生全程观看了比赛。2017 年京津冀地区民族吹管乐器及打击乐器演奏邀请赛暨北京市中等职业学校技术技能比赛在京举行。

2018 年，北京市（京津）职业院校教师花艺技能比赛、北京市（京津冀）中等职业学校农林类技术技能比赛、北京市（京冀）职业院校技术技能比赛农林牧专业赛委会高职组比赛、北京市中等职业学校技术技能大赛——艺术技能赛项中国舞表演（中职组）决赛及京津冀教学交流研讨会都吸引了京津冀职业院校选手参加。

京津冀地区 8 所中等职业学校派出学生参加北京舞蹈学院附中承办的

2019 年北京市中等职业学校中国舞表演技术技能比赛暨京津冀邀请赛。北京市职业院校弦乐专业技能大赛"京津冀"代表队除了 6 所北京市院校，还有天津音乐学院附属中等音乐专科学校 8 人、河北艺术职业学院 5 人。除了举行北京市赛和京津冀邀请赛两场专业赛事，北京舞蹈学院附中中国舞教学科还围绕本次赛事开展了一系列教学交流活动。北京市（京津冀）中等职业学校农林类技术技能比赛、北京市互联网金融运营技能大赛暨京津冀联赛也都有京津冀职业院校选手参加。

2020 年，来自京津冀地区职业院校的 10 支代表队共计 50 余名师生参加了由河北省纺织服装职业教育集团和邢台职业技术学院共同承办的全国职业院校技能大赛河北省选拔赛暨京津冀邀请赛"格林兄弟杯"服装设计与工艺赛项（中高职组）。

2021 年，包括北京市经贸高级技术学校在内的京津冀三地技工院校师生代表参与了在天津市公共实训中心举行的 2021 年"天津技能周"启动仪式暨京津冀技能交流活动。

2023 年，北京农业职业学院承办北京市（京津冀）职业院校技能大赛园林景观设计与施工、花艺、动物疫病检疫检验、食品安全与质量检测、生物技术 5 个比赛项目，吸引了来自河北省高等职业学校、天津农学院及北京市等 14 所学校共 118 名选手参赛。

此外，北京劳动保障职业学院每年均组织北京市养老服务技能大赛暨京津冀养老服务技能大赛。

（二）每年专门举办京津冀技能比赛

2016 年泛英杯京津冀青少年柔道邀请赛在首都体育学院附属竞技体育学校举行。同期召开了京津冀地区体育运动学校校长论坛。来自京津冀的 7 支代表队、94 名男女运动员参加了本次邀请赛。比赛结束后，全体参赛运动员还专门进行了一堂联合交流课，学生们在相互切磋中提高运动技能，教练员在临场指挥中获得理念更新，管理人员在观摩研讨中迸发思想火花。2017 年京津冀青少年柔道邀请赛和 2018 年第三届京津冀青少年柔道邀请赛继续在首都体育学院附属竞技体育学校举行。首都体育学院附属竞技体育学校、北京体育大学附属竞技体育学校、河北体育学院体育运动学校、河北省唐山市体育运动学校以及北京泛英体育俱乐部等京津冀8支队伍近150名运动员参加了第三届京津冀青少年柔道邀请赛。该项赛事为京津冀地区青少年柔道运动员搭建了一个交流平台，在京津冀地区柔道界产生了一定的影响力，得到业界的赞誉。

2016年，首届"京津冀"职业学校创新创业大赛决赛在北京财贸职业学院举办，京津冀35所中等和高等职业学校的218项作品进入决赛。大赛是由共青团北京市委、北京市教育委员会等部门共同主办，由通州区政府、共青团天津市委、共青团河北省委共同指导，联合京津冀11所职业院校共同发起的一项赛事，是当时京津冀地区唯一一项由政府主导的"双创"竞赛平台。

2017年，北京市实美职业学校邀请秦皇岛市职业技术学校6名教师参与其承办的京津冀中等职业学校美发美容与形象设计专业技能大赛，并组织秦皇岛市职业技术学校部分师生第一次参加全国大赛——2017全国发型/化妆/美甲/美睫大赛。北京外事服务职业教育集团在北京国际饭店举办2017年京津冀中等职业学校酒店服务专业技术技能交流赛。北京新城职业学校承办由通州区人力资源和社会保障局主办的"通武廊"职业技能大赛数控车工预选赛。北京市求实职业学校举办京津冀职业院校"求实杯"财会综合技能竞赛、京津冀联盟学前教育职业素养及非专业能力比赛。

2018年，唐山市第一职业中等专业学校、曹妃甸区职教中心、迁安市职教中心等4所学校参加了北京市电气工程学校组织开展的"京冀滇"专业技能大赛。北京市商业学校举办了京津冀沙盘比赛、电子商务邀请赛和第二届京津冀宁会计技能大赛。来自北京经济管理职业学院、秦皇岛职业技术学院、天津城市建设管理职业技术学院的20支队伍参加在天津举行的首届京津冀"三品杯"BIM技术应用邀请赛。北京交通大学海滨学院、河北轨道运输职业技术学院、唐山工业职业技术学院等兄弟院校师生，北京动车段、天津动车客车段等单位的技术能手参加了天津铁道职业技术学院举办的首届京津冀动车组检修技术技能邀请赛。北京外事服务职业教育集团与北京中等职业学校酒店专业委员会举办"冬奥杯"京津冀中等职业学校酒店服务专业技能大赛交流赛，冬奥组委运动会服务部、北京市旅游委员会、北京市教育委员会、北京国际饭店领导共同启动大赛，共有13名京津冀选手参赛。此外，2018年京津冀高职院校"养老护理技能"大赛、京冀职业院校中华茶艺技能大赛（高职组）、京津冀中等职业学校技术技能比赛戏曲表演赛也都吸引了京津冀职业院校选手参加。

2019年，京津冀宁四地31所职业院校近400人通过比赛或观摩形式参加了由北京市商业学校举办的北京现代服务业职教集团杯第三届京津冀宁电子商务邀请赛，其中，邀请了青龙职教中心1名专业教师和4名电子商务专业学生参加，青龙县职教中心参赛队伍通过邀请赛开阔了眼界，增长了知识，熟悉了相关赛事规程，并取得了优异的成绩。北京市密云区职业学校6名教师和6名学生参加天津市宝坻区产教融合职业教育集团"密宝唐"职业教育联盟举办的信息化教学设计（说课）比赛和学生专业技能比赛并获奖。

2020年，北京市丰台区职业教育中心学校承办首届京雄职业院校学生技能大赛。该项比赛在后续的年份持续进行。同年，京津冀13所学校、57支队伍参加了由北京现代服务业职业教育集团、北京市商业学校主办的京津冀电子商务邀请赛。此次邀请赛侧重考察学生短视频创作及营销带货能力。

2021年，北京市商业学校发起2021京津冀直播销售技能邀请赛，青龙县职教中心、天津市信息工程学校等17所中高职院校的45支参赛队伍共90名学生受邀参赛，青龙县职教中心电子商务专业学生实操技能和教学实训水平也因此得到提高。同年，为了备战全国职业院校技能大赛化学实验技术赛项，天津渤海职业技术学院选手来京与北京电子职业学院生物工程学院参赛选手进行为期2天的模拟比赛。

2022年，京津冀互联网营销师比赛以云竞赛形式举行。该项赛事由北京现代服务业职业教育集团主办，北京市商业学校承办，来自京津冀地区的12所学校、21支代表队、63名选手同场竞技。竞赛内容围绕互联网营销师工作任务，设置了选品规划、营销活动设计、直播准备和直播实施等模块，全面考察选手的商品直播能力和推销能力、客户服务能力、网店推广能力、数据分析能力和团队合作能力。为提高跨境电子商务人才培养水平，邯郸市职教中心参加了北京市对外贸易学校举办的2022首届京津冀"春晖杯"跨境电子商务运营技能竞赛。北京青年政治学院国际学院联合北京科大讯飞教育科技有限公司主办了首届"讯飞杯"京津冀院校多语种职业翻译服务大赛，获得了企业和北京联合大学、首都体育学院、北京电子科技职业学院、天津商务职业学院、河北对外经贸职业学院以及北京市旅游行业协会导游分会等院校和行业组织的大力支持。

2023年，北京市对外贸易学校和阿里巴巴（中国）教育科技有限公司共同主办首届"丝路杯"京津冀直播技能大赛，来自北京商贸学校在内的19所京津冀地区职业院校的师生和部分电子商务企业人员共计273名选手参加比赛。在北京市商务局电子商务处指导下，学校还联合北京电子商务协会举办"丝路春晖杯"数字商务运营竞赛。此次比赛分为跨境电子商务和直播电子商务两个赛项，吸引了来自15所京津冀职业院校的师生和部分电子商务企业从业人员共计181名选手参赛，提供了高水准技能竞技与切磋的平台，提升了职业院校学生的实操能力。北京农业职业学院承办由北京市职业技术教育学会主办的首届京津冀宠物美容技能大赛，京津冀7家单位、30名选手参加了比赛。

（三）京津冀互相邀请参加本地省级比赛

2015年，由北京市教育委员会主办的北京市高职高专学生数控技能竞赛第一次邀请津冀职业院校参加，包括邢台职业技术学院在内的9所学校、24支队伍参赛。邢台职业技术学院机电工程系党总支书记还担任此次竞赛的裁判工作，最终邢台职业技术学院学生获得大赛团体二等奖。

2017年，多项北京市职业院校学生技能竞赛吸收了津冀两地职业院校参加，增进了相互了解。北京电子科技职业学院承办的北京市高职高专学生数控技能竞赛特别邀请了天津工业大学和邢台职业技术学院参加。北京劳动保障职业学院承办的北京市高职院校技能大赛楼宇自动化系统安装与调试等5个技能赛项，吸引了天津市职业大学、河北女子职业技术学院等京津冀7所院校、12支参赛队伍、48名参赛选手。北京劳动保障职业学院组队参加由天津城市职业学院举办的社会工作者技能大赛。北京商贸学校从邀请曲周县职教中心观摩电子商务比赛，发展到举办两校友谊赛和邀请赛。来自京津冀7所院校的10支代表队的30名选手，参加2017年度天津市高职高专院校学生技能大赛汽车检测与维修赛项。来自京津冀地区的12

支代表队的 48 名学生和 24 名指导老师，参加 2017 年天津市高职高专院校"圣纳·新道杯"技能大赛暨 2018 年全国职业院校学生技能大赛选拔赛现代物流作业方案设计与实施赛项。这两个赛项均在天津交通职业学院举行。

2018 年，北京电子科技职业学院承办的北京市高职高专学生数控技能竞赛特别邀请天津市职业大学和邢台职业技术学院参加。北京金隅科技学校承办的北京市中等职业学校加工制造类技能比赛邀请北京及河北 19 所职业院校的 100 余名选手参加车加工技术等 6 个赛项的比赛。技能大赛技术总结会也邀请联盟成员单位参加。2019 年该项技能比赛又邀请北京及河北 14 所职业院校的 80 余名选手参加。石家庄市机械技工学校、石家庄市高级技工学校、邯郸市职教中心、保定市职教中心学生在本次大赛中取得优异成绩。

2019 年，来自京津冀的 22 支代表队参加由河北省财政厅主办的河北省第四届财会综合技能大赛暨京津冀职业院校财会综合技能大赛。此次大赛是历年参赛队伍最多、规模最大的一次。来自北京、河北的 20 支队伍参加由北京市教育委员会主办、北京财贸职业学院承办的 2019 年北京市高职院校银行业务综合技能大赛。

2023 年，河北省唐山市第一职业中等专业学校与北京市 5 所职业院校共 12 名选手参加北京市职业院校技能大赛中等职业学校组首届养老照护赛项比赛。中央音乐学院附中邀请天津音乐学院附中声乐专业和钢琴专业学生参加北京市职业院校技能大赛声乐、器乐表演比赛，同时还邀请天津音乐学院附中教师担任比赛裁判。

（四）与更大区域甚至全国和国际范围内的普通高校同台竞技

2015 年华北五省（自治区、直辖市）及港澳台大学生计算机应用大赛由北京市教育委员会、天津市教育委员会、山西省教育厅、河北省教育厅和内蒙古自治区教育厅主办，共有来自华北以及台湾的 53 所本科高校和高等职业学校、118 支代表队（其中高等职业学校 29 支代表队）、500 余人进入总决赛答辩。

2017 年，北京城市学院、北京财贸职业学院、北京市对外贸易学校、北京市房山职业学校、天津滨海职业学院、天津师范大学管理学院、天津市第一商业学校、保定职业技术学院、廊坊市电子信息工程学校等多所中高等职业学校和本科学校的学生参加了全国物流传奇大赛京津冀鲁四地物流运输联赛。比赛以网游游戏的形式进行物流运输的规划决策，寓教于乐的模式提高了学生的学习兴趣。

2019年，清华大学、中国高校创新创业教育联盟主办第二届"京津冀—粤港澳"青年创新创业大赛。大赛设立主赛道（北京、新加坡等6个分赛点）、垂直行业赛道（艺术科技、数字经济、共享财务3个分赛道）、高职赛道、少年精品双创项目展评活动，共吸引1000余支团队报名参与。最终选拔33支团队进入总决赛。邢台职业技术学院作为高职赛道的仅有的2个团队之一进入决赛，其余团队全部来自985院校、港澳大学、海外名牌大学的博士团队。本届大赛也是国家发展和改革委员会、中国科协会同有关方面组织开展的2019年"创响中国"系列活动之一。

2021年，中国音乐学院附中举办第六届"鹂鸣春晓"全国作曲比赛，包括天津音乐学院附中在内的京津冀院校以及全国中等音乐艺术院校积极参赛。来自9所学校的20名选手获得奖项。比赛提升了学生的艺术综合素养、作曲专业技能和艺术实践水平。"鹂鸣春晓"青少年作曲比赛公众号开通，并通过云端分享丰富的学习资源和精彩的赛事回看，共同探索音乐理论教育教学前沿。

首届"酷家乐杯"2022年全国院校室内设计技能大赛京津冀赛区选拔赛在北京财贸职业学院举行。此次大赛由中国室内装饰协会主办，北京财贸职业学院承办，北京大相空间设计有限公司等3家企业联合协办。来自北京财贸职业学院、北京电子科技职业学院、天津现代职业技术学院、河北政法职业学院等10余所院校的20支参赛队伍、40名选手参赛。比赛分为手绘构思设计综合表、室内计算机效果图设计与制作2个模块，赛题为真实项目，旨在对接室内装饰设计行业标准和产业需求，重点考查参赛选手的设计基础能力、设计与表现技能和创新创意能力。

2023年，"中银杯"全国职业院校技能大赛法律实务赛项在河北政法职业学院举行。北京政法职业学院与河北政法职业学院在赛前充分交流法律实务技能大赛备赛经验。北京政法职业学院2名教师受河北政法职业学院邀请，担任河北省高等职业院校法律实务赛项评委。北京经济管理职业学院举办全国第二届"福祉杯"失智照护服务方案策划技能竞赛，来自全国12个省份的17所职业院校和3家行业企业单位共40名选手参加决赛，其中石家庄工程技术学校2人获奖。为深化中俄两国在信息技术领域的交流与合作，北京信息职业技术学院与俄中教育联盟协会联合主办2023中俄职业教育圆桌会议，并举办2023中俄青年IT技能邀请赛，来自俄中教育联盟协会成员单位和京津冀地区高等职业学校的13支代表队60余名师生同台竞技，在京津冀区域职业院校国际合作中发挥了积极的引领作用。

二、赛前辅导

2017年，北京国际职业教育学校派出计算机网络技术专业全国技能比赛优秀指导教师为沧州工贸学校学生进行赛前培训指导，并派出另一名教师辅导沧州工贸学校师生参加了第十三届全国中等职业学校"文明风采"竞赛，均取得优异成绩。

2018年，在北京市中等职业学校美发美容技术技能大赛暨京津冀院校交流赛前期，北京市实美职业学校派教师前往秦皇岛职业技术学校开展大赛培训工作，在随后举行的此次大赛中，河北省秦皇岛职业技术学校3名学生均获得了三等奖。由北京市实美职业学校6名教师组成的"实美小分队"，赴邢台市第三届中等职业学校学前教育专业技能比赛现场，对参赛的威县职教中心6名选手进行比赛前的冲刺训练。第二天全程观摩完比赛后，美术老师又给学生辅导了环创赛项。最终威县职教中心以全市第三名的优异成绩，荣获团体二等奖。其中个人一等奖1名，个人二等奖5名。北京市密云区职业学校为河北省承德县职教中心培训14名学生，以帮助他们准备河北省职业院校技能大赛。北京市电气工程学校派语文教师，对参加河北省燕太片区建档立卡贫困生集中免费培养开班仪式"工匠精神、爱国情怀"演讲比赛的2名唐县职教中心学生进行专门指导。

2019年，北京市求实职业学校教师对河北省唐县职教中心参加河北省礼仪技能大赛的6名学生进行赛前培训，从大赛理论测试、情景模拟、职业礼仪展示、主题演讲4个项目进行辅导。北京市丰台区职业教育中心学校选派 2 名电子商务专业优秀教师分别对容城县职教中心和雄县职教中心电子商务专业学生进行为期 2 个月的备赛指导。两校代表队参加河北省中等职业学校学生电子商务技能大赛，获得团体三等奖，全部参赛学生获个人优胜奖。涞源县职教中心在第七届"博导前程杯"河北分赛区比赛中获得团体特等奖。赛前涞源县职教中心专门组织学生到北京市丰台区职业教育中心学校集训。北京市信息管理学校派出教师赴易县职教中心辅导美术专业学生参加全省技能大赛，倾囊相授大赛经验，受到对方学校师生的一致认可。北京市密云区职业学校辅导承德市和保定市 2 所职业学校 8 名汽修专业学生参加河北省汽车营销大赛，获得二等奖 1 人、三等奖 5 人、优胜奖 2 人，两校分获团体三等奖，双方合作成果分别在河北省《承德日报》和保定市报刊发表。在沧州市第九届中等职业学校技能大赛上，肃宁县职教中心获得汽修专业团体一等奖。北京市房山区第二职业高中自 2015年开始就深入到肃宁县职教中心参加的"沧州市中等职业学校技能大赛活动"之中，从最初的全部承担培训到教师指导大赛，从最初的训练到后来的自主训练，从无到有，从有转强，联办双方都倾注了极大的心血。

2020 年，北京市西城职业学校派出教师对参加河北省学前保教技能大赛的张北县职教中心校团队，以小组形式进行研讨和赛前辅导。两校教师共同研究赛项方案、评分细则，针对辅导中出现的问题与困惑，西城职业学校教师用自身辅导大赛的经验给予了细致解答。经过 6 个小时不间断的轮换辅导，6 名学生均完成了 3 大赛项的备赛内容。该校在 2020 年河北省中等职业学校学前教育专业学生技能竞赛中荣获团体二等奖和三等奖。为提升帮扶学校专业建设水平和学生比赛能力，北京市信息管理学校干部教师一行 9 人前往易县职教中心开展帮扶活动，又选派富有教学及大赛经验的 5 名骨干教师，由教学处主任带队前往易县职教中心，指导现代服务系学前教育专业师生准备全省技能大赛。

2023 年，北京信息职业技术学院对宣化科技职业学院省级职业技能大赛参赛选手进行信息安全方面的指导，并为有关高等职业学校提供实训资源和集训环境，使其在信息安全方面的知识水平和设备运用能力有了进一步的提高。北京市电气工程学校智能环保专业组选派优秀教师为唐山市第一职业中等专业学校参加河北省技能大赛的集训选手进行针对性技能培训，在校内开辟训练区域，制定集训方案，提升了学生职业技能。学生刻苦训练的事迹"小将闯关"被《唐山劳动日报》报道，还组织联合办学专业的学生参加了 2023 年北京市中等职业教育 BIM 赛项并获奖。

北京市求实职业学校通过联合培养、大赛集训等形式，接收 30 余名来自唐县职教中心计算机网络技术、现代办公信息技术、金融事务专业的学生来校学习，解决了其专业教师不足、实习实训场地欠缺、专业核心课程薄弱等问题，学生专业技能明显提升。

三、竞赛观摩

2017 年，廊坊燕京职业技术学院师生一行 10 人应邀赴京现场观摩由北京青年政治学院承办的北京市职业院校技术技能比赛英语口语比赛。观摩之后，师生们还同北京青年政治学院英语系主任以及其他国内外专家、部分参赛选手等，就比赛技巧和英语口语水平提高方法等进行了交流。

2018 年，北京市求实职业学校举办首届"求实·赢新杯"校园电子竞赛总决赛。玉田县职教中心副校长一行 14 人到学校现场观摩了活动，参加了"电子竞技 & 新媒体专业论坛"，更新了对电子竞技运动与管理和新媒体行业发展前景的认识。

2019 年，河北女子职业技术学院派代表参加在北京举行的京津冀航空服务业产教融合创新发展论坛暨北京民航服务业技能大赛，应邀进行技能展示。宣化科技职业学院航空铁道学院受邀观摩北京市高职院校民航服务技能大赛。天津市职业大学、沧州职业技术学院等京津冀高等职业学校有关负责人在论坛上作了发言。

2020 年，北京市信息管理学校安排 23 名教师分 3 批赴河北省易县职教中心开展教师比赛和学生比赛经验交流。

第五节　学生访学

学生访学时限一般较短，从几天到一两个月不等。这种形式既能开拓学生眼界，一般来说又不会产生太高成本。因此，学生访学是京津冀职业教育协同发展过程中经常出现的一种方式，也是教育扶贫协助与支援合作项目内容之一。

北京农业职业学院连续 4 年组织河北省中学生来京开展"在京一周、影响一生"夏令营活动。2018 年，河北省望都县职教中心学生来到北京市平谷区职业学校交流访学，体验汽修、机械、烹饪专业实训基地，参观北京华东乐器有限公司、北京通用航空产业基地、顺义焦庄户地道战遗址和天安门广场等，开阔了视野。2020 年，北京市平谷区职业学校迎来了第三批望都县职教中心访学师生 53 人，为其安排了无人机技术培训课程，包括理论课和实操训练项目。

2019 年，北京市电气工程学校电气专业接待唐山市金桥职业中专学校 23 名学生的游学活动。唐山市金桥职业中专学校是北京市电气工程学校与河北省丰润区教育局签署的校企三方教育协同发展协议确定的主要对口支援学校。同年，张家口市沽源县职教中心学生北京访学活动成为北京市教育扶贫协作与支援合作项目。北京市商业学校组织青龙县职教中心汽修专业、电子商务专业共计 85 名同学在 6 名教师的带领下到京进行短期访学，并参与 2019 技能文化节暨首届劳动文化节的相关活动，部分学生还参与京津冀电子商务技能邀请赛，汽修专业学生还到校外的祥龙博瑞一分公司进行观摩，由全国劳模、汽修大师讲解企业文化和汽车技术，提前让青龙学生们感受企业工作环境，体验企业文化，给青龙师生留下了深刻印象。北京市求实职业学校组织 2018 级迁安学籍学生赴迁安市职教中心进行为期 4 天的交流访学。

北京市黄庄职业高中学前教育专业与顺平县职教中心音乐专业学生共同展示专业技能，分别从朗诵、演唱、舞蹈、绘画等多个方面进行交流。北京市黄庄职业高中还组织顺平县职教中心学生参加社会大课堂活动，走进北京规划馆、故宫博物院，参观天安门广场、人民英雄纪念碑，参与学校运动会、企业实践和幼儿园实践。

2000 年，河北省张北县职教中心、怀安县职教中心 40 名学生（其中建档立卡贫困户学生 17 人）到北京铁路电气化学校访学 4 个月。在北京市丰台区职业教育中心学校芳古园校区，北京市教育对口支援与区域合作项目——沽源县、威县职教中心学生访学活动开班。这批学生共 52 名，专业包括中餐烹饪与营养膳食、学前教育等。北京市平谷区职业学校校长赴河北省望都县职教中心，其 32 名师生来到北京访学。河北省怀来县职教中心就业专业部遴选出 10 名汽修专业学生到北京市延庆区第一职业学校进行实践观摩学习。

2021 年，北京市丰台区职业教育中心学校继续推进面向河北学生的技术技能提升项目。遴选威县职教中心 27 名中餐烹饪专业学生和 4 名学前教育专业学生到校访学。部分访学学生通过参加国家重大政治活动志愿服务，学习行业规范要求，展现青春活力。

第六节　其他形式

学生合作培养方面除了以上 5 种主要形式外，还有设立奖学金、学生支教、学生实习和招生对接 4 种形式。

一、设立奖学金

为了鼓励学生刻苦学习，帮助经济困难学生完成学业，北京科技职业学院每年在河间市职业教育中心、邯郸市永年区职教中心选择 6 名学生进行资助和奖励，标准为 1000 元/生。

二、学生支教

北京市教育委员会、北京财贸职业学院、保定市教育局联合发起并组织实施北京高校大学生赴保定市贫困县实习支教活动。2020 年，北京财贸职业学院选派 32 名责任心强、吃苦耐劳、成绩优异、专业能力强的优秀学生和 3 名骨干教师组成实习支教团，赴保定市曲阳县、涞水县 2 所中等职业学校开展为期 35 天的实习支教活动。支教充分发挥了大学生的专业优势，拓宽了贫困地区学生的视野，提高了他们与外界交流的能力，帮助他们树立理想。

三、学生实习

2018 年，北京市房山区房山职业学校利用校外公办幼儿园实习基地的丰富资源，将固安县职教中心 155 名学前教育专业学生轮换安排进入幼儿园进行为期 1 个月的教学实习；安排固安县职教中心会计专业学生到学校实训基地实训，与本校学生共同学习交流。

2019 年，天津职业技术师范大学职业教育教师研究院院长一行到唐山工业职业技术学院考察交流。双方就职业教育科研、研究生实习等方面的合作进行了交流，并商定从 2019 年开始由唐山工业职业技术学院接收天津职业技术师范大学职业教育专业研究生实习。

四、招生对接

为期 1 个月的 2020 年河北雄安新区京津冀重点职业院校技师学院大型网络招生对接会于 2020 年 6 月启动，84 所来自京津冀地区的重点职业院校、技工院校参与，发布了 1000 多条招生信息。网络招生对接会主要服务雄安新区未升入高中的初中毕业生、未升入大学的高中毕业生及京津冀地区有招生需求的重点职业院校。这些院校开设城市轨道交通、新能源汽车检测与维修、电气自动化、计算机网络应用、工业机器人应用与维护、3D 打印技术应用、无人机应用技术等专业，针对雄安新区的建设发展进行精准招生。此次网络招生对接会以"培育技能人才、传承工匠精神、助力新区发展"为主题，由雄安新区管理委员会公共服务局主办，河北雄安人力资源服务有限公司承办，旨在以新技术助力未来之城，以新产业支撑新区发展，为雄安新区高标准建设提供有力的人才支撑。

第七章　教师队伍能力提升

教师是实施教育教学的主要力量，也是影响职业教育质量的关键要素之一。京津冀职业教育协同发展的重要内容之一就是提升教师队伍在教育教学方面的专业能力。教师队伍包括校长（干部）和教师两类人群，其能力提升主要通过 4 种途径，即师资培训、跟岗研修、挂职锻炼、支教。此外，还有 6 种较少采用的能力提升途径。

第一节　师资培训

2014—2023 年，有关部门和学校实施了大量的职业院校师资培训。有针对校长开展的培训，也有针对教师的培训，还有同时面向校长、中层干部、教师和企业人员的混合式培训。这些培训在一定程度上开阔了参训人员的视野，让其感受了新的思维方法，对职业教育管理和发展有了新的认识。

一、校长培训

（一）校长"领导力内涵建设"高级研修班

2017 年 9 月和 2018 年 10 月，北京市教育委员会联合天津市教育委员会、河北省教育厅分别在河北省张家口市和河北省保定市雄县，各举办 1 期京津冀职业院校校长"领导力内涵建设"高级研修班。该研修班是响应京津冀协同发展战略对职业教育提出的新要求，应时举办的职业教育管理人才高端培训项目，旨在通过跨界交流提升职业院校领导大局意识和改革创新意识。两期研修班均由联想职业教育集团具体承办。来自京津冀三地，包括部分国家示范性高等职业院校、中等职业教育改革发展示范校在内的81所职业院校共97名校领导参加此次培训。北京市教育委员会、河北省教育厅、张家口市教育局、联想职业教育集团有关负责人出席开班仪式。在两次为期均为3天的培训过程中，三地职业院校领导学习现代管理理论、借鉴先进企业的经营理念、加强课堂实际体验和课下交流互动，有效提高了自身的创新思维和管理水平。参训的校领导普遍反映培训组织严密、内容充实、方式新颖、效果扎实。培训期间，研修班专门组织校领导参观了张家口市职教中心。

（二）高等职业学校实施的校长培训

2018年，北京信息职业技术学院举办河北省职业院校信息化发展校长培训班，25所河北省高等职业学校的校长、副校长、教务主任和信息中心主任参加；受河北省教育厅委托，组织开展河北省中等职业学校校长领导力培训班，35名校长参加此次培训。

2023年，北京电子科技职业学院与北京师范大学、国家教育行政学院、北京青年政治学院等合作，开展河北省高等职业学校名校长研修班现场教学、河北省职业院校教师素质提高计划国培项目、天津电子信息职业技术学院中层干部能力提升专题培训班现场教学和职业教育移动应用开发资源库项目等活动。专项培训提升了参训人员在职业教育理念、"三教"改革实施、校企合作深化、信息化建设管理和运用等方面的能力和水平。

（三）中等职业学校实施的校长培训

2017年，按照北京市教育委员会的部署，北京铁路电气化学校承接张家口市贫困地区中等职业学校校长培训班项目，45名来自张家口地区的校长和中层干部参加首期校长培训班，在教育部和北京市专家的指导下进行学习、考察、交流。

二、教师培训

从实践来看，对作为教育教学的主要实施者——教师——开展的培训活动，无论是在数量上还是专业深度上都要远远超过对校长的培训。据笔者监测，每年教师培训都达到数十次。从组织者的角度来看，这些培训大体可以分为 3 类，即教育行政部门委托科教研机构组织开展的教师培训、教育行政部门委托职业学校组织开展的教师培训和职业学校自行组织开展的教师培训。

（一）教育行政部门委托科教研机构组织开展的教师培训

北京市职业院校教师信息化教学培训会邀请河北省和天津市教师参加。为提高教师队伍的信息化教学能力，2018 年 5 月和 6 月，北京教育科学研究院职业教育研究所在北京分别举行了北京市中等职业学校教师信息化教学培训会和北京市高等职业学校教师信息化教学培训会。两次培训均邀请了河北省中等职业学校和高等职业学校教师参加，分别到会 117 人和 42 人。参会学习交流的教师普遍反映收获很大，河北省职业院校教师教学能力和参加全国职业院校技能大赛教学能力比赛成绩均有了明显提升。

（二）教育行政部门委托职业学校组织开展的教师培训

2017 年，按照北京市教育委员会的部署，北京铁路电气化学校承接张家口市贫困地区中等职业学校名师培训班项目，150 名骨干教师参加培训。同年，21 所中等职业学校的 101 名专业带头人和骨干教师参加在天津市职业大学举行的石家庄市中等职业学校专业带头人、骨干教师培训班。

2020 年，受北京市教育委员会委托，北京青年政治学院举办两期职业院校教师师德师风培训班，来自京津冀多所高等职业学校和 80 家学前职业教育集团成员单位的 1000 多名教师参加培训。

2021 年，北京电子科技职业学院举办河北省骨干教师培训班（46 人、164 课时）和河北省高等职业学校三全育人创新能力培训班（120 人、40 课时）。

(三) 职业学校自行组织开展的教师培训

1. 高等职业学校对中高职学校教师实施的培训

2015 年，天津市职业大学教授到渤海理工职业学院为教师队伍作了"高职课程建设与实施"的专题讲座，到唐山工业职业技术学院作了信息化教学讲座。北京信息职业技术学院为河北省怀来县职教中心开展教师信息化教学设计专题讲座，并应承德技师学院要求接收该校 4 名电子信息工程技术专业教师，对其开展了为期半年的专业培训。河北能源职业技术学院派出 2 批专业教师到北京交通职业技术学院进行专业课程学习培训、交流。

2016 年，首期京津冀创新创业导师训练营在北京财贸职业学院举行，来自京津冀三地近 30 所中高职院校的 60 余名师生参加了训练营的学习。

2019 年，北京劳动保障职业学院承接天津城市职业学院"老年健康服务"等一批老年健康产业培训项目，参加人数达 500 人次。北京经济管理职业学院与合作单位联合承接职业院校教师国家级培训工作。30 名河北省职业院校教师接受了为期 3 周的面授培训以及返岗后一周的网络研修。德国专家奥尔曼先生应邀到衡水职业技术学院访问讲学。奥尔曼自 2011 年起担任天津中德应用技术大学汽车专业特聘教授。这也是该校与天津中德应用技术大学"结对子"的成果之一。

2020 年，作为双高专业群产教融合教师创新团队建设的任务之一，北京劳动保障职业学院养老领域国家级教学创新团队教师能力提升系列讲座——名师讲坛第一讲开讲。来自北京社会管理职业学院、唐山工业职业技术学院、河北女子职业技术学院等院校的教师共 32 人参加。

北京信息职业技术学院利用教指委教师信息化能力提升培训平台，推出 10 门信息化教学能力提升精品课程，包括京津冀在内的 4 万余名职业院校教师报名参加培训，促进了全国职业教育教学信息化发展。

2021 年，北京交通运输职业学院组织来自威县、怀来县的 10 名职业学校教师参加了为期 5 天的汽车类教师教学能力提升线上培训，提升了骨干教师特别是技能大赛指导教师的教学能力。张家口市职教中心、涞源县职教中心、天津市中华职业中等专业学校的 6 名教师参加北京市外事学校举办的调酒师资培训班，完成 24 学时培训任务，取得合格证书。

2022 年，北京电子科技职业学院派代表参加在河北化工医药职业技术学院举行的生物化工领域国家级教师教学创新团队能力三期提升班。此次培训分为课程建设与专业群建设、职业本科与课程思政两大模块，内容涵盖名师课堂、现场研讨、技能操作和企业实践。

2023 年，北京卫生职业学院组织医学技术系教师参加由唐山职业技术学院主办、面向京津冀地区院校口腔医学技术专任教师开展的数字化口腔教学应用系列专题培训，该校专业教师还受邀作讲座，在培训院校中引发积极反响。北京交通职业技术学院与河北能源职业技术学院联合针对行车设备、模拟驾驶、售检票设备实训教学开展师资培训，促进了两校教师的交流合作，提升了教师的教学能力。

2. 中等职业学校对中等职业学校教师实施的培训

2014 年，应唐山劳动技师学院的要求，北京市工贸技师学院为其开办数控师资培训班，8 名教师参加。培训历时 3 周，前两周在北京市工贸技师学院进行，第三周在唐山劳动技师学院进行。

2015 年，张家口市职教中心西餐专业教师到北京市劲松职业高中接受技能培训。黄庄职业高中对河北省曲阳雕刻学校美术绘画专业、学前教育班开展师资培训、专业教学交流和学生专技特训。北京铁路电气化学校培训张家口市煤矿机械制造高级技工学校轨道交通专业教师。

2017 年，北京市丰台区职业教育中心学校与河北省石家庄职业财会学校、曲阳县职教中心等签订"师带徒"合作协议，举行拜师仪式，加强在教育、教学、科研、技能比赛等方面的指导与交流，在"师带徒"的过程中共同成长。

2018 年，北京市财会学校两赴张北县职教中心，通过讲座、座谈会等形式进行交流。张北县职教中心 30 余名教师在 2 名北京教师的课堂进行了非遗文化课程综合实践活动课"毛猴制作"的体验活动。支教教师讲授"资产负债表的编写"公开课，为全校教师开展"构建核心素养导向的学习型课堂"主题培训活动，与张北县职教中心升学部、春考部任课教师共同开展"核心素养教学"教学实践研讨活动。北京市实美职业学校为雄县职教中心教师开办醴陵彩陶绘制实训。北京市电气工程学校校长带领对外交流中心负责人到唐山市丰润区金桥职业中专学校开展"如何在中等职业学校开展德育工作"和"古诗文大赛"培训活动。

2019 年，北京铁路电气化学校对张家口市中等职业学校优秀青年教师开展培训工作。学校以参与国家标准制定的专家为核心人员组建培训团队，采取专题报告、课堂诊断与示范、职业教育行动工作坊研究等方式开展培训。北京市电气工程学校为京津冀联盟校开展教师培训 50 余人次，对河北省唐县职业教育中心、河北省曹妃甸区职业教育中心、唐山市第一职业中等专业学校以及唐山市丰润区金桥职业中专学校的 14 名骨干班主任开展班主任基本功培训。北京市丰台区职业教育中心学校对涞源县职教中心30 名班主任进行为期 5 天的培训。北京市平谷区职业学校选派计算机专业组长和北京市紫金杯班主任获得者，分别对望都县职教中心任课教师和班主任进行了题为《遇见更好的课堂——微课设计与制作》和《做智慧型班主任，享快乐幸福的教育人生》的专题培训。北京市密云区职业学校全年接待 7 名河北省专业教师来校进行专业技能提升训练。北京市商业学校还与北京祥龙博瑞汽车集团联手，组织了 3 期共 23 天的企业实践培训，青龙县职教中心的 8 名专业教师全程参与。北京市昌平职业学校 27 名新聘教师到尚义县职教中心参加为期 2 天的岗前培训活动。涞源县职教中心 4 人走进北京市外事学校学习了为期 1 周的中餐热菜及调酒课程，通过实际动手、体验和课堂观摩，与名师名厨面对面交流，听取经验介绍，观看讲解示范，加深了对烹饪、调酒的了解和热爱。

2022 年，北京市丰台区职业教育中心学校以线上方式举办教师教学能力素养提升培训讲座，威县职教中心和沽源县职教中心的教学主管干部、专业负责人、骨干教师共 15 人参加了此次讲座。

2023 年，北京市电气工程学校智能环保专业组组长对唐山市第一职业中等专业学校教师进行针对性指导，保障其完成河北省职业院校技能大赛执裁任务。

3. 中等职业学校对高等职业学校教师实施的培训

2017 年，为进一步提高城市轨道交通专业教师执教水平，河北交通职业技术学院选派轨道交通系城市轨道交通运营管理、车辆和通信信号 3 个专业的 15 名教师赴北京地铁技术学校，接受了为期 14 天的专业师资培训（包括理论培训和顶岗实践），为城市轨道交通相关专业人才培养方案修订和专业教学改革奠定了基础。

4. 职业学校面向职业技能培训机构教职工举办的培训

2022 年，在北京市人力资源和社会保障局组织下，北京市新媒体技师学院承办了京冀地区职业技能培训机构教师线上教学能力提升培训班，来自京冀地区民办职业技能培训机构的 1300 余名教职工参加了免费培训。

5. 本科高校举办的教师培训

2018 年，京津冀高校思政课教师实践教学能力提升培训会在天津科技大学举行，来自包括廊坊职业技术学院在内的京津冀高校的百余名思政课专家、教师齐聚一堂，就"思政课教师实践教学能力提升"议题进行了研讨，天津市职业大学马克思主义学院代表分享了思政课教学的成功经验和体会。本次培训会由天津市教育委员会德育处、天津科技大学马克思主义学院和天津市高校思政课"教学改革创新示范团队项目"团队主办。

（四）研究会、学会、企业等组织开展的教师培训

2016 年，京津冀地区院校现代学徒制项目申报、建设、实施与成果展示系列培训高级研修班首期峰会在北京举行。会议由中国高等教育发展研究会主办。研修内容主要侧重对现代学徒制试点工作的主体思路解读；探究专业定位、课程开发、组织实施与考核评价各环节的设计；提出对管理和师资建设的建议；结合试点学校的案例说明项目申报、建设及中期检查的经验及建设中遇到的难点、重点与关键点。同年，天津中德应用技术大学、天津交通职业学院、邢台职业技术学院教师参加"云控"新能源汽车技术及专业建设第一期培训班。本次培训班为期 6 天，由现代职业教育网培训频道、天津职业技术师范大学汽车职业教育研究所和 3 家公司共同主办。

2017 年，唐山科技职业技术学院机电工程系 5 名教师参加了全国职业院校无人机应用技术专业骨干教师高级研修班。此次学习旨在快速完善无

人机专业课程体系与教学大纲，细化课程方案，增强师资无人机专业教学能力。此次研修班为期 15 天，分为两个阶段：第一阶段为教学师资培训，由中国航空器拥有者及驾驶员协会（AOPA）无人机管理办公室主任主讲《无人机监管政策与现状》，由中国民航大学航模队指导教师分享《无人机社团建设经验》，由天津现代职业技术学院教师分享《无人机专业建设经验》；第二阶段为无人机飞行强化培训阶段。

2019 年，北京市商业学校委托中国职业技术教育学会为青龙县职教中心专业教师开展"全国职业院校课堂教学设计与课堂有效建设及教师教学基础能力提升培训"等 5 期培训。

（五）职业院校和企业联合主办的教师培训

2018 年，由河北省高职高专院校思想政治理论课建设联盟、石家庄职业技术学院、人民网公开课频道联合主办的首届京津冀职业院校思想政治理论课数字化教学培训会在石家庄举行，来自京津冀地区的 32 所职业院校的党委书记、思政课程教学部门负责人、一线骨干教师近百人参加了此次培训会，共同探讨如何建设数字化思想政治理论课，提升思政教师综合教学水平。

三、职业院校干部和教师及企业人员共同参与的混合式培训

2015 年，河北机电职业技术学院举办了由学院领导、中层干部、副高以上职称人员、教研室主任、专业带头人、骨干教师和辅导员等 150 余人参加的培训班。培训期间，天津市职业大学校长等专家分别从高等职业学校优势创建、内涵建设、专业建设、课程建设、执行力建设、学生教育管理等方面作了报告。

2017 年，天津医学高等专科学校与天津市色谱研究会联合主办，3 家企业协办了为期 2 天的"HPLC 与 TDM 培训"。本次培训面向京津冀地区各级医院临床药学工作人员、研究院所质量分析人员、同类院校教师开展，来自首都医科大学附属北京地坛医院、廊坊卫生职业学院、天津市医药科学研究所、天津大学、天津医科大学、天津港口医院等 26 家企事业单

名 33 名人员参加培训。培训以"理论+实训"的方式进行,邀请一线长期从事临床药学研究的医院和研究所主任讲解和实验指导。

2021 年,受教育部教师工作司委托,北京信息职业技术学院组织职业教育创新团队建设在线培训示范班,参训学员为职业教育师资管理人员、学校领导、信息中心主任、教学团队骨干、"1+X"试点院校教师,共开设 3 期 56 门课程,京津冀近百所职业院校、3219 人次参加培训,了解了国家教师队伍建设和职业教育改革精神,理解了构建国家、省市、院校教学创新团队的工作要求。

2023 年,北京劳动保障职业学院承办京津冀养老服务人才线上培训。京津冀养老服务机构(企业)负责人、管理人员、养老护理员,以及从事智慧健康养老相关专业教学的职业院校教师和有意加入养老服务行业的人员,共计 9976 人次,参加了院长、管理人员和护理人员 3 个培训班的学习。这项工作得到了北京市民政局、天津市民政局、河北省民政厅的高度评价。同年,应河北省阜平县职教中心对提高西餐服务技能和领导干部工作礼仪素养的需求,北京市外事学校量身定制培训方案,派出骨干教师赴该校进行为期 4 天的培训。从培养职业素养、领略西餐文化、熟悉西餐用具和提升服务能力 4 个维度,全面提升师生员工的西餐服务技能水平;从仪容仪表、接待礼仪、工作用语、微信使用礼仪、交往礼仪、师生间交流礼节、重要接待礼仪等多个方面进行了示范讲解。该校师生 23 人、干部 36 人参加培训,工作形象和素质水平得到全面提升。

第二节　跟岗研修

跟岗研修在师资队伍提升的各种途径中是个性化程度、深度和有效性都较高的一种,但这种方式占用教师时间较多,特别是跨省市跟岗研修,所以相对于培训而言,跟岗研修发生的范围和频次都较少。

一、干部跟岗研修

2015 年,河北省邯郸市第六职业中学、魏县综合职教中心、邯郸县职教中心、邯郸市永年区职教中心校长到北京市信息管理学校参加影子培训、跟班学习。北京市信息管理学校还接收崇礼县职教中心干部和教师来校挂职，双方领导干部互访交流。

2019 年，河北省深州市职教中心校长、曲阳县职教中心校长、保定市第二职业中学一名副校长和涞源县职教中心一名副校长在北京市丰台区职业教育中心学校完成了 2019 年第一批"京津冀一体化"职业教育协同发展中等职业学校校长跟岗研修活动。在为期 35 天的跟岗研修中，他们通过实地考察、听取经验介绍、座谈交流、专业研讨、参与工作、听评课等多种方式，感受了北京市丰台区职业教育中心学校的办学治校实践和人才培养过程，学习了管理理念和治校经验。阳原县职教中心 1 名副校长自 2019 年 10 月至 2020 年 10 月在北京市电气工程学校挂职学习。

2020 年，北京市丰台区职业教育中心学校接待威县职教中心 10 名干部和骨干教师为期一周的北京跟岗研修活动。他们深入学前教育、烹饪艺术与管理、汽车运用与维修等专业，参与教育教学、科研等工作，在学校治理改革、专业建设领导力等方面得到有效提升，培训满意度为 100%。河北省保定市杨卫国校长工作室一行 10 人在北京教育学院高级研修中心的带领下到北京市求实职业学校进行为期 2 天的跟岗学习。经过与领导座谈交流、参观校内实训基地、作专业建设交流汇报、现场听课、参加校企深度融合主题交流研讨、走进企业等环节，工作室一行纷纷表示此行收获很大。

2021 年，按照河北省教育厅安排，曹妃甸区职教中心校长作为优秀中小学校长被安排到北京市大兴区第一职业学校跟岗研修 3 周。跟岗学习辐射日常教育、教育教学工作的各个领域，北京市大兴区第一职业学校毫无保留，倾囊相授。双方有交流、有共鸣、有探讨。北京市昌平职业学校接待沧州市第一职业中学副校长来校跟岗研修，开放所有教育教学活动。

2023 年，河北省邯郸市第六职业中学书记到北京市大兴区第一职业学校挂职跟岗。在 3 周的跟岗工作中，参观学校实训基地，参加书记校长办公会、党建活动、听评课、教研活动、课堂观摩，参与学校管理，与干部教师学生沟通交流，了解北京市中等职业学校和北京市大兴区第一职业学校的发展状况与学校管理治学方略。10 名保定市杨卫国校长工作室成员再次赴北京市求实职业学校研学一周。由唐县职教中心校长带领的保定市贫困县职业学校杨卫国校长工作室的保定市 8 个贫困县的 8 名校长，来到北京市电气工程学校跟岗学习。阳原县职教中心每年都选派干部到北京市电气工程学校交流学习。

二、教师跟岗研修研学

2018 年，易县职教中心 5 批次、共 15 名教师到北京市信息管理学校跟岗实习，涉及信息技术、媒体艺术、学前教育专业。北京市信息管理学校向易县职教中心跟岗实习教师介绍了指导大赛和参赛的经验，跟岗实习教师担任参加全国技能大赛学生的指导教师。大厂县职教中心机电专业主任到北京新城职业学校进行为期半个月的跟岗学习。

2019 年，顺平县职教中心 1 名教师在北京市黄庄职业高中跟岗学习 1 个月。望都县职教中心教务处副主任到北京市平谷区职业学校学习，参与学校所有活动。阳原县职教中心 3 名教师在北京市电气工程学校跟岗学习。

2000 年，受西城区教育委员会委托，北京市外事学校迎接了阜平县职教中心第二批挂职跟岗学习的 2 名教师，为期 38 天。蔚县职教中心 1 名主任到北京市密云区职业学校跟岗学习招生就业、学校管理、市场开发等，为期 2 个月。赤城县职教中心的 6 名干部在北京市信息管理学校进行了 8 天的跟岗研修。河北省邯郸市丛台区、保定市竞秀区、唐山市乐亭县、威县职教中心干部到北京市丰台区职业教育中心学校跟岗研修。

2023 年，北京市昌平职业学校接收唐山市第一职业中等专业学校 6 名干部和青年教师来校挂职培训、跟岗学习。根据对方专业特点和岗位需求，分别进入贯通培养部、交通运输系、信息技术系、教学教师发展中心等系室和部门，学校安排教师专门负责挂职教师的生活和学习，制定合理的日程安排，通过听课、观摩、座谈等多种方式，积极分享学校的办学理念、教学方法、科研成果等，促进了职业教育优质资源共享。按照唐山市教育局学习考察函件的要求，北京市求实职业学校培训中心牵头组织唐山市第四届职业教育名师高级研修班第二阶段北京研学，唐山市 16 所中等职业学校和 6 所高等职业学校的 41 名优秀教师对北京市求实职业学校和北京经济管理职业学院进行实地考察与交流，还聆听了"信息化大赛解析与专业教师成长"等 4 场专家学者报告。按照北京市教育委员会的统一安排，北京电子科技职业学院接待了河北宣化科技职业学院教师来校 1 周的跟岗研修。

第三节　挂职锻炼

挂职需要临时承担一段时期的管理职务。京津冀职业院校干部或教师挂职锻炼虽然参与人数和频次不多，但也是提升干部和教师管理能力的一个有效途径。其中，以河北省职业院校干部和教师到北京市职业院校挂职居多，北京市到河北省挂职较少，同时也存在少量河北省职业院校干部到天津市职业院校挂职锻炼的情况。

2015 年，22 名邯郸市中等职业学校校长在北京市相关职业院校担任"影子校长"。

2017 年，河北省邯郸理工学校 1 名专业主任和张家口市万全区职业教育中心 1 名副校长到北京市大兴区第一职业学校挂职。北京金隅科技学校安排机电系主任在赴阜平县职教中心挂职一年，从教学管理、专业建设、课堂教学、实训基地建设等方面给予一定的指导。

2018 年，张家口市教育局从全市 16 所公办中等职业学校和 2 所高等职业院校中选派 33 名中层管理干部赴 7 所省内职业院校和 6 所天津市职业学校挂职锻炼。这些中青年中层管理干部全部来自河北省"120 项目工程"排名前 20 的学校。

2019 年，北京水利水电学校以北京市水务局接收津冀地区干部挂职锻炼为契机，邀请河北水利电力学院分院院长到校挂职副校长，参加校务会议和座谈交流。河北省阳原县职教中心副校长和团委书记在北京市电气工程学校挂职锻炼。依照北京市西城区教育委员会的安排，北京市外事学校接待阜平县职教中心学校干部 1 人为期 1 个月和教师 1 人为期 18 个月的挂职锻炼，通过处理具体的事务帮助挂职干部教师提升管理、教学能力。

2020 年，来自怀来县职教中心和怀来县教科局的 3 名干部赴北京市延庆区第一职业学校挂职，他们分别在汽车工程系、社会培训部、办公室挂职 2—7 个月。北京市外事学校接待河北省阜平县职教中心 2 名骨干教师来校挂职，为其安排了听课、观摩、德育活动管理等内容。

2021 年，北京市房山职业学校接收了河北省曲阳县职教中心干部挂职跟岗。挂职干部全面参与学校教育教学及管理工作。两校约定，这名干部将继续每月到校挂职 3 天，将此项工作常态化。冀南技师学院 1 名教师在北京市大兴区第一职业学校挂职专业主任。

第四节　支　　教

2018 年，北京市西城区教育委员会制定《北京西城区教育委员会与张北县对口帮扶项目实施计划（2018 年）》，决定在中等职业学校对接合作、"手拉手"学校帮扶、人才支持 3 方面加强双方教育交流合作。北京市实美职业学校学前教育专业带头人受北京西城区教育委员会和学校选派到张北县支教，讲授"幼儿心理学"课程，并开设了班主任系列培训讲座，毫无保留地将教育教学经验和方法以及办学理念传递到张北县，圆满地完成了支教任务，受到当地学校的好评。随后，北京市实美职业学校又派出第二批支教的干部教师分别前往张北县和阜平县，各支教 1 个月。

自 2018 年起，北京市丰台区职业教育中心学校连续 3 年派出优秀专业教师前往涞源县职教中心开展短期支教，这是学校落实《丰台区教育委员会 保定市涞源县教育局关于教育对口支援帮扶协议书》要求，提升对口帮扶兄弟院校育人质量提升和内涵式发展的重要举措。2020 年，学前教育专业数学教师在涞源县职教中心短期支教 30 天，负责汽修专业高一（1）班和机电专业高一（2）班共计 112 名学生的数学教学工作，充分发挥"传、帮、带"作用，在听评课、教研活动、与校领导座谈中给予诸多恳切建议，分享了自己宝贵的教育教学经验。

2019 年，6 所北京市中等职业学校分别派出教师前往河北省一些中等职业学校支教，在从 1 个月到 1 年不等的时间内，承担教育教学任务，传递经验。北京市外事学校派出 3 名干部教师参加支教工作，各为期 1 个月。

除开展日常教学、管理外，支教人员协助对方开展课堂教学指导和教科研活动、打造精品课、完成全校示范课、示范引领教学法改革、举办讲座等。根据海淀区教育委员会援冀教师（干部）选派工作安排，北京市信息管理学校选出 5 名优秀教师赴赤城县职教中心，开展为期 7 周的教育援助工作。北京市平谷区职业学校派出 2 名专业骨干教师到望都县职教中心支教，担任一些教学工作，分别支教 1 个学期和 1 个月。北京市电气工程学校派出 1 名教师在唐县职教中心学校支教。北京市黄庄职业高中 3 名教师赴顺平县职教中心支教 1 个月，副校长带队一行 7 人赴顺平职教中心支教讲学 3 天。北京市财会学校派出干部和教师到张北县职教中心，开展管理协同创新、文化协同创新、学习协同创新、资源协同创新、活动协同创新。张北教育帮扶案例《教育帮扶是实现教育均衡发展的长久之计——"北财经验"为教育帮扶协作带来源头活水》入选北京市扶贫支援《帮扶案例集》优秀案例，代表北京市接受国家检查。

2020 年，北京市西城职业学校派出教师赴河北省张北县开展为期 2 年的支教工作。北京市求实职业学校连续第三年向唐县职教中心派出专业团队支教，协助进行专业建设。北京市外事学校 2 名骨干教师参加河北省支教任务，累计时间分别为 4 个月和 7 个月。北京市丰台区职业教育中心学校派出 1 名教师前往涞源县职教中心短期支教，承担机电等专业的数学教学。同时，积极参与该校教研活动，从专业建设、人才培养、课程改革、教材建设等方面提出诸多合理化建议，获得该校领导、教师、学生一致好评。北京市平谷区职业学校派遣 1 名教师赴河北省望都县职教中心支教 13 个月。

2021 年，4 所北京市中等职业学校派出教师赴河北省职业学校支教。北京市平谷区职业学校派出机电专业教研组长到望都县职教中心担任 2020 级汽修专业课教学工作。支教期间，该教师精心备课、上课，参加教学研讨，分享教学理念，指导汽修专业和机电专业进行理实一体化和项目教学法的实践应用，组织专业教师开展集体备课，指导教师微课制作，还多次举行公开课活动，受到了望都县职教中心教师的认可。北京市外事学校派出 1 名区骨干教师赴河北省阜平县职教中心完成持续 6 个月的支教工作，完成听课、评课、教科研指导，并接受河北保定电视台和北京现代教育报等媒体的采访。北京市财会学校 1 名教师主动申请到阜平县职教中心支教，通过听评课指导教师提高教学设计和课堂实践能力，和团队一起帮扶青年教师进行课题研究，作专题讲座分享参赛经验，承担教学能力比赛评委工作。北京市房山区第二职业高中汽车专业 1 名教师支教涞水县职教中心，每周讲授 13 节课。

第五节　其他形式

此外，教师队伍能力提升还有听课观摩、送教、共同参加教学能力比赛、设立名师工作室、访学、分享参加会议和学习机会 6 种形式。

一、听课观摩

2018 年，雄县职教中心选派 7 名美术专任教师到北京市实美职业学校听课观摩，更新了美术课程理念，提高了教案设计和课堂教学水平。廊坊职业技术学院文化传媒与服务系教务科负责人带领思政教研室 7 名教师，参加了天津市职业大学习近平新时代中国特色社会主义思想名师示范课堂展示暨天津市高校思想政治理论课名师工作室——王丽华工作室启动仪式，观摩了示范课展示活动。

2020 年，河北省威县职教中心、怀来县职教中心、阜平县职教中心以及集团内"3+2"学校等 17 所职业院校的 66 名教师参加了北京交通运输职业学院线上观摩课学习。

2021 年，北京市爱莲舞蹈学校邀请以河北、天津两省市为主的中小学艺术特长生师资和艺术培训机构及少年宫等艺术教师参加"陈爱莲中国舞教法"观摩和示范课活动，引起了强烈反响。

二、送　　教

2018 年，北京市怀柔区职业学校派教师为河北省丰宁县职教中心带去了 3 节高质量的观摩课，充分发挥优秀教师的示范引领作用，提升了两校教师队伍建设水平。

2019 年，北京国际职业教育学校一行 6 人前往张家口市崇礼区职教中心送教。此次活动共进行了三次讲座：《聚焦课堂质量、提升育人品质》《不忘初心，立德树人，做新时代四有好老师》《职业教师礼仪》。

2020 年，河北省兴隆县职业技术学校学前教育专业教学副主任到天津市北辰区中等职业技术学校，给学前教育专业一、二年级学生上了一堂《幼儿园语言活动设计》示范课后，又给学前教育专业所有教师作了一场题为《提质培优 以质图强》的讲座。

北京市信息管理学校坚持每年送教到对口帮扶学校——赤城职教中心。2021 年，该校现代服务系接到承担"京冀对口帮扶赤城县扶贫就业技能培训"项目的援教任务，教师们冒着暑热高温前后 3 批赴赤城县，培训课程从团建活动入手，学员们从最初观望到渐渐热情高涨。在职业礼仪、餐厅服务、客房服务和前厅服务 4 个模块的实训中，学员快速掌握了中餐宴会摆台和客房做床基本技能；在导游素质、中国传统文化、中国人文及自然旅游资源课程模块中，师生互动交流热烈，学生纷纷结合学习内容上台展示自己对家乡资源的热爱；在旅游营销和线路设计课程中，"一句话推广赤城"得到了学员的积极响应，呈现出来的学习成果令培训老师赞叹不已。学员们纷纷表示培训课程设计专业、系统、接地气，培训方法灵活有趣，培训教师倾囊相授令人感动。

三、共同参加教学能力比赛

2019 年，北京金隅科技学校组织了与河北省职业院校的教师教学能力比赛与交流活动。河北省雄县职教中心、邯郸市职教中心、邯郸建工学校、涿州市职教中心和北京金隅科技学校共 100 名教师参赛。雄县职教中心还有 5 名教师观摩了比赛。

四、设立名师工作室

2019 年，北京市电气工程学校在阳原县职教中心建立特级教师赵继红工作室，在唐县职教中心建立北京市职业教育名师张燕工作室。

根据在唐山市第一职业中等专业学校成立的以北京市劲松职业高中名师郑革命名的大师工作室的发展需要，北京市劲松职业高中在数字资源、专家指导等方面提供支持，开展学生工学交替、企业专家特色讲座、分享职场经验等工作。

五、访　　学

2019年5月，天津市北辰区中等职业技术学校学访团队到望都县职教中心进行访学交流，6月到怀安县职教中心进行学访交流，8月赴承德市兴隆县职教中心访学交流，分别召开天津春季高考信息交流研讨会。10月，河北省兴隆县职教中心一行12人组成的提升团赴天津市北辰区中等职业技术学校访学交流。此次交流共计涉及两个学科——语文和春考综合学科。学习和交流主要包括不分年级跟班听课、批改作业、登台讲课、总结交流等环节。同月，兴隆县职教中心"满分团"一行12人又来到天津市北辰区中等职业技术学校，开展为期4天的交流与访学。此次活动涉及英语、数学、计算机3门学科。两校同学科教师积极交流与沟通，对接教学思路与教学方法，针对考纲、考点、学生、教材进行深入研究与探讨，对于教学进度、月考思路、学情等方面开展深入解析。通过听课、讲课、评课、总结交流等方式统一思路、明确方向，双方共同努力，提高了两校整体教育教学成绩。

2021年，廊坊燕京职业技术学院财经系选派会计、物流、航服、营销教研室及学工负责人等5名教职工赴北京财贸职业学院访学4天。通过安排相同或相近专业教师结对互助，以跟课研修、参观考察、主题访谈等方式，重点就高水平专业群、人才培养方案、课程体系、师资队伍、实践教学体系、课程思政等方面建设内容进行对接学习，促进了专业建设和校校合作。

六、分享参加会议和学习机会

河北省张家口市沽源县教体局局长、河北省部分县域职业院校领导出席了北京市教育学会2020年学术年会职业技术教育研究会分论坛暨北京市教育学会职业技术教育研究会年会。河北省容城县职教中心等京冀多所职业学校的 230 余名领导教师线上参加了北京市教育学会 2022 年学术年会职业教育专业委员会分论坛暨北京市教育学会职业教育专业委员会年会。

2022 年，为做好历史新教材使用准备，北京市职业技术教育学会历史教学工作委员会特邀北京 101 中学历史特级教师、历史教研组组长为北京市中等职业学校历史教师进行题为《历史课堂教学问题设计与解决策略》的线上专题讲座，北京市、河北省邢台市、山东省烟台市的同仁近百人参与此次活动，反响热烈。

2023 年，北京市延庆区第一职业学校组织河北省合作校干部教师网上参加"北京市教育学会'十四五'教育科研课题中期研究与结题工作专题培训会"、北京教育科学研究院职业教育所"2023 年北京职业院校课程思政试点研究与标杆成果汇报展示"、教育部教师工作司组织开展的职业院校优秀教师代表 2023 年全国巡回宣讲会等活动，共享资源，还选派优秀教师到怀来县职教中心送教讲学 1 次，组织优秀班主任工作经验交流 1 次。北京市劲松职业高中邀请唐山市第一职业中等专业学校参加朝阳区职业教育高端论坛、观摩北京市中等职业学校烹饪专业技术技能比赛等。

第八章 社会服务

社会服务是职业院校的一项重要功能。京津冀部分职业院校通过开展面向区域城乡干部、农民、行业企业事业单位人员和退役军人的社会培训，通过编制社会建设、产业发展、职业教育发展规划，通过研制技术标准、行业帮扶和产品开发等，为京津冀经济社会发展作出了智力贡献。

第一节 社会培训

一、城乡干部培训

2018 年，通州大厂"服务副中心 全民大培训启动仪式"在北京新城职业学校举行。全民大培训是以促进全民就业、增加居民收入为目的，瞄准副中心就业市场，面向全体城乡居民和党员干部开展的全面服务技能大提升、公共机构服务能力大提升、全民文明素质大提升等系列培训活动。在此背景下，北京新城职业学校承办了大厂县新一届农村（社区）党支部书记示范培训班，对 105 名支部书记开展了为期 3 天的培训。

2019 年，北京社会管理职业学院与河北雄安新区管理委员会公共服务局签署《关于推动雄安新区社会管理与社会服务人才队伍建设合作备忘录》，对未来 3 年的培训工作合作作出具体规划。按照上述备忘录要求，北京社会管理职业学院用自有资金主动安排举办 2019 年第一期雄安新区民政干部能力提升专项培训班（学习党的十九届四中全会精神专题培训班），来自雄安新区管理委员会公共服务局及县、乡民政部门的66名干部参加培训。又与河北省廊坊市民政局联合举办了两期廊坊市安置干部工作能力提升培训班。参训人员覆盖廊坊市民政局安置科、退役军人管理服务中心全体干部，各县（市、区）民政局主管副局长、安置科全体干部，部分乡镇、街道民政干部，共计88人。同年，北京市昌平职业学校完成尚义县25名党政干部来京培训。本次培训由北京市昌平区发展和改革委员会主办、北京市昌平职业学校承办，昌平区扶贫协作和支援合作地区尚义县的学员参加了为期5天的培训。本次培训课程主要包括扶贫政策解读、乡村食品开发、餐饮行业大数据分析及质量管理、电子商务营销等内容。学校还安排学员深入到学校帮扶对象——昌平区十三陵镇康陵村——进行民俗旅游业态考察，实地调研该村产业发展情况。北京市昌平职业学校依据当地产业特点和区域发展特色设计了扶贫政策解读、电子商务销售等培训课程，安排优秀教师授课，并设培训班主任全程陪同，给予学员们在京学习生活上的关心与帮助，帮助他们顺利完成培训任务。

2023年，北京社会管理职业学院依托民政部培训中心、中国民政人才网络学院在线学习平台举行京津冀地区干部培训和职业技能培训。其中，石家庄地区社会工作者专项培训1943人次，人均45学时；围绕文化理念、消毒消杀、殡仪服务、防腐整容、遗体火化、公墓管理等主题支持天津市开展殡葬机构工作人员培训，提升职业能力。应固安县财政局邀请，北京经济管理职业学院数字财金学院派出北京市教学名师为固安县财政局2023年度行政事业单位会计人员业务知识培训班近300人授课，主要进行《中华人民共和国会计法》《会计基础工作规范》《政府会计准则》《财政违法行为处罚处分条例》专业培训，学员反馈培训效果良好。

二、涉农培训

（一）北京市农业广播电视学校面向津冀两地持续开展涉农培训

北京农业职业学院下属的北京市农业广播电视学校（以下简称北京农广校）充分发挥平台优势，携手津冀两地农广校建立联席会议制度，通过信息互通和定期情况通报，就协同推进农业、农民教育培训重大事宜进行协商交流，提出推进合作的指导意见，及时研究合作中遇到的具体问题并做出决策，促进各协作项目的落实。2020 年，三地农广校先后签订《京津冀农广校协同协作发展框架协议》《京津冀农广校农民培训基地资源共享协议》《京津冀"在线学习平台"资源共享合作框架协议》，形成"共享共赢"的长效协作机制。主要开展了以下 5 个方面的工作：

一是师资共享。共同建立京津冀农业职业教育师资库，超过 400 人进入师资库，在三地间交流授课，实现师资互动。每年的师资培训为三地农广校提供一定数量的培训名额，培训超过 200 人，为教师创造共同学习、探究、交流的机会，从而加快农业教育培训师资队伍的知识更新，促进三地农业教师共同成长。

二是教学基地共享。三地农广校将各自不同类型、不同模式的现场教学基地相关信息发布到京津冀农广协作平台，供各地各级农广校开展农民教育现场教学选用。当地农广校提供必要的培训协助，已确定北京实训基地和田间学校 75 所，河北和天津实训基地 63 所。

三是线上教学资源共享。三地农广校将各自具有的中等职业教育、高等职业教育线上教学资源系统互相开放，推动线上教学活动的开展，目前线上教学资源超过 70 个。通过共享，实现了教学形式多样化，提升了教学质量。2020 年，北京农广校与昌平分校联合河北省张家口市农广校启动京津冀高素质农民培训交流项目，开启"空中课堂"培训模式，与河北省张家口市及尚义县、阳原县的合作社社长、技术骨干、重点培养的农民 193 人组建微信群，以特色农业、林下经济套种技术等内容为重点，完成培训数十节课，超过 5000 人次上课。同时共享共用三地现有的培训教材，共同开发编写培训教材，提供适合农民培训的特色教材。

四是联合开展新型"三农"人才培养。根据三地农业农村人才（含基层农技人员、农村实用人才、高素质农民等）知识更新培训项目安排，利用京津冀各自的优质资源，探索在培养领域合作共建、资源共享、培训方式融合、培训内容共议、培训结果互认等方面建立机制，提高其业务水平和为农民服务的能力。"十三五"期间，三地农广校联合培养京津冀农民培训累计 70 余期，培训学员 16000 余人次。

五是加强京津冀农广系统交流。鼓励京津冀各地市、区县之间的合作，开展农业职业教育、高素质农民培育等工作的对接交流活动，促进京津冀农业农民培训教育全方位、多层次协作。其中，北京市昌平农广校与天津市津南区农广校等合作组织新型职业农民经营主体带头人、帮扶单位致富带头人培训；与河北省尚义县农广校等联合开展职业农民及实用人才培养调研、职业农民培训等51期，培训8000余人次。怀柔农广校与河北省丰宁县农广校等开展京津冀农民培训共20期，培训学员8500多人次。

2021年，北京农广校继续开展京津冀三地农民培训。一是三地农广校共同组织师资培训，提高三地农广校系统教师政策理论水平。二是组织三地农民交流。带领昌平分校做好农民中等职业教育教学改革，采取素质培训与农业生产技能计划并行的模式，组织昌平区家庭农场经营者、合作社理事长、休闲农场主、农业观光园负责人等高素质农民近30人到河北省承德市滦平县绿康源果蔬专业合作社家庭农场开展"党建引领，素质培训+经营管理实践教学"活动。三是截至当年11月底，为京津冀951名学员开设"空中课堂"47次，内容涉及设施蔬菜管理技术等，学员利用手机"新农具"随时随地学习新技术和文化知识。四是建立138个共享实训基地，进一步实现三地农广校体系基地资源共享。五是三地农广校共建426人的培训师资库，其中包含北京农业职业学院及京津冀农广校专业教师、实训基地及田间学校负责人、各地区农业领域专家学者，拓宽了农民教育培训师资范围，提升了教育教学水平。

（二）北京农业职业学院推进京津冀农民培育协同发展工程

2023年，北京农业职业学院推进京津冀农民培育协同发展工程。一是组织京津冀三地农广校召开京津冀农广校协同培育高素质农民工作研讨会。二是发起京津冀三地"百名乡土专家"评选，挖掘出133名扎根基层的"土专家、田秀才"，并组织编写《京津冀百名乡土专家教师风采录》。三是组织开展天津农广校和承德农广校师资培训100人次。四是输送乡土专家师资队伍对天津青年农场主和河北正定、围场、丰宁、兴隆、怀来、滦平、涿鹿、张北等地高素质农民进行家庭农场运营、合作社发展、民宿管理、电子商务平台、果树嫁接、林下经济等方面的培训近4000人次。

三、行业企业事业单位人员培训

2017 年，北京戏曲艺术职业学院承办由北京市京剧昆曲振兴协会倡议、北京文化艺术基金资助的人才培养项目——京津冀地区武功武戏表演人才培训班，对京津冀地区 15 家单位选送的 144 名戏曲武功武戏人员进行专业的集中培训。该培训班推动了京津冀地区戏曲院团武功武戏人才的培养，促进了同行间的相互学习交流，加强了京津冀地区武功武戏队伍的专业化建设。北京市昌平职业学校响应昌平区政府号召，与巨鹿县形成对口帮扶项目，承接了为期 10 天的巨鹿县旅游局领导力内涵提升培训班，不仅使当地旅游局 29 名管理干部了解到全域旅游的先进概念、行业管理方法和服务标准，更是结合巨鹿县城乡实际情况改变了他们对当地旅游业的认识，还直接提升了当地 2017 年红杏旅游节的组织水平。

2018 年，首钢工学院组织实施了天津荣程联合钢铁集团有限公司班组长培训，培训 280 人，共计 8400 多学时；科级、工段长培训 170 人，共 5280 学时。通过远程教育平台对首钢股份公司迁安钢铁公司开展初、中、高级工培训 33185 学时。对秦皇岛首秦金属材料有限公司开展炼铁、炼钢、轧钢技师、高级技师培训 12600 学时。对首钢京唐钢铁联合有限责任公司（曹妃甸）开展初、中、高级工培训 462 人次，技师培训 130 人次，高技能人才继续教育（网络）1152 人。2023 年，又选派专家赴河北省唐山市、秦皇岛市等地协助京津冀地区首钢企业举办高端研修类培训项目 3 个（首钢技能操作专家研修、首钢高技能人才创新能力研修、职工创新工作室研修），培训学员 95 人；举办技能高潜开发类培训项目（首钢工匠人才创新能力提升研修），培训学员 31 人；举办首钢工匠大讲堂、职业资格取证培训、班组长素质能力提升等技能提升类培训项目 13 个，培训学员 4335 人；继续推进高技能人才继续教育培训，培训学员 1237 人。

2019 年，北京卫生职业学院开展威县贫困乡镇卫生院护理与医疗技术人员培训项目，学员选送单位是河北省威县卫计委。北京卫生职业学院选派护理、检验教师赴河北省威县开展为期 6 天的培训。北京市黄庄职业高中 3 名教师应顺平县职教中心邀请利用双休日赴顺平对顺平县幼儿园教师进行手工技能培训。北京经济管理职业学院受北京市国资委、天津市国资委、河北省国资委的委托，承办京津冀协同发展专题培训班，培训京津冀三地市（省）属国有一级企业分管投融资管理工作的负责人共计约 60 人。雄县增民职业培训学校联合天津市职业大学、河北省航天信息职业培训学校在天津市职业大学雄县培训中心共同开展国际财务管理公益培训，以"企业原罪梳理及应对方案"为主题，为来自雄安新区、白沟等地的 130 余人开展培训，受到学员广泛好评。来自雄安新区的 156 名企事业员工、在校大学生参加了由北京市人力资源和社会保障局和雄安新区公共服务局联合主办的"人工智能+移动机器人"讲座培训，本次系列讲座由北京市工贸技师学院联合中关村创新研修学院共同承办，为期两天。

2000 年，北京农业职业学院对河北省秦皇岛市青龙县食品检测技术人员开展业务培训，参加培训学员 16 人。北京电子科技职业学院拥有轻工行业特有工种职业技能鉴定站（北京站）和北方唯一的钢琴调律师鉴定站，自 2002 年开展钢琴调律师职业资格培训及鉴定，在华北地区具有较高知名度和影响力。截至 2020 年，完成 38 期培训，吸引了来自河北、天津、内蒙古、福建等地的钢琴调律从业人员参加培训和鉴定，促进了钢琴调律从业人员专业化。

2021 年，应河北省阜平县政府提升红色教育基地场馆解说员业务能力、提高会议接待服务水平的要求，北京市外事学校派出特级教师、市区骨干教师赴阜平县开展定制培训，还在培训现场结合当地政府新的需求，进行展览馆讲解、宴会服务培训，当地 200 余人参训。北京劳动保障职业学院举办了为期 3 天的京津冀地区养老机构管理者（院长）能力提升高级研修班。福利院、养老院、照料中心、大型养老社区以及家居护理服务养老机构的 50 名高级管理人员参加。内容包括养老机构品牌营销、优化老年心理教育与社会心理服务等。完成规定的课程内容后，每人还提交了 3000 字左右的学术论文或经验交流材料。研修班结束后，学员普遍反映对工作有很大的启发和指导意义。

2023 年，北京交通运输职业学院启动内河船员培训业务。按照京津冀三地四局互认的内河船舶驾驶岗（三类）培训要求，随着此次内河船舶驾驶岗（三类）培训和考核的进行，北京地方海事局向合格人员颁发京津冀互认船员适任证书。京津冀三地四局联合推动船员适任证书互认，有利于服务京津冀水运人才需求，保障水路运输安全生产。

四、退役军人培训

北京市新媒体技师学院承办北京市支持雄安新区退役军人技能培训项目。2019 年 11 月，首个北京市支持雄安新区退役军人培训项目——雄安新区退役军人无人机应用技能培训开班，当年 9 月离队的 30 余名自主就业退役军人参加培训。此次培训由北京市人力资源和社会保障局对接雄安新区公共服务局，多次组织专家实地调研考察，科学安排培训课程，采用理论实操一体化教学模式，突出培训技能的针对性和实用性。培训内容包括基本飞行知识、GPS 飞行动作、航空摄影摄像技法训练、摄影及摄像后期处理等。参训学员完成培训课程后，可从事无人机操控及航拍活动。2020 年，近 30 名雄安新区自主就业退役军人参加"北京优质职业技能培训资源支持雄安新区"退役军人培训项目——无人机驾驶员技能培训班，学习无人机操控和航拍应用技能。此次培训由北京市人力资源和社会保障局与雄安新区公共服务局联合主办，北京市新媒体技师学院和雄安向导培训学校联合承办，并由北京市新媒体技师学院担任培训班教学主体。

2021 年，北京经济管理职业学院对接河北省退役军人事务厅，合作共建退役军人就业创业省级培训基地，先后承接河北省、廊坊市、固安县、永清县退役军人就业创业适应性培训、职业技能培训任务，举办多期培训班，得到参训学员和委培方的赞扬。学校具有河北省退役军人职业技能培训机构、廊坊市退役军人教育培训基地等 3 项资质，完成廊坊市退役军人事务局"适应性+就业创业培训班"、廊坊市"2021 年计划分配军转干部适应性培训班"等多个培训项目。

第二节 研究咨询

职业院校以研究咨询的形式为京津冀经济社会发展提供智力支持。其具体形式又可以分为 4 类 6 种，即编制社会建设、产业发展、职业教育发展规划，研制技术标准，提供专家咨询，开展调查研究。

一、编制社会建设规划

2019 年，北京社会管理职业学院受雄安新区管委会公共服务局委托，开展河北雄安新区社会救助政策体系建设研究。根据雄安新区公共服务局关于加强社会救助和养老服务领域政策创制的需求，学院组织专家组多次深入新区基层展开实地调研，起草了雄安新区民政人才能力提升、社会救助综合改革和养老服务 10 余项政策、规划、方案等文件，研究拟定了《河北雄安新区社会救助综合改革试验区总体建设方案》《河北雄安新区最低生活保障实施细则（2019 年版）》《河北雄安新区养老服务中长期发展规划》，有力推动了新区民政工作以及社会救助和养老服务工作的制度化、规范化。

二、编制产业发展规划

2017 年，由北京祥龙资产经营有限责任公司、北京一商集团、北京祥龙博瑞公司、北京市教育委员会、北京市商业学校等机构有关负责人组成的专家团队赴青龙县，与县政府、秦皇岛市教育局、下辖乡镇政府及青龙县职教中心等单位有关负责人座谈，并考察了地方电子商务、汽修、农业种植等产业，寻求对接行业的机会，并积极为地方企业出谋划策。

2019 年，北京经济管理职业学院承接天津西青区精武镇产业规划编制任务，经过认真组织调研，挖掘文化特色和区域优势，形成了 6 万字规划报告。

2023 年，北京财贸职业学院与商务部研究院、北京建筑大学共同组成规划研究团队，联合开展《河北省现代商贸物流布局规划》研究和编制工作。北京财贸职业学院商业研究所（国际商贸中心研究基地办公室）的工作受到各方领导和专家的肯定。研究编制《河北省现代商贸物流布局规划》是河北省贯彻落实习近平总书记"努力使京津冀成为中国式现代化建设的先行区、示范区"指示精神，加快打造全国现代商贸物流重要基地，加快推动京津冀协同发展的战略举措，对全国、河北省各市县现代商贸物流全局规划也有重要的试点和示范意义。此项工作是在商务部和河北省委省政府的共同推动下进行的。

三、编制职业教育发展规划

2018 年，北京市丰台区职业教育中心学校参与《雄安新区人才需求暨容城县职业教育改革发展创新研究》课题，并完成《2018—2030 年雄安新区产业人才需求报告》子课题——《"丰-容-希"产教融合背景下京雄职业教育协同发展整体规划研究》。2021 年，北京电子科技职业学院与天津市职业大学共同参与雄安新区"十四五"时期职业教育发展规划编制工作。

四、研制技术标准

天津交通职业学院物流研究所承接京津冀冷链物流标准研制项目。2018 年，京津冀三地商务部门、市场监管部门联合提出京津冀冷链物流区域标准研制项目。受京津冀三地政府委托，天津市标准化研究院牵头，协同京津冀标准化研究机构成立项目研制领导机构，同时邀请京津冀三地物流协会、冷链物流企业、高校和科研机构等专家学者成立项目团队。天津交通职业学院物流管理专业因技术能力和影响力较大成为项目团队唯一一所高等职业学校。

2023 年，北京体育职业学院与河北省体育局签订共同研制《河北省大众滑雪（冰）技术等级标准》的协议，为河北省开发研制《河北省大众滑冰技术等级标准》《河北省大众单板滑雪技术等级标准》《河北省大众双板滑雪技术等级标准》。

五、提供专家咨询

2018 年，河北机电职业技术学院举行专家顾问工作室揭牌仪式暨装备制造类高职教育创新发展研讨会。天津市职业大学原校长董刚教授、河北省高职院校教学工作诊断与改进专家委员会执行主任胡振文教授、天津电子信息职业技术学院学术委员会主任傅连仲教授等 5 名全国知名职业教育专家接受了专家顾问聘书，并分别作了专题讲座，提出发展建议。

2019 年，天津市职业大学校长刘斌作为高等职业学校唯一专家代表参加了由雄安新区管委会主办的雄安新区第三次教育发展专家咨询会。会上，刘斌校长与其他 11 名来自科研院所、普通高校、中小学的专家代表共同讨论了专家咨询委员会议规则，并就雄安新区教育最新进展情况及未来谋划进行了讨论。刘斌介绍了天津市职业大学服务雄安新区建设情况，特别是天津市职业大学与雄县增民集团探索建设天津市职业大学雄安分校的情况。会议期间，刘斌还与雄安新区管委会公共服务局负责人就服务雄安新区建设工作进行交流，对后期工作方向进行探讨。2020 年，刘斌校长再次参加由雄安新区管委会主办的第四次雄安新区教育发展专家咨询会。

六、开展调查研究

2017 年，北京电子科技职业学院机电工程学院教师开展新常态下职业教育对京津冀地区建筑等行业过剩劳动力的调整问题的调研。该学院教师和河北省建筑设计研究院建筑师一起在石家庄市平山温塘地区调研，实地调查京津冀区域转型发展企业中建筑业劳动力转岗就业情况。调研发现，河北省现有城市及建筑管理服务水平和党中央对雄安特区高标准建设管理的要求存在着很大的差距，尤其是河北省长期存在第三产业比重过小，钢铁、化工、农业等比重过高等问题，亟须调整，尤其是在职业教育培养社会应用型人才方面亟须转变。

第三节　技术帮扶

一、技术指导与推广

2021 年，北京农业职业学院派出专业技术骨干作为科技挂职服务工作专家，对接对口帮扶对象——赤城县河北锐洪特食品加工有限公司，负责北京科特派赤城产业扶贫工作站豆制品生产加工项目科技扶贫。针对赤城县豆腐产业质量不稳定、生产效率低下等问题，依托学院赤城传统豆腐产业化品质控制关键技术研究及示范科技帮扶项目，示范推广食品标签审核、食品安全管理体系等技术，培训农户60余户，直接带来经济效益18万元，实现增效6.2%以上，促进了赤城县豆腐产业发展。生物防治研究所团队与秦皇岛市林业局协作开展释放天敌昆虫进行树木害虫生物防治的技术推广，在秦皇岛市滨海森林公园、经济技术开发区共释放天敌昆虫花绒寄甲卵20万粒左右和异色瓢虫卵16万粒左右，同时进行了修枝防治害虫技术示范。

2023年，北京农业职业学院积极探索产教融合、科教融汇新路径。一是为做好张家口地区千亩绿色生菜种植基地建设工作，学院科研处专程赴张家口市沽源县新民村沽源基地和赤城县雕鹗镇上虎村赤城基地考察调研，深入了解基地建设情况，共谋合作与发展。调研团队就蔬菜品种、生产技术、市场情况、推广示范等内容与北京市裕农优质农产品种植有限公司进行了交流。调研增进了友谊，加深了相互了解，促进了院企共建和科研合作。二是深化农业科研服务模式，探索形成了"首席及团队专家+蔬菜主产区综合试验站+农民田间学校工作站+龙头企业带农户"的"产学研推用"一体化服务模式，选育生菜新品种12种，累计推广生菜等5类叶菜种植面积385.18万亩，技术覆盖率达86.62%，取得了显著的经济效益、社会效益和生态效益。其中在张家口地区推广叶菜种植面积1000余亩，主要种植结球生菜、散叶生菜等蔬菜品种。通过叶菜团队技术研发、"龙头企业+科技园区"产业化引领、叶菜主产区示范带动、河北主供叶菜基地推广辐射，三年来实现京津冀叶菜品牌化、集约化、周年化发展，在大幅提升北京生鲜叶菜生产和应急供应能力的同时，促进了京冀农业技术推广的深度合作，服务成果2023年获北京市农业技术推广奖一等奖。三是作为科技部、北京市首批都市农职星创天地平台，累计向京津冀推广优质草莓脱毒种苗100余万株，实现增收1.6亿元，"农职草莓"成为农民创业增收的"致富果"。

二、产品和项目开发

2017年，北京市黄庄职业高中在研发京式旗袍的过程中，接待定兴县职教中心选派骨干教师到校学习，并拟定在学校培养京式旗袍的第六代传承人。结合服装专业的特点，该校开展相关演出活动及成品展示，积极协助组织并参加了河北省保定市重点活动——首届保定市旅游产业发展大会。作为旅发大会定兴站承办方之一的定兴县职教中心和北京市黄庄职业高中，通过将国家非遗项目京绣与北京非遗项目京式旗袍完美结合，借助旅发大会这一平台，通过 T 台秀形式将传统文化之美展示给考察的领导和来访的游客，成为旅发大会上的一大亮点。

2023 年，北京市丰台区职业教育中心学校创新"校—校—企"合作模式，面向河北地区中等职业学校开展旅游大类专业建设和人才培养情况调研，为河北地区学校搭建与全聚德、万豪集团等中华老字号、行业名企的产教融合平台。

联合创作演出、服务三地观众也是京津冀艺术领域职业教育协同发展的一个特色活动。2020 年，北京戏曲艺术职业学院和北京戏曲艺术教育基金会共同主办"荀风毓骨"京剧专场演出，汇聚了北京戏曲艺术职业学院、中国戏曲学院、北京京剧院、天津市青年京剧团、天津京剧院等京津两地院校和京剧院团的一众京剧青年教师和演员。在北京和天津的 6 场演出让两地的戏迷们充分领略了京剧荀派艺术的魅力，推动了京剧荀派艺术的传播，锻炼了京津两地青年京剧演员，促进了京津两地文化艺术的交流合作。同年，受河北省京剧艺术研究院的邀请，北京戏曲艺术职业学院与北京京剧院、天津艺术职业学院、河北艺术职业学院联合创排现代儿童京剧《少年英雄》。

第九章 访问交流

在过去的十年中，京津冀职业教育领域举行了大量的访问交流活动，其内容可以分为四类：举行京津冀职业教育协同发展论坛等研讨对接活动、举行人才培养和专业建设研讨会、一般性考察交流和参加产业界会议和产教对接活动。其中，既有政府部门组织的活动，也有职业院校组织的活动，以后者为主。这些访问交流既有京津冀三方均参加的活动，也有京津、京冀、津冀之间的活动，其中还有一些校际的互访活动。京津冀职业教育协同发展从对话起步，在访问、考察、研讨、调研中交流沟通，增加了相互了解和信任，达成和深化合作共识，促进了协作任务的完成，最终实现了"1+1>2"的协同效应。

第一节 举行京津冀职业教育协同
发展论坛等研讨对接活动

教育部有关部门、京津冀三地教育行政部门、职业教育科教研机构、职业院校、行业协会、企业等，围绕京津冀职业教育协同发展和京津冀产教融合，协同举办了数十场产教对接会、研讨会、对话会、推进会、恳谈会、论坛等，交流情况，对接供需，研讨方案，形成机制，推进合作实践。

2014年，"京津冀协同发展 现代职业教育·现代服务业产教对接会"在天津中德职业技术学院召开。此次会议由教育部职业技术教育中心研究所主办，中德职业技术学院、用友新道科技有限公司承办。河北省教育厅副厅长贾海明、北京市教育委员会副主任何劲松、天津市教育委员会副主任吕景泉、用友新道科技有限公司总裁郭延生等出席了会议。来自京津冀三地的政府、行业、企业、高校、科研机构等 140 余家机构参与。京津冀 22 家企业和河北女子职业技术学院、唐山工业职业技术学院等 26 家职业院校达成"天津共识"，建立全面战略合作伙伴关系。这是京津冀协同发展上升为国家战略后，三地职业教育首次大规模携手。在"天津共识"中，三地的企业和院校表示要共同建立"京津冀一体化"四大合作平台，即人力资源需求信息共用共享平台、产教融合校企合作区域性平台、师资与学生交流交换平台和现代服务业区域性研究平台。同时，还将建立京津冀协同发展现代职业教育与现代服务业对话机制、区域项目协同创新机制、科学研究区域共研机制以及校企合作区域联动机制。

2015 年，"京津冀协同发展 现代职业教育·养老服务业产教对接论坛"在天津城市职业学院举办。京津冀三地有关政府部门、职业学院、企业单位、养老机构和一线养老工作者近 150 人与会，并就职业教育与养老服务业产教对接等方面进行政策研讨和学术交流。论坛期间，还成立了京津冀养老专业人才培养产教协作会，旨在实现京津冀职业院校、养老企业在养老人才、智力、技术、设备等方面的资源共享和优势互补。2016 年，第三届全国养老产业与职业教育高端对话活动暨京津冀养老人才发展论坛在北京举办。本次论坛以"对接·合作·共赢·发展"为主题，设置了主题演讲、直面对话、国际视野以及毕业生供需见面会、项目发布等环节。2017 年第四届全国养老产业与职业教育高端对话活动暨第二届京津冀养老高峰论坛、2018 年第五届全国养老产业与职业教育高端对话活动暨第三届京津冀养老高峰论坛、2020 年第六届全国养老产业与职业教育高端对话活动暨第四届京津冀养老高峰论坛继续在北京举办。2019 年，第五届"京津冀协同发展 现代职业教育·养老服务业产教对接论坛"又回到天津城市职业学院举行。

2017 年，为落实《京冀两地教育协同发展对话与协作机制框架协议》，加快现代 IT 服务技能人才的培养，共享专业建设和人才培养的经验与成果，北京市信息管理学校、神州数码云科信息技术有限公司、河北慧网科技有限公司以及河北省 40 所中等职业学校，在京携手举办京冀数字资源分享论坛暨京冀职业院校计算机及相关专业人才培养协同发展战略框架协议签约仪式。北京市教育委员会职成处和河北省教育厅职成处有关负责人出席会议。在论坛上，北京市信息管理学校介绍了专业建设、数字资源建设的经验。神州数码公司网络大学负责人介绍了校企合作推进专业建设与人才培养的经验。北京市信息管理学校、神州数码云科信息技术有限公司、河北慧网科技有限公司以及河北省40所中等职业学校签署京冀职业院校计算机及相关专业人才培养协同发展战略框架协议，拟从数字教学资源共建与共享、人才培养、课程改革、师资培养、学生企业实践等多方面开展深入合作。

2019年，由天津市教育委员会、全国机械职业教育教学指导委员会主办，天津机电职业技术学院、京津冀现代制造业职教集团承办的1+X证书制度高峰论坛暨"中国制造2025"先进装备制造业产教对接会在天津举行，来自邢台职业技术学院等京津冀地区多个院校和单位的100余人参加了此次研讨交流活动。会议主要探讨了推进"1+X证书制度"落地实施，推动智能制造等先进制造技术与职业教育的协同创新与发展、加快智能制造等技术领域急需紧缺人才的培养等方面内容。同年，天津渤海化工职业教育集团第二届理事会暨产教融合创新发展高峰论坛在天津市召开，包括唐山工业职业技术学院建筑化工系两名教师在内的院校联盟单位代表参加会议。

2021年，首届京津冀教育高峰论坛在京举行，此次论坛在北京市教育委员会、天津市教育委员会和河北省教育厅指导下，由北京广播电视台、天津广播电视台、河北广播电视台共同举办。与会嘉宾分别就"十四五"时期中国教育如何高质量发展、新时代下职业教育改革发展方向等内容展开交流与讨论。作为本次高峰论坛的重要组成部分，评出了"我身边的好学校""新优质学校""职业教育领军学校"和"影响力国际教育品牌"等奖项，北京经济管理职业学院等获得"职业教育领军学校"奖。应雄县职教中心的邀请，北京金隅科技学校参加了2021年津雄职业教育论坛并发言，重点介绍了学校德育工作、工程师学院、特色专业群建设等内容，雄安新区职业院校、培训机构以及新疆和田职业技术学院教师1000余人也通过线上线下两种方式参加了本次论坛。

第二节　举行人才培养和专业建设研讨会

一、思政教育研讨

2018 年，由中共天津市委教育工作委员会、天津市教育委员会主办，天津市职业大学承办的首届京津冀高职院校辅导员工作论坛在天津举行。来自京津冀的 54 所高校近 120 名学生工作者与会。北京青年政治学院、天津渤海职业技术学院等院校代表作典型发言。同年，改革开放 40 周年高等职业学校思想政治理论课教育教学创新发展研讨会在京举办。本次研讨会由北京高校思想政治理论课高精尖创新中心与北京青年政治学院共同主办，会上为北京高校思想政治理论课高精尖创新中心北京青年政治学院分中心授牌，北京青年政治学院马克思主义学院也同时宣布成立，来自北京、天津、河北、广东等地 25 所高职高专院校的 90 余名思政课负责人和一线思政教师等共同了参加了本次研讨会。

2019 年，北京高校思想政治理论课高精尖创新中心主办的高等职业院校思想政治理论课的特质与实践思想政治理论课"青椒论坛"第 10 期举行。论坛选拔出 8 名优秀青年教师围绕"高等职业院校思想政治理论课的特质与实践这一主题，分享了思想政治理论课教育教学经验。天津城市建设管理职业技术学院、邢台职业技术学院教师代表发言，来自北京、天津、河北、江苏等地高校的 100 多名思想政治理论课教师现场参加活动。同年，天津市教育委员会主办、天津市高等职业学校思政课协同创新中心承办了安教乐道·铸魂育人牢记"六个要求"贯彻"八个相统一"推进思政课程建设京津冀研讨交流活动。天津市教育委员会有关部门负责人，来自京津冀中高职院校的党委书记、分管思想政治理论课教学的院长、思政部负责人、骨干教师代表等 300 余人参加。邢台职业技术学院等京津冀中高职院校的 4 名党委书记就学校思想政治理论教育方面的内容进行了交流分享。

2020年，北京农业职业学院在京津冀苏职业院校党委书记思想政治教育改革创新研讨会上就思政课建设与改革情况做了交流发言，受到与会人员的关注和好评。同期，还举行了天津海河教育园区思政联盟第六届"思政情景剧"大赛决赛暨京津冀苏甘职业院校思政课交流展示活动。本次大赛由情景剧短视频比赛和展演两部分组成。北京农业职业学院与兄弟院校的8支队伍一起进行了现场展演，获得了大赛特别奖。同年，天津市教育两委主办了京津冀陕甘宁六省市职业院校"思政课程"与"课程思政"协同育人交流展示活动。活动由天津城市建设管理职业技术学院承办，天津市高等职业学校思政课协同创新中心协办。此次展示交流活动主会场设在天津城市建设管理职业技术学院，分会场分别设在北京、河北、陕西、甘肃、宁夏。北京经济管理职业学院、唐山职业技术学院、杨凌职业技术学院等以及天津中高职院校负责人及师生2500余人线上线下参加了活动。

2021年，河北化工医药职业技术学院主办了全国职业教育食品药品与粮食大类课程思政集体备课。本次活动由教育部组织开展，高等教育出版社和新华网协办。在线上集体备课环节，北京电子科技职业学院、四川工商职业技术学院等分别围绕教育部课程思政示范课程进行经验分享。在线下研讨环节，来自河北工业职业技术大学等职业院校的8名教师汇报交流了《药物化学》等课程思政建设情况。特邀专家进行了点评和指导。同年，北京市房山区房山职业学校采取线上形式与曲阳县职教中心开展学前教育等专业建设研讨交流和基于"一校一品""阳光教育"等内容的德育工作交流5次，参与干部教师12人次。

2022年，北京财贸职业学院以线上形式召开京津冀高等职业学校职业素养教育研讨会。北京工业职业技术学院、北京交通运输职业学院、天津电子信息职业技术学院、天津医学高等专科学校、河北建材职业技术学院、唐山工业职业技术学院从事学生工作的专家和合作企业的代表以及北京财贸职业学院相关部门代表共计40余人参加此次研讨会。北京财贸职业学院代表以《职业素养理论体系的构建》为主题作报告。企业代表汇报了学生职业素养信息平台建设的成果。京津冀职业院校专家们围绕会议主题进行了深入交流与研讨。

二、专业教学研讨

2015 年，CBD 教育集团携手百度、阿里巴巴在北京中关村软件园举办京津冀地区院校物流及电子商务类专业教学改革与创新研讨会，京津冀 30 余所高校、中高等职业院校的负责人和教师参加了研讨会。由北京理工大学出版社组织的华北地区高等职业教育机电与汽车类信息化教材出版暨"十三五"国家级规划教材申报研讨会在河北机电职业技术学院举行。来自华北地区 18 所高等职业学校和 1 家企业共 71 名代表与会，并分成机电类和汽车类两组进行了课程改革和教材建设研讨及交流经验。天津医学高等专科学校承办了全国高职高专院校药学类食品药品类专业"十三五"规划教材编写会暨京津冀药学类专业教学改革研讨会，40 余所职业院校代表参加此次会议。

2016 年，京津冀职业院校电子商务及经管类专业产教融合创新研讨会在天津中德职业技术学院举行。此次研讨会由天津中德职业技术学院与百度营销大学联手主办，希毕迪（北京）教育科技有限公司承办。京津冀 30 余所职业院校和部分电子商务企业围绕产业发展趋势、企业用人标准和需求、校企合作模式等进行面对面的对话交流，共商京津冀电子商务人才培养产教融合的新思路、新举措。5 月，天津交通职业学院加入天津自贸区京津冀跨境电商产业联盟，成为联盟首家院校成员，并由院长率队代表学院首次参加联盟企业活动暨于家堡跨境电商公共服务平台双创公开课活动。

2017 年，由河北司法警官职业学院主办的河北安保职业教育协作发展研讨会召开。会议邀请了北京政法职业学院等兄弟院校的专家以及北京、山东、河北等地实务部门负责人参会。北京政法职业学院安防系主任就校企校行共建安保安防专业等方面内容作了专题讲座。与会的实务部门代表也就安防专业建设、人才培养和校企合作等发表了意见和建议。河北司法警官职业学院与参会的 12 家企业签署了共建实习实训基地合作协议。同年，唐山工业职业技术学院管理工程系召开老年服务与管理专业教学指导委员会、教学资源库建设研讨会，来自北京社会管理职业学院、唐山市民政局社会福利和社会事务处、华北理工大学、企业的代表以及唐山工业职业技术学院的专业教师和学生代表参加了会议。

连续举办京津冀公安院校合作学术研讨会。2018 年，京津冀公安院校合作首届学术研讨会在北京警察学院举办。来自京津冀三地 9 名获奖专家学者分别围绕不同的主题进行了演讲。有关负责人为征文获奖代表颁奖。来自北京市公安局、天津市公安局、河北省公安厅等实务部门，北京警察学院、天津公安警官职业学院、河北公安警察职业学院的专家学者共计 50 余人参加了研讨会。2019 年，第二届学术研讨会在天津公安警官职业学院召开。本次研讨会围绕警务理论与警务实践结合开展研讨，共收到京津冀三地论文 181 篇，评选出获奖论文 67 篇，并编入《京津冀公安院校合作第二届学术研讨会优秀论文集》。2020 年，河北公安警察职业学院承办的京津冀公安院校合作第三届学术研讨会以网络视频会议的形式在三地公安院校举办，本届学术研讨会也是京津冀公安院校合作学术研讨会第一轮的终点。

2019 年，由北京电子科技职业学院牵头组织，唐山工业职业技术学院、河北工业职业技术学院、廊坊职业技术学院、三亚航空旅游职业学院和部分航空企业参加的京津冀临空经济职业教育工作座谈会召开。同年，失智老年人照护 1+X 证书试点工作专题研讨会在北京社会管理职业学院（民政部培训中心）召开，来自教育部职业技术教育中心研究所、北京社会管理职业学院、北京劳动保障职业学院、天津城市职业学院、养老服务机构等 11 家单位的 23 名专家和负责人出席会议。天津市信息工程学校主持召开了联合办学学校教学研讨会，河北省张家口市职教中心、宣化区职教中心、张北县职教中心的教学校长、教务处主任、专业主任及各学科教研组长参加了此次会议。第十届全国职业院校民政职业技能大赛礼仪主持人（婚礼主持人工种）、婚礼策划师大赛赛事研讨会在北京社会管理职业学院举办。来自长沙民政职业技术学院、天津广播影视职业学院等 12 所参赛院校的代表参加了会议。本次研讨会的议题是对《第十届全国民政职业技能竞赛礼仪主持人（婚礼主持人工种）技能竞赛赛项规程》等 4 个文件和题库进行研讨与修订。

2020 年，中国音乐学院附中实施京津冀地区中等艺术学校学生发展实践基地项目，举办"心之所向，'音'爱而生"京津冀地区中等艺术学校学生发展研讨会，邀请来自中央音乐学院附中、天津音乐学院附中、浙江音乐学院附中、石家庄艺术学校、河北艺术职业学院等艺术院校学生工作负责人，围绕学生管理工作先进经验、学生成长、班主任工作等主题交流研讨，探索中等艺术类专业院校学生管理的共性规律，探讨中等艺术类学校学生发展特点和区域间德育协作机制建设。同年，怀来县职教中心就业专业部教师与北京市延庆区第一职业学校教师就汽修专业课程设置、理论实践教学、学生考核及实习就业等开展教研交流。北京市昌平职业学校干部、教师到尚义县职教中心了解实训基地建设情况，并就专业建设、实训室管理等内容进行交流探讨，为尚义县职教中心实训基地建设提供经验借鉴。

2021年，全国测绘地理信息职业教育发展研讨会在北京召开，天津石油职业技术学院副院长带队出席，并在会上发言。本次活动以"1+X赋能提质、融合创新"为主题，由全国测绘地理信息职业教育教学指导委员会主办，线下与会百余人，线上参会规模超过4000人。会议围绕深化产教融合、促进校企合作、全面落实《关于推进1+X证书制度试点工作的指导意见》等内容进行交流研讨。

2022年，"双高计划"高绩效发展论坛以线上方式在京召开，北京农业职业学院、天津市职业大学、天津轻工职业技术学院、秦皇岛职业技术学院等15家国家"双高"院校分享了建设经验，集中展现了一批"高绩效"成果。本次论坛参会高等职业学校多达409家、参会人员10000余名。同年，京津冀临空经济专业建设线上研讨会召开。会议由全国临空经济产教融合发展联盟、北京临空经济核心区管委会和北京空港鸥翔资产运营管理有限公司共同主办，全国34所本科、高等职业学校、中等职业学校的代表线上参加会议。北京工业职业技术学院、天津交通职业学院、河北工业职业技术大学等11所院校有关负责人分别从办学模式、课程建设、师资建设、实习实训、创新创业等方面分享了办学经验。同年，北京市商业学校举办网络大讲堂分享电子商务专业建设经验，京津冀电子商务产教联盟院校和企业200多人在线收看。包括河北政法职业学院在内的25家建设院校教师、相关企业代表参加由北京劳动保障职业学院召开的人力资源管理国家级教学资源库全国参建单位交流分享会。由北京电子科技职业学院牵头的第二批国家级职业教育教师教学创新团队生物化工共同体以及领域内团队线上汇报团队建设进度及建设情况，河北省职业技术教育研究所所长和包括河北化工医药职业技术学院团队在内的共同体团队全体成员参加大会。在北京电子信息职业教育集团举办的"贯彻职业教育法，促进职业教育高质量发展"线上主题论坛上，河北科技工程职业技术大学副校长、北京市信息管理学校信息技术系主任和企业代表作主题报告，京津冀三地70余个理事单位的300多名负责人、专家和教师参加了论坛。

2023年，来自11所京津冀等地的商贸类院校和4家企业协会共45名专家和骨干教师参加在北京财贸职业学院举办的智慧商业供应链虚拟仿真实训中心师资培训研讨会。会议围绕数字化赋能人才培养、教育教学改革、专业建设发展等内容，分别从行业、企业、院校三个维度分享了相关研究、特色做法和成功经验。同年，北京信息职业技术学院在数字电商专业内涵建设研讨会上，面向河北相关学校的近百名教师作"一标一库一团队引领的数字商务专业群"主题报告，分享数字商务专业群建设基础与优势特色、组群逻辑、建设目标及建设内容。

三、职业教育数字化研讨

2017年，中华医学会教育技术分会主办的医学高等职业院校数字校园建设与应用交流研讨会在沧州医学高等专科学校召开。参会代表来自31个单位，包括企业、大学、医院以及首都医科大学附属卫生学校、廊坊卫生职业学院、海南卫生学校、邢台医学高等专科学校、沧州职业技术学院、沧州市职教中心。

2018年，由全国职业教育师资培训联盟主办、天津城市建设职业技术学院承办的京津冀地区职业院校信息化大赛解析暨信息化教学设计实战高级研修班在天津举行，为期2天，受训教师等共计71人。

四、中外合作办学研讨

2018年，北京青年政治学院主办了首届北京市职业院校中外合作办学研讨会。北京市教育委员会国际处负责人、京津冀 20 余所职业院校代表、泰尔弗教育集团董事长、10 余家校外实训基地代表出席本次研讨会。研讨会分为主旨演讲和学术论坛两个部分，主旨演讲环节围绕"服务北京四个中心建设，探索新时代中外合作办学发展之路"的主题，采用专家专题报告、案例分享和论坛研讨多种方式进行。本次研讨会为京津冀职业院校中外合作办学以及教育对外开放建立了"朋友圈"。

2019 年，人工智能背景下展望职业教育未来论坛在天津电子信息职业技术学院举办。参加论坛的有天津市高等职业学校校长及河北石油职业技术大学等兄弟省市院校代表、天津市电子信息行指委企业代表及师生代表共 500 余人。论坛期间，与会代表还参观了由天津市教育委员会主办、天津电子信息职业技术学院承办的文化创意设计作品展。

五、以 2023 年为例看年度情况

2023 年，召开以京津冀职业教育协同发展为主题的专题研讨会 8 次，包括京津冀课程思政建设论坛暨建设成果展、京津冀高职院校图书馆专题研讨会、京津冀职业教育文化与红色文化融合育人研讨会、京津冀托幼一体化办学职业教育论坛、京津冀中等职业学校信息化标杆校培育和数字校园建设研讨会、京津冀食品行业高质量发展沙龙、第二届京津冀职业技能高质量发展推进会暨技能人才专场招聘会、京津冀地区中等艺术类专业院校高质量发展研讨会，促进了京津冀三地的直接交流和协作发展。

第三节　一般性考察交流

一、学校管理和建设经验交流

2014 年，秦皇岛职业技术学院召开国家骨干高职院校建设研讨会。会议邀请天津市职业大学校长董刚教授、河北省校长联席会主席胡振文教授、承德石油高等专科学校原党委书记丁德全教授对学院国家骨干高职院

校建设进行指导。天津市职业大学生物与环境工程学院书记一行来到沧州职业技术学院参观考察。双方与会人员就继续教育培训、劳动力输转培训、学生就业、教学科研考核、中外合作办学等方面内容进行交流。沧州医学高等专科学校邀请天津市职业大学校长董刚和天津医学高等专科学校校长刘斌来校，分别作了以《高职教育内涵建设与再思考》《卫生高职院校内涵建设的思考与实施》为题的讲座。

2018 年，北京市电气工程学校、曹妃甸区职教中心组织两校全体党员在唐县职教中心开展了"庆祝中国共产党建党 97 周年"的党建活动，举行了"唱响红色经典、不忘教育初心"红歌红诗演唱会，还参观了白求恩柯棣华纪念馆。

二、学生思政工作经验交流

2015 年，河北石油职业技术大学社科与数理部一行 4 人赴北京财贸职业学院思想政治理论课教研部（素养教育部）学习交流。北京财贸职业学院有关负责人介绍了"大思政"教育体系构建暨"素养教育"、思政课实践教学和思政课实践教学体验中心建设情况，双方就生源变化情况下如何增强思政课实效性、推进思政课教学改革和课程建设进行了交流。

2016 年，天津医学高等专科学校公共课部社科教研室一行 5 人前往沧州医学高等专科学校进行交流学习。在思政课教师座谈会上，两校思政课教师对如何结合大学生实际进而提高思政课教学的针对性、思政课教学经验、思政课实践教学、"形势与政策"课程教学进行了讨论，并相互介绍了各自的思路和打算，为今后尝试新的教学方法与手段提供了启发。沧州医学高等专科学校还将其编写的《医学生核心价值观读本》赠送给天津医学高等专科学校。

2017 年，天津铁路职业技术学院团委书记一行 3 人到河北建材职业技术学院调研高校共青团"第二课堂成绩单"工作。两校共青团工作人员还就社团建设、志愿服务、社会实践等内容进行了交流探讨。

2018 年，京津冀职业院校思政课程教学成果交流展示活动在天津市红星职业中等专业学校举行。此项活动是在北京市教育委员会、天津市教育委员会、河北省教育厅共同指导下，京津冀职业教育教学协同发展联盟主办，由天津市教育委员会职业技术教育中心、北京教育科学研究院职业教育研究所、河北省职业技术教育研究所、天津市红星职业中等专业学校共同承办。京津冀三地教育行政部门、教学研究管理部门、京津冀职业教育教学协同发展联盟成员单位、天津市中高等职业学校、相关媒体、企业代表共 200 余人参加活动。来自北京财贸职业学院、天津城市建设管理职业技术学院、石家庄工程技术学校等 6 所京津冀学校的代表分别作了思想政治课程教学改革成果方面的交流展示。同年，北京电子科技职业学院汽车工程学院团委书记一行到河北建材职业技术学院考察交流"第二课堂成绩单"工作。

2019 年，在北京市教育两委、天津市教育两委的指导下，由天津城市建设管理职业技术学院、天津市高职院校思政课协同创新中心和北京高校思想政治理论课高精尖创新中心北京青年政治学院分中心承办的高校思想政治理论课"青椒论坛"在天津城市建设管理职业技术学院举办。此次论坛的主题是"现代信息技术与思想政治理论课教学"，来自北京、天津、河北、宁夏等地职业院校的 8 名优秀青年教师，围绕思政课信息化教学做了分享。来自国内数十所高校的 300 多名思想政治理论课教师和学生现场参加了此次论坛。同年，由北京青年政治学院 6 名师生组成的宣讲团在天津海河园区分享了他们经历服务保障国庆活动的所见所闻所感。天津市教育两委和天津市海河教育园区社会事业发展局有关负责人，天津现代职业技术学院、天津轻工职业技术学院、天津中德应用技术大学、天津电子信息职业技术大学的 500 名师生参加了宣讲会。北京青年政治学院是唯一参加在庆祝中华人民共和国成立 70 周年全要素活动的高等职业学校，同时也是唯一参加首都教育系统服务保障国庆活动宣讲团的高等职业院校，同北京化工大学组成第 11 宣讲团对接天津市。宣讲团还参观了天津海河教育园区思想政治教育实践基地和鲁班工坊。此外，北京市信息管理学校两名教师到易县职教中心开展对口帮扶工作，所作报告涉及德育工作、班主任工作、学前教育专业技能大赛的设置和考核方法、课程开发、1+X 证书制度等内容。

三、专业建设、教育教学和文化方面的交流、指导和调研

这类活动的形式包括参观、座谈、研讨、作报告、上示范课、听课观摩、课堂教学诊断、联合教研、成果展示、参加职教宣传月或活动周、举行文化节等。既有临时性、一次性的，也有定期的、多次进行的。

（一）参观和座谈交流

一般来说，校际参观与座谈交流作一体安排，这类活动频次最高，而且京津冀三地相互来往。

2014 年，北京市政管理学校校长一行 47 人到天津市民族中等职业技术学校学访。双方分享了教学管理和德育工作经验，并就课程设置与管理、师资队伍建设、春季高考等方面内容进行了交流，达成了多项共识。同年，秦皇岛职业技术学院到天津交通职业学院、北京工业职业技术学院到石家庄铁路职业技术学院分别考察学习。

2015 年，北京财贸职业学院党政领导一行到河北石油职业技术大学学习考察就业创业工作；北京化工大学职业技术学院院长一行 3 人到唐山工业职业技术学院考察座谈，双方就研究所建设、人才培养对接、共建专业、谋划国际交流学院等问题深入交换了意见。

2016 年，天津市高等职业技术教育研究会和天津铁道职业技术学院负责人及天津市部分高等职业学校科研处工作人员组成的 13 人考察团到唐山工业职业技术学院曹妃甸新校园考察，并座谈交流职业教育科教研工作。

2017—2018 学年，河北省邯郸理工学校派干部、教师共计 50 人次，赴北京市大兴区第一职业学校参观学习交流经验。北京市大兴区第一职业学校也派干部、教师和班主任到邯郸理工学校，开展学校管理、德育和教学、课程改革交流和讲座，促进了两校的共同发展。

2022 年，北京市商业学校接待了来自廊坊市电子信息工程学校等 20 多家单位、200 多人次到校参观、访问、交流与竞赛，并先后组织了 10 余批次、100 余人次到京津冀院校、单位进行访问和交流。唐山海运职业学院中高层干部和部分教师到北京市工艺美术高级技工学校曹妃甸实训基

地，参观工艺展厅、实训室、大师工作室，走进实训课堂。该基地建筑面积1.5万平方米，是北京市技工院校首个外埠实训基地，也是京冀携手培养非遗工艺大师的一个缩影。

建立了人才培养定期交流机制。北京青年政治学院与京津冀地区养老专业旗舰院校（北京社会管理职业学院、北京劳动保障职业学院、北大方正软件职业技术学院、天津市职业大学、天津城市职业技术学院、河北唐山职业技术学院等）建立了人才培养定期交流机制，对京津冀养老人才需求、培养模式、产学合作项目、行业企业现状等方面进行深度交流。

（二）其他形式

1. 课堂教学与教学研究

一是听课、授课和联合教研。2017年，北京劳动保障职业学院安排4名城市轨道交通机电技术专业教师赴河北轨道运输职业技术学院听课、学习、交流。2018年，河北省雄县职教中心选派7名美术专任教师到北京市实美职业学校听课观摩，两校师生还一起到石板岩写生教研。2019年，北京市密云区职业教育研究室成员在实习处主任的带领下到涞源县职教中心开展教研交流活动，内容包括交流座谈、专题讲座、听课评课。2020年，北京科技职业学院采用短期参与指导的方法，选派学校优秀专业教师到河北省河间市职教中心参加教研活动，与相关专业教师座谈研讨。定期派优秀专业课教师到合作校进行专业课教学。2023年，北京市大兴区第一职业学校利用线上直播的形式，邀请河北省冀南技师学院师生共同上了一堂直播课和两节精彩的班会，促进了两校的合作交流。

二是召开校际专业建设和教学研讨会。2017年，北京劳动保障职业学院举办了京津冀职业院校老年服务与管理专业教师座谈会和老年专业联盟研讨会。北京经济技术职业学院与廊坊燕京职业技术学院共同举办了"零售银行业的从业人员能力分析和人才需求"专题研讨会。2018年，京津冀高职高专数学教学研讨会和特色高水平会计专业建设研讨会分别在北京电子科技职业学院和北京财贸职业学院举行。2019年，北京京北职业技术学院与承德卫生职业技术学院开展了护理专业竞赛交流研讨会，并组织10余名教师到丰宁县职教中心进行职业教育观摩培训。

三是专家作讲座。2019 年，唐县职教中心全体教师聆听了北京市朝阳区教研中心职成教研室主任的报告——基于培养中职生职业素养与德育渗透的教学策略研究。

2. 专业建设深度对接与指导

2020 年，北京市电气工程学校接待或派出教师到唐山市第一职业中等专业学校交流指导 20 余人次。唐山市第一职业中等专业学校 1 名教师到北京市电气工程学校学习 1 个月，学习进修智能楼宇专业课程、实训设备使用。北京市电气工程学校在唐山市第一职业中等专业学校成立智能楼宇大师工作室，架构理实一体的专业课程体系；定期安排教师团队到唐山市第一职业中等专业学校对教师技术和技能进行指导培训，充分发挥名师的示范、引领和辐射作用；北京市电气工程学校 1 名专业主任每月定期到唐山为学生进行教学、实训指导。频繁的互访交流促进两校教学理念、模式、方法融合，实现产业与专业、生产过程与教学过程、职业标准与课程内容对接。

3. 举办文化交流和宣传活动

一是举办职业教育文化节。2017 年，北京现代服务业职业教育集团、北京市职业技术教育学会会计专业委员会、北京市商业学校联合京津冀中等职业学校、行业企业、社会团体举办了"京津冀"中职校会计文化节，设置了诚信宣誓、技能比赛、教师论坛、诚信演讲、文艺演出、文化传承、倡议书等多项内容。2019 年，由天津滨海职业教育集团主办的第八届天津滨海职业教育科技文化节暨 2019 科技文化作品展示与评选活动在天津滨海职业学院举行。作为合作单位，唐山工业职业技术学院副院长带队参加并在开幕式上致辞。该活动围绕产业发展、高新技术、能源、环保、安全等多方面热点问题进行思考与设计，以产业与专业互动发展，科技生活、经济生活与社会生活协调进步为主要内容，创作具有时代性、创新性、创造性、应用性强的科技文化作品。唐山工业职业技术学院学前教育系、艺术设计系、自动化工程系选送了《手工拼贴画——清明上河图》《骨质瓷维纳斯》《自发电自行车设备》《武术擂台机器人》等 25 件作品参加展出并全部获奖，并获得优秀组织奖。

二是参加职业教育活动周。2020 年，北京市平谷区职业学校校长带领教学干部和学前教育专业两名教师应邀参加天津市信息工程学校职业教育活动周暨第九届"天信杯"技能大赛开幕式。比赛结束后，双方就学前教育和新能源汽车维修技术专业建设进行了研讨。

4. 走访行业企业和职业学校，调研人才需求

北京卫生职业学院药学系在申报开设药品质量与安全专业的人才需求调研过程中，对京津冀地区开设本专业的同类院校开展了深入的调查研究，天津生物工程职业技术学院、沧州医学高等专科学校、河北化工医药职业技术学院参与了此次调研工作，为专业设置提供了重要的参考；河北化工医药职业技术学院相关专业负责人还出席了专业申报的专家论证会并提出建设性意见。北京卫生职业学院中药与康复系也开展了京津冀地区专业人才培养调研。

2018 年，天津市职业大学合作办与增民职业培训学校相关负责人联合赴天津皇冠维多利亚国际大酒店、聚康为老集团等企业开展了合作调研。调研围绕服务雄安新区农民转岗就业进行了座谈和参观，寻找通过输送就业锻炼技能的合作契机，并在技能培训、岗前培训、就业转移等方面达成初步合作意向。

2019 年，北京水利水电学校校长带领校领导班子成员，走访调研雄县水利局、住房和城乡建设局及水利行业相关企业，了解雄安新区在水务技术技能人才培养等方面的基本情况和人才需求，并与雄县职教中心交流，就京冀两地在水务人才培养方面的政策支持、人才市场需求等方面内容加强沟通与数据分享，力求在专业建设、师资队伍培养、实训基地建设等方面取得共识，达成合作意向，积极探索京冀合作办学的切入点。天津现代职业技术学院副校长一行 5 人到邯郸职业技术学院考察回访，推进京津冀高等职业学校"结对子"帮扶工作。双方就师资及人才培养、教学资源及教学成果共享、科研和社会技术服务合作、"高水平"专业（群）建设等方面进行深入探讨和交流，并达成合作意向。两校领导教师赴邱县开展联合调研。邱县人社局、发改局、食品产业园、邱县职教中心等部门负责人、河北马大姐等 4 家食品企业代表出席由邱县副县长主持的交流会。与会人员围绕邱县食品产业发展路径、技术服务需求、人才培训计划、合作办学方式、科研资源共享等方面内容进行交流。邱县人民政府组织前往北京马大姐（邱县）食品工业园、河北弗蒙特生物科技有限公司等企业进行实地考察。

5. 结对帮扶工作总结交流

一是对口帮扶工作调研、交流、汇报。2022 年，北京市商业学校安排专人参加了教育部召开的京津冀对口帮扶河北省青龙县和威县职业教育与继续教育工作推进会，并就学校开展的青龙扶贫工作进展情况做了汇报。学校分 3 个批次安排专人前往青龙县开展专项调研、联合培养交流等工作。

二是总结"结对子"工作。2023 年，河北能源职业技术学院副院长等一行 3 人到访北京交通职业技术学院。双方在座谈交流中介绍了各自学校发展情况，并总结了 6 年来两校合作培育学生的情况，充分肯定了 6 年来的合作成效。

6. 交流京津冀跨省市高职单独考试招生工作

2019 年北京汇佳职业学院自接到教育部办公厅关于同意该院开展京津冀跨省市高职单独考试招生试点工作的通知以来，积极进行招生工作政策咨询和联系院校合作。先后 3 次拜访河北省教育厅发展规划处、河北省教育考试院普招处、天津市教育委员会发展规划处和天津教育考试院高招处，了解河北省高职单独考试招生和天津市春季高考招生的相关政策、工作安排及要求，积极做好招生准备工作。先后与河北省邯郸市职教中心、张家口市职教中心和河北省冰雪运动学校接洽，针对该院参加跨省单招的学前教育专业和体育运营与管理（冰雪运动与服务）专业共建、升学对接、教学资源共享、师生相互交流学习等方面探讨合作意向。积极参与河北雄安新区京津冀重点职业院校招生对接会，会上接受学生咨询 200 余人次，与各年级有意向学生保持联系。

此外，以北京市职业院校的视角来看，2023 年，19 所北京市职业院校与天津市和河北省约 40 所职业院校开展了考察、调研和洽谈等活动，活动内容涉及党建、职业本科建设、产教融合、科教融汇、创新创业、学校管理等各个方面。

第四节 参加产业界会议和产教对接活动

参加产业界会议，开展产教对接交流活动，加入或共同成立行业组织，在京津冀协同发展进程中也可以看到职业院校的身影。

一、参加产业界会议

2015 年，京津冀三地模具协会联合举办京津冀模具产业加强合作暨技术发展论坛，来自三地模具及相关行业的 120 余人参加了会议。出席会议的还有北京信息职业技术学院、天津市职业大学、天津轻工职业技术学院、天津中德职业技术学院、泊头职业学院、沧州职业技术学院、河北机电职业技术学院等职业院校的代表。

2016 年，唐山工业职业学院建筑化工系系主任及应用化工技术专业骨干教师应邀参加了唐山市承接京津特种化工产业转移对接大会。京津冀三地铁道学会联合主办、天津铁道职业技术学院承办了在天津召开的 2016 京津冀一体化轨道交通协同发展学术研讨会。唐山工业职业技术学院管理工程系教师参加了由河北省商务厅和北京市商务委共同主办、在北京召开的京冀服务贸易和商务服务业合作洽谈会暨项目签约仪式，并考察了 2 家企业，与企业人力资源负责人商谈开展校企合作相关事宜。

2018 年，天津工艺美术职业学院数字媒体艺术系 2 名教师受天津市文化和旅游局文化产业处的推荐，参加由中国文化产业协会和国家文化产业创新实验区管委会主办、京津冀文化产业协同发展中心承办的京津冀文化产业合作研讨会暨文旅精品项目推介会。其中一名教师作为天津地区代表，现场展示"哏儿都娃娃原创设计推广及衍生品开发"项目——该院 2018 年大学生创新创业活动优秀作品，得到了现场来宾的肯定、点评和关注。

二、开展产教对接交流活动

2015 年，北京商贸职业教育集团主办，北京财贸职业学院、用友新道科技有限公司承办了北京商贸职业教育产教融合活动。北京市教育委员会有关负责人，有关行业、北京商贸职业教育集团相关成员单位，京津冀三地 45 所院校代表近 200 人出席。同年，由中华职业教育社、国家国防科技工业局系统工程三司、中国人民解放军天津警备区（天津市国防动员办公室）联合举办的"军民融合、产教融合（京津冀）高端对话会"在天津中德职业技术学院召开。本次论坛由天津高等职业教育研究会组织举办。大会通过主旨发言、专题报告、交流座谈等形式，围绕我国国防科技工业发展概况、国内外军民融合发展新趋势、职业教育发展和现代职教体系建设以及"互联网+制造"战略率先转型升级创新发展情况等主题进行了深入研讨和交流。京津冀军工企业代表、各省市区职教社负责人、职业院校代表等 300 余人参加了大会，其中京津冀三地高等职业学校代表约 150 名。

2016 年，京津冀三地模具协会秘书长一起到天津轻工职业技术学院参观并洽谈联合培训事宜，并达成四项合作共识：一是拟聘请天津轻工职业技术学院对黄骅地区 600 余名模具设计人员和程序设计人员进行技术培训，提升设计能力；二是黄骅模具协会提出由天津轻工职业技术学院帮助引进模具行业专家和实用的技术人才；三是决定对师资和学生进行培训，探索学历对接和中等职业学校学生实习合作；四是共同成立技术研发基地、检测中心、模具分析中心。

2017 年，北京模具协会召开了北京模具行业协会理事会暨京津冀模具产业"校企"交流会，河北机电职业技术学院应邀派出代表参加了此次会议。会议还听取了京津冀模具现代集团牵头单位天津轻工职业技术学院的报告。天津轻工职业技术学院副院长带队与天津市模具工业协会领导共同赴河北省黄骅市调研模具企业对职业教育的服务需求，河北省模具工业协会秘书长、黄骅市模具工业协会会长及协会主要成员单位领导接待了此次调研。参加此次座谈的还有黄骅市职教中心校长和教务处处长。

2018 年，"中国制造 2025"先进装备制造业产教对接高峰论坛在天津机电职业技术学院举办。本次大会由全国机械职业教育教学指导委员会和天津市教育委员会指导，天津机电职业技术学院和京津冀现代装备制造业职教集团等单位承办，与会的部分教育行政部门负责人、专家学者、企业代表等围绕大会主题作了不同方向的论坛讲座。河北机电职业技术学院电气工程系、机械工程系、信息工程系有关教研室主任参加了国家示范区优质资源核心专业群建设项目——智能制造教学资源库专题研讨会，围绕主题积极建言献策，与参会专家们进行了深入探讨。

2019年，天津市职业大学合作办负责人及教师参加了由天津市京津冀协同发展领导小组组织召开的京津中关村科技城校地合作交流大会，并作为职业院校代表向大会介绍了学校对接区域支柱产业、培养复合型技术技能人才的情况。京津中关村科技城是纳入《京津冀协同发展规划纲要》承接北京非首都功能的特色园区之一，此次校地合作交流大会旨在解决引进的北京企业在人才引进、培养、用工招聘等方面的问题，推动校企合作和人力资源服务合作。会议介绍了科技城的建设情况、发展优势、运行机制和模式、产业发展定位和组织情况以及保障政策等，并围绕人才引进、聘任与培养进行分享与交流。会后，部分企业向学校表达了进一步洽谈合作的意向。

2021年，由中国汽车工程学会、国家智能网联汽车创新中心、全国汽车职业教育集团和北京市科学技术学会主办的智能网联汽车专业人才培养高峰论坛在北京电子科技职业学院召开，行业巨头企业和学校代表共计150余人参加。与会人员针对智能网联汽车行业发展趋势、用工需求和智能网联汽车专业人才培养等方面内容进行了交流，并对汽车共享化与未来出行进行了讨论。邢台职业技术学院代表参会并作智能网联汽车专业建设思考的主题发言。会后，与会嘉宾共同参加了"北京地区智能网联汽车人才培养现状、问题及建议"圆桌沙龙。同年，智能网联汽车专业建设"一校一策"论坛在石家庄召开，《全国职业院校智能网联汽车专业建设白皮书》副主编以及北京联合大学机器人学院、企业等50余人出席会议。与会人员针对《全国职业院校智能网联汽车专业建设白皮书》、京津冀雄地区对智能网联汽车专业的人才需求及培养、智能网联汽车测试装调1+X证书的推进展开了讨论。此次高峰论坛的召开为校企双方的深度交流提供了平台。同年，京津冀家政服务对接交流座谈会在河北女子职业技术学院召开。国家发改委社会司、河北省发改委、河北省妇联、河北省商务厅、河北省总工会、河北省人社厅、河北省教育厅、河北师范大学、北京市家政服务行业协会、天津市家庭服务行业协会、河北省家政行业协会、京津冀家政企业代表参加了会议。政府部门负责人、三地家政行业协会负责人、北京及河北家政企业代表分别发言。本次会议的召开深化了京津冀家政服务领域校企对接交流。

三、加入或共同成立行业组织

2016 年，石家庄科技信息职业学院派代表参加了河北省京津冀大数据产业协会成立暨第一届会员代表大会，并当选为河北省京津冀大数据产业协会理事单位。

2017 年，在第三届老年服务科学与创新国际论坛开幕式上，天津城市职业学院与北京科学技术研究院、河北工业大学、河北经贸大学四方联合签署了《京津冀康养产业技术协同创新中心合作协议》，宣告京津冀康养产业技术协同创新中心正式成立。

第十章　北京工作的亮点

第一节　提升服务首都城市战略定位的水平

一、疏解和优化：全市职业教育结构布局调整

（一）合并部分中等职业学校和高等职业学校

2015 年以来，北京市职业教育进入全面转型升级期。为配合疏解非首都功能工作，北京市鼓励优质学校通过兼并、托管、合作办学等形式整合优化职业教育资源。首都铁路卫生学校并入首都医科大学，北京城市建设学校并入北京财贸职业学院，北京市环境与艺术学校并入北京服装学院，顺义区将区属公办职业高中和北京现代职业技术学院并入北京城市学院，北京市商务科技学校并入北京物资学院。

（二）疏解首都核心功能区中等职业学校校区

自 2015 年起，西城区中等职业教育开始调减招生专业、控制招生规模甚至一度不再安排学历教育招生计划，推动中等职业学校向外疏解。曾经商洽整体搬迁到昌平区未果。2015 年底，西城区已完成北京市财会学校广外校区、北京市实验职业学校西便门校区和广外校区、北京市实美职业学校安德路校区、北京市外事学校宣武门校区 4 所学校 5 处校址的疏解，用

于首都核心功能区优质义务教育学校扩大办学规模，拓展优质教育资源覆盖面。[1] 至 2020 年底，东城区、西城区职业高中绝大部分校区腾退，北京卫生职业学院（西城院区）迁出，二环以内基本不再举办职业教育。三环以内仅存少量职业院校。除朝阳区以外，目前各区实际上均只保留 1 所公办职业高中。

（三）持续精准调整优化职业教育专业布局

围绕北京城市功能定位、产业结构调整和京津冀协同发展、乡村振兴战略等国家战略需求，北京市教育委员会持续精准调整优化职业教育专业布局。比如，2019 年针对高精尖产业发展、社会建设、城市管理等相关需求，撤销了 8 所学校的 14 个专业，16 所学校新增 37 个专业（技能方向），新增专业涉及人工智能技术及应用、无人机操控与维护技术、大数据技术与应用、虚拟现实应用技术、新能源汽车技术、互联网金融、冰雪体育服务和早期教育等。再比如，2023 年中高等职业学校共新增 69 个专业、撤销 24 个专业。

北京财贸职业学院对接北京城市副中心发展战略和国家推进北京市扩大服务业开放综合试点的机遇，聚焦北京城市副中心运河商务区总部经济、金融服务、专业服务等产业，创新发展智慧财经专业群，服务北京世界级消费城市、国际交往中心和服务业对外开放中心的发展战略和定位，全力打造首都商旅服务专业群，满足"北京创意""北京设计"品牌示范性项目建设需求，推进文化创意专业群建设，服务智慧城市、智能建筑等现代化国际新城可持续发展，培育城市建筑管理专业群高水平化发展，服务北京新机场建设，建设航空服务与管理特色专业群，智慧会计、金融科技 2 个专业群获批北京市特色高水平骨干专业群，智慧财经和现代商旅服务 2 个专业群入选中国特色高水平专业建设计划。

---

[1] 方中雄. 京津冀教育发展研究报告 2017—2018：疏解与承接［M］. 北京：社会科学文献出版社，2018：32.

二、开放和高端：中心城区学校转型发展

中心城区职业学校开始转型发展，面向中小学生和市民研发课程，为广大中小学生和市民提供职业体验、职业培训等学习服务。处于首都功能核心区的东城区通过拓展社会服务功能、举办高端专业等方式，优化职业教育资源配置，积极服务全国文化中心建设，转型升级初见成效。

东城区积极盘活职业教育存量，挖掘增量，开放师资、课程、教学等资源。该区以原有的职业学校为基础，以学区为单位，成立了8个市民职业体验中心，提供99门课程菜单供市民体验，进一步丰富了区域市民的学习生活，为市民终身学习增添了更加新颖和鲜活的元素。东城区开放中等职业教育资源，为全区中小学生建立职业体验选课制度，并以社会大课堂为抓手，开展职业体验培训，开发初中社会实践活动综合课程，完善初中科学实践开放性活动课程。

北京国际职业教育学校与故宫博物院合作成立故宫学院，面向社会大众开展中华传统文化培训，助推北京皇家艺术文化传承。2015年，北京国际职业教育学校新开设文物保护专业，这是文物保护专业首次落户本市中等职业学校。该专业招生20人，他们成为故宫博物院专家的首批中等职业学校"徒弟"。北京国际职业教育学校与故宫合作设计了12门符合学生年龄特点的专业课。被该专业录取的学生除学习语文、数学、政治等公共基础课外，还学习文物保护专业的核心课程，包括文物基础知识、中国美术简史、文物保护方法基础、古建筑保护、文物保护修复原则与典型案例、中国陶瓷发展史与鉴赏、科技方法在文物保护中的应用、文物修复传统技艺、古书画修复与装裱技艺、官式古建筑营造与修缮技艺等。由故宫博物院相关专家组成的团队为学生讲授专业课程，手把手指导实践教学，传授技艺。此外，该校烹饪专业姜波老师拥有制作378种老北京小吃的精湛技艺，何亮老师在央视《中国名俗》栏目开讲北京饮食文化，促进北京饮食文化创新与传承。

三、承接与升级：指导和推动城市副中心职业教育转型发展

根据北京城市副中心建设的总体要求，通州区承接中心城区优质职业

教育资源转移，提升北京城市副中心中等职业教育水平。按照《关于促进通州区教师素质提升支持计划（2017—2020年）》（京教人〔2017〕13号）中关于"支持通州区学校的校本教研"的要求，东城、西城区部分中等职业学校与北京新城职业学校"手拉手"，对口支持其开展校本教研。

2017年，北京市教育委员会职业教育与成人教育处组织北京国际职业教育学校、北京市179中学、北京市实美职业学校、北京市外事学校与通州区教育委员会、北京新城职业学校共同研究开展校本教研支持工作。烹饪、国际化培养、中小学学生核心素养培训、学前教育、数字媒体、旅游服务与管理为6个首批对接专业，主要采用外派跟岗培训、聘请专业建设指导和优质师资的方式进行。按照京教人〔2017〕13号文任务分解条目，此项校本教研支持工作由通州区教育委员会牵头，各有关单位给予配合和支持。

同时，北京新城职业学校建立了以区域实际需求为导向的专业动态调整机制，强化优势专业，停招了2个不能完全适应区域产业发展需要的专业，开设了中西餐等服务类导向专业，力求以专业新布局更好地满足京津冀产业发展对人才的需求。

第二节　主动服务京津冀协同发展
重点区域和项目

一、服务雄安新区建设

北京市积极支持雄安新区建设。北京市委提出了"切实把支持雄安新区建设当成自己的事来办，坚决做到雄安新区需要什么就支持什么""主动对接，有求必应"的要求。2019年，北京市教育委员会·雄安新区职业教育对接座谈会在雄县职教中心召开。此次座谈旨在进一步推动北京市教育援助雄安新区办学工作，支持雄安新区中等职业学校建设和提升新区职业教育发展水平。北京市教育委员会支援合作处、职业教育与成人教育处、发展规划处（功能疏解处）、北京金隅科技学校、北京市丰台区职业教育中心学校、科大迅飞、雄安新区公共服务局、雄安新区三县教育局、雄安新区三县职业学校负责人参加考察座谈。在两地政府的支持下，京雄开展了6个方面的职业教育协作，并在构建技术技能人才联合培养体系方面取得了明显进展和良好效果。

（一）人才培养合作深入进行

1. 开展京冀职业院校"3+2"协同育人试点

2022年，北京市教育委员会和河北省教育厅商定，雄县职教中心对接北京工业职业技术学院开展京冀跨省"3+2"招生培养，中等职业教育阶段（3年）在河北省试点学校培养，高等职业教育阶段（2年）在北京市试点学校培养，共同完成京冀高素质人才培养。2022年招生计划为100人。学生前三年纳入河北省中等职业学校学籍，后两年纳入北京市高等职业学校学籍，符合条件的毕业生可获得北京市高等职业学校毕业证书。其中，一定比例的毕业生经学校推荐可参加北京市"专升本"考试，通过考试后可进入北京本科高校继续学习两年，成绩合格可取得普通高等教育本科毕业证书，符合学位授予条件者可获得学士学位。这是职业教育京冀联合迈出的跨越性一步，对推动建设京津冀职业教育联动体系、服务京津冀协同发展战略具有重要意义。

2023年，京冀职业院校"3+2"协同育人试点工作继续开展。北京工业职业技术学院与雄县职教中心联合开展"3+2"中高职衔接联合培养，共完成3个专业、100人的录取，报到率为100%。其间，北京工业职业技术学院副书记等前往雄县职教中心开展"党建引领走访基层、深入新区教育调研"，双方就跨省"3+2"中高职衔接贯通培养工作进行了研讨，北京工业职业技术学院邀请雄安新区安新县政府办、教育局、职教中心等单位负责人到校考察交流，双方就教育教学改革、师资队伍建设、人才培养等议题进行了探讨和研究。雄县职教中心副校长等到北京工业职业技术学院交流访问，召开关于"3+2"中高职衔接交流会，就如何进一步助推京津冀协同发展、深度合作、项目对接中存在的问题及建议等进行交流。

2. 北京市丰台区职业教育中心学校持续实施京津冀技术技能人才培养项目

北京市丰台区职业教育中心学校整合职业教育优质资源，持续实施京津冀技术技能人才培养项目，助力新区职业教育发展。2017 年以来，北京市丰台区职业技术教育中心学校与容城县职教中心建立的合作关系不断走向深入。2022 年，两校联合招生的 33 名高一新生顺利到北京市丰台区职业教育中心学校报到学习。同时，53 名 2020 级在北京市丰台区职业教育中心学校就读的容城学子全部回到容城县职教中心读三年级准备升学考试。其间，两校不断加强合作，共同确定教育教学及相关管理方案。

2021 年，北京市丰台区职业教育中心学校接待雄安新区管理委员会公共服务局副局长及雄安新区职业培训学校等 11 名校级领导到校参观交流之后，又携手北京星巴克咖啡有限公司，开展 2 期各为期 1 个月的丰职-星巴克京津冀技术技能人才培养项目，构建了集咖啡专业知识、咖啡英语、咖啡服务礼仪和咖啡体验与实操等整套课程体系，受益的雄安新区职业院校学生 34 人、教师 2 人，首届项目学生已经走上工作岗位。

2023 年，北京市丰台区职业教育中心学校做优"京沽""京威""京容"等技术技能人才提升项目品牌，与河北省容城县职教中心、威县职教中心、沽源县职教中心、沧州工贸学校、保定市第二职业中学、曲阳县职教中心在中餐烹饪、西餐烹饪、幼儿保育、影像与影视技术等专业共同开展技术技能人才提升项目，遴选建档立卡户学生加入，按照"技能+素养+文化"的人才培养模式，通过专家讲座、技能训练、实习实训等方式增强学生文化素养、提升专业技能，为当地产业发展积蓄高素质人才，2023 年项目受益学生 231 人。

3. 接收雄安新区学生访学

2022 年，北京金隅科技学校接收 144 名雄安新区学生访学，为雄安新区培养计算机应用、人工智能技术、航空服务等领域紧缺技术技能人才。按照"京保石邯"职业教育联盟章程和 2023 年工作计划要求，北京金隅科技学校选取建筑工程施工、计算机与数码产品维修、人工智能技术与应用 3 个特色专业与联盟成员校雄县职教中心开展了学生访学活动，2023 年形成了 5 个访学班，共 105 人。北京金隅科技学校组织了"金隅学子"杯京保石邯联盟篮球联赛、"牢记嘱托，感恩奋进"一二·九合唱、阳光晨读朗读比赛和"厚植国家情怀，勇担时代重任"十八岁成人礼主题教育活动，访学班学生积极参加、展现自我。

（二）不断擦亮"京雄"大赛品牌

1. 连续举办三届"京雄"职业院校学生技能大赛和两届"京雄"职业院校教师教学能力比赛

2020 年，根据北京市教育支援合作任务要求，受北京市教育委员会、北京市丰台区教育委员会和河北雄安新区管委会公共服务局委托，北京市丰台区职业教育中心学校承办了首届京雄职业院校学生技能大赛，创建了"京雄"大赛品牌。大赛以"京冀职教携手，共育未来工匠"为主题，汇聚北京市丰台区职业教育中心学校、北京金隅科技学校、河北省容城县职教中心、河北省雄县职教中心、河北省安新县职教中心共 5 所学校的 108 名参赛选手及 40 余名指导教师。大赛设置了中职生礼仪、计算机平面设计、电子商务—新媒体运营 3 个比赛项目。两地学子在比赛中的优秀表现是对京冀教育协同发展、共育高素质技术技能人才的重大检阅，是北京中等职业学校立足北京、辐射京津冀、发挥首都教育资源优势和教育引领作用、服务国家重大战略的重要成果。

2022 年，这 5 所学校的 199 名选手参加了由北京市丰台区职业教育中心学校承办的第二届"京雄"职业院校学生技能大赛。"京雄"大赛聚焦"双主体发展"，在学生技能大赛基础上进一步孵化了教师教学能力比赛。2022 年 11 月，首届"京雄"职业院校教师教学能力大赛（现场展示环节）在北京市丰台区职业教育中心学校举行，在各参赛学校设立比赛分赛场。北京市丰台区职业教育中心学校、北京金隅科技学校、北京铁路电气化学校、北京市自动化工程学校、河北省容城县职教中心、河北省雄县职教中心、河北省安新县职教中心共 7 所职业学校的代表参赛。21 个参赛作品的 84 名教师进入决赛，最终评选出公共基础课程组一、二、三等奖共 7 项，专业（技能）课程组一、二、三等奖共 14 项。

2023 年，第三届"京雄"职业院校学生技能大赛暨第二届"京雄"职业院校教师教学能力比赛继续在京举行。2022 年，北京市丰台区职业教育中心学校被教育部、中组部遴选为国家乡村振兴重点帮扶县教育人才"组团式"帮扶北京牵头校，成立"4+5+N"京蒙职业教育发展联盟。因此，2023 年参赛院校从北京、雄安新区为主扩容到国家乡村振兴重点帮扶县教育人才"组团式"帮扶"4+5+N"京蒙职教发展联盟成员校（北京市外事学校、北京市信息管理学校、北京市密云区职业学校、河北省廊坊市固安县职教中心等），共 16 所职业院校参赛，较上年增加了 9 所，共 258 名师生参赛。大赛彰显专家引领、团队共创、赛课融通、赛教结合，对标国赛，赛项覆盖 10 余个专业，实现了"以赛促教、以赛促研，以赛促建"的办赛目标，在赛项规模、赛项制度建设等方面再上新台阶。

"京雄"大赛连续举办三年，坚持赛教结合、赛研并重、赛建同步，现已成为京冀蒙三地滋润师生成长的"匠果"空间。大赛为三地职业院校在人才培养、专业建设和师资队伍提升等方面贡献了北京职业教育的智慧和经验，为职业院校深化"三教改革"和提升关键办学能力，起到了树旗、导航、定标、催化的作用。

2. 举行京雄职业学校班主任专业能力比赛和京津冀说课大赛

2021 年，作为雄安新区职业教育帮扶项目实施单位，北京金隅科技学校举办了京雄职业学校班主任专业能力比赛，班级建设方案评比和典型工作案例评比各有 16 件作品，均来自容城、安新和雄县 3 县职教中心。

2022 年，继 6 月落幕的京津冀新专业·新课程·新教法财经类说课大赛之后，京津冀新专业·新课程·新教法电子商务类说课比赛也于 9 月举行。北京市职业教育技术学会、北京现代服务业职业教育集团继续作为主办方。由北京市商业学校、京津冀财经专业职业教育联盟承办，共收到来自京津冀地区包括雄县职教中心在内的 29 所学校的 42 件参赛作品。本次比赛聚焦电子商务类专业目录下的专业核心课程和专业基础课程，各参赛教师充分挖掘校企合作在专业教学中的作用，以项目教学作为主要参赛课程。赛前主办方北京市商业学校对参赛教师进行了为期 3 天的混合式教学设计、信息技术运用、思维导图运用等专题培训，并对本次赛事进行了详细的说明。这次活动充分展示出新时代职业院校教师良好的师德师风、教学技能、实践能力和信息素养。通过此次比赛，教师们对在数字经济时代背景下的专业升级改造和新专业标准有了更深的理解。培训和比赛也孵化出一批可实践、可推广的教学成果，各参赛教师均展现出了较高的混合式教学设计能力。

（三）多举措促进教师能力提升

1. 开展职业学校和职业技能培训机构教师培训、教学诊断、教学交流活动

北京专家团队赴雄安新区开展职业教育教学诊断暨骨干教师培训。2000 年 9 月，北京市教育委员会职成处负责人率队赴雄安新区容城县职教中心，在京雄职业教育协同发展项目教育教学诊断暨骨干教师培训开班仪式上，以"转型升级 提质图强 打造与雄安新区相契合的职业教育"为题作报告。在为期 5 天的培训活动中，北京职教专家通过听课、讲座、实践交流、专题培训等形式对容城、安新、雄县三县职教中心进行学校发展定位、教育教学诊断与指导，为三县骨干教师开展了行动导向教学法和混合式教学专题讲座。北京市丰台区职业教育中心学校协同由教育行政部门、职业教育专家、院校领导、教学名师、教学研究人员等 10 余人组成的专家团队，通过座谈、课堂听课、与教师交流相结合的方式，面向雄安新区 3 个校区 7 个专业（电子商务、会计、会计电算化、平面设计、计算机应用、酒店、美术）开展课堂教学诊断工作，共听课 9 节次，被听课教师人，与教师交流 9 人次。此次活动是由北京市教育委员会和雄安新区公共服务局共同组织的。同年 10 月，河北保定市雄县职教中心干部教师 22 人来到北京信息职业技术学院参加为期 1 周的短期交流培训。

根据北京市教育委员会 2021 年"雄安新区职业教育教师专业发展提升项目"的安排，北京金隅科技学校组织开展雄安新区三县职教中心管理干部和教师专业能力培训工作，全年培训 395 人次，合计 1488 人天。根据前期调研情况以及职业教育提质培优行动计划工作要求，该校开展线上课堂革命典型案例设计、实施、总结、提炼专题培训，121 名教师进行了为期 3 天的线上直播观看学习，同时进行"新型活页式、工作手册式、融媒体教材设计方法与编写要点落地工作坊"线上培训，并获得培训合格证书；围绕教材建设，为 21 名教师配发了《新型活页式、工作手册式、融媒体教材系统设计与开发指南》。此外，还为 153 名雄安新区教师开展了提质培优背景下课程思政系统化线上培训。

2022 年，北京市丰台区职业教育中心学校对标大赛标准，对雄安新区 30 名职业教育优秀班主任开展了为期 7 天的能力提升培训。2023 年，该校实施骨干教师培训项目，为雄安新区三县职业学校骨干教师开展素养提升活动，对标国家教学能力大赛要求，深化"三教"改革，并先后组织雄安新区三县职业学校干部教师开展线上"共上一堂党课"活动 2 次，3 所职业学校参与教师千余人次。

对千余名京冀职业技能培训机构教师免费开展线上培训。2022 年，在北京市人力资源和社会保障局的组织下，北京市新媒体技师学院承办了京冀地区职业技能培训机构教师线上教学能力提升培训班。来自京冀地区民办职业技能培训机构的 1300 余名教职工免费参加了此次培训，其中包括北京市各区 271 家培训机构的 800 余名教职工，以及来自雄安新区、廊坊"北三县"、张家口和承德等地培训机构的约 500 名工作人员。此次培训主要包括 4 方面内容，即在线教学与在线深度学习、同步/异步在线教学设计与实施、直播教学实施和线上教学平台应用实战，实现了线上培训全要素、全流程展示教学。在培训过程中，该学院依托直播平台听课过程流畅，通过直播平台和微信群平台师生之间互动良好，整体满意率较高。

2023 年，北京金隅科技学校以多种形式帮助雄安新区职业学校教师提升能力。组织开展"打造特色金课，锻造职教金师"主题培训，北京金隅科技学校、容城县职教中心、安新县职教中心、雄县职教中心 4 校 272 人参加。培训设置"数字化与信息素养""课程开发与教学设计""在线精品课程与资源库建设与应用""在线精品课程优质课例分享"四大课程模块的专家专题报告。携手联想集团组织开展了教学高尔夫·体验式教学创新研修培训，京雄两地 50 余名教师参加了培训，为教师教学改革与创新提供了切实可行的方法与工具。此外，还协同雄安新区公共服务局和新区 3 所职业学校共同组织开展了调研、教学诊改、教学交流展示系列活动。

2. 开展京雄职业教育教师优秀论文评选活动

根据北京市教育委员会 2021 年 "雄安新区职业教育教师专业发展提升项目" 的安排，北京金隅科技学校组织了 2021 年京雄职业教育教师优秀论文评选活动，专家组从 97 篇推荐论文评审出获奖论文 57 篇。在北京市教育委员会指导下，北京金隅科技学校组织开展 2022 年度京雄职业教育优秀论文及课程思政教案评选。京雄两地共计 10 所职业院校的教师参加此次大赛。2023 年京雄职业教育优秀教育教学论文及课程思政教学设计评选活动继续进行，京雄两地 10 所职业学校共 187 名教师参与其中，共推荐优秀教育教学论文 94 篇，课程思政教学设计 57 份。评比活动推动了课程教学与思政教育紧密结合、同向同行。

3. 成立河北雄安新区三县职业教育 "刘海军" 名校长工作室

2023 年，根据北京市教育委员会教育支援合作项目工作部署，北京市丰台区职业教育中心学校邀请 15 名北京职业教育专家赴雄安新区，在容城县职教中心举行名校长工作室成立揭牌仪式，为新区三县职业学校校长和干部培养搭建平台，增强内生动力。雄安新区公共服务局、三县职教中心、张家口市职教中心负责人等参加揭牌仪式。同年，河北省容城县政府和教育局有关负责人、容城县职教中心校长刘海军、"刘海军名校长工作室" 成员到北京市丰台区职业教育中心学校考察调研，并就推动容城县职教中心办学实践改革、创新建设一流专业进行对接交流。

（四）校际对口支援

2022 年，北京市丰台区职业教育中心学校结合容城县职教中心基础办学条件，协助完成物联网技术应用、跨境电子商务和数字影像技术应用等新专业的申报。

根据北京市京津冀协同办印发的《北京市推进京津冀协同发展年度工作要点》，北京劳动保障职业学院先后与雄安光明职业学校、保定光明职业学校签署合作协议并交流座谈，开展学生贯通培养、学生就业、高技能人才培训基地建设等方面的合作。实施优质教学资源共享建设项目，免费向雄安光明职业培训学校提供养老、护理、托育专业培训教学资源，搭建两校优质教育资源共建共享平台。实施高技能人才培训基地共建项目，为雄安光明职业学校推荐了1名国家级裁判员担任2023年河北省养老护理职业技能大赛裁判长，组织参加京津冀养老人才培训班一期，为学校提供了养老护理员职业技能培训教师资料、高技能基地养老护理类专业教学资源等，推动该校高技能人才培训基地质量提升。北京劳动保障职业学院党委书记等一行16人赴雄安新区开展专题调研。在光明职业培训学校，双方就学生贯通培养、职业技能等级认定、高技能人才培训基地建设等方面内容座谈交流。

（五）北京艺术传媒职业学院在雄安新区建设分院区

2020年，为配合非首都功能疏解，支持雄安新区建设，北京艺术传媒职业学院开展了在雄安新区建设分院区的前期工作。在国家发改委、北京市委、北京市政府、河北省委、河北省政府、雄安新区管委会的支持下，前期工作取得了阶段性进展，北京艺术传媒职业学院纳入北京教育领域非首都功能疏解名单；北京市推进京津冀协同发展领导小组办公室给河北省京津冀协同办、雄安新区管委会发去《关于商请支持北京艺术传媒职业学院疏解到雄安新区开展办学合作的函》。《北京市推进京津冀协同发展2020年工作要点》明确支持北京艺术传媒职业学院疏解到雄安新区办学。雄安新区管委会组织专题会研究议定在雄县划拨教育用地500亩，已经提交后续校园建设规划整体方案，正在推进新校区建设其他后续工作。

2023年，北京艺术传媒职业学院向河北雄安新区管理委员会改革发展局作了汇报沟通，并上报《北京艺术传媒职业学院（雄安校区）项目预可研报告简本》《关于申请北京艺术传媒职业学院建设项目核准的请示》，还提交了规划立项手续。作为疏解到雄安新区的高校之一，北京艺术传媒职业学院到雄安办学已办理了多项文件手续，雄安校区规划第一期项目用地面积约503.7亩，建筑面积约29.3万平方米，五院教学组团楼包括美术学院、设计学院、表演学院、传媒学院、经管学院。

（六）开展社会培训

2019年，雄安新区劳动力再就业"智能楼宇管理员"培训班开班，首批 30 余人参加培训。此次培训主要面向雄安新区当地再就业群体。由北京电子信息技师学院作为培训承办主体，培训内容包括电气基础知识、通信网络与信息网络、楼宇消防系楼宇安防技术、楼宇自控控制系统等。此次培训项目填补了雄安新区"智能楼宇管理员"职业技能培训和鉴定工作的空白。北京市人力资源和社会保障局指导北京电子信息技师学院在容城培训地搭建了专门化实操实训室，为学员提供专业化的技能培训环境；培训过程采用线上和线下结合的"互联网+"培训模式，为学员提供丰富的职业学习内容；电子信息技师学院还组织培训合格学员赴京参加中级工职业资格考试，为学员提供长期化的培训结果应用。同年，受河北雄安新区党工委管委会委托，北京农业职业学院（北京市委农工委党校）承办了雄安新区基层党建工作人员培训班。雄安新区党工委管委会党群工作部，雄县、容城、安新三县县委组织部负责基层党建的副部长及工作人员，三县各乡镇组织委员、重点村党支部书记等共计 62 人参加了培训，新区党建工作人员政治意识、责任意识和履职能力得到了提高。

2020 年，在北京市职业能力建设指导中心、雄安新区公共服务局、安新县人力资源和社会保障局的指导下，北京市工业技师学院、安新县光明职业培训学校共建的首个京雄合作"雄安新区培训中心"启动仪式暨雄安新区首届新能源汽车维修公益班开班仪式在安新县光明职业培训学校举行。首期新能源汽车公益培训班由来自安新县 48 个汽车修理厂的 68 名从业人员以及 30 名初学者组成，后期培训班以线上线下培训相结合的方式开展，共计 100 学时。

2021 年，北京经济管理职业学院面向雄安新区非核心功能产业，为雄安新区新农民、外来务工人员开展了多类型、多层次的技术技能培训。

2022 年，在京雄保职业教育高质量发展对接线上交流活动中，北京培黎职业学院、雄安新区公共服务局、保定国家高新区职业高中三方在人才培养、师资扶持、专业建设、产教融合等方面达成合作意向。

此外，京雄两地职业院校间还组织开展了一些调研活动。比如，2023 年北京财贸职业学院调研组一行参观了雄安新区规划展示中心，深入了解了雄安新区的整体规划及建设进展，并在雄安新区管委会同雄安新区公共服务局教育组、就业创业组和三县职教中心负责人座谈交流。调研组还走访考察了雄安人力资源产业园并与雄安集团人力资源公司负责人座谈交流，重点就雄安新区技术技能人才需求现状、重点产业发展及学校与雄安人力资源产业园合作事宜进行了交流。

二、北京城市副中心与廊坊市和天津市武清区职业教育协作持续开展

2016 年，以北京新城职业教育集团成立为契机，本着"协同发展、资源共享、优势互补、合作共赢"的原则，北京新城职业学校与三河市职教中心签订合作协议，在促进双方院校共同发展的基础上，适应京津冀产业链分工合作的需要，跨区域合作培养人才、合作开发课程、共享数字化教学资源、共享实习实训基地、共享教学科研成果。这标志着北京新城职业学校与三河市职业教育中心战略合作正式启动。此后，廊坊市更多职业院校和天津市武清区职业学校加入合作圈，合作方式也逐渐多样化。总体来看，通武廊职业教育协同发展主要内容包括以下 5 个方面：

（一）联合开展人才培养

联合开展跨省市"3+2"人才培养。2020 年，北京市教育委员会和河北省教育厅协商后正式批复同意北京财贸职业学院与河北省大厂县职教中心合作开展跨省市"3+2"联合培养试点。试点工作于同年开始实施，每年招生计划为 100 人。经双方研究，河北省大厂县职教中心的两个省级特色专业（旅游服务与管理专业、动漫与游戏设计制作专业）分别对接北京财贸职业学院的旅游管理专业和视觉传达设计专业。旅游服务与管理专业招生计划 60 人，动漫与游戏设计制作专业招生计划 40 人。两校共同确定人才培养目标、制订人才培养方案、完善课程体系和课程内容，分学段组织实施教育及管理，共同完成人才培养。试点项目学生前三年纳入河北省大厂县职教中心学籍，后两年纳入北京财贸职业学院高等职业学校学籍，符合条件的毕业生可获得北京财贸职业学院高职毕业证书。2023 年，北京财贸职业学院与大厂县职教中心继续联合开展跨省市"3+2"人才培养，计划招生 100 人，实际报到 94 人。两校于 6 月举行合作办学签约仪式。双

方互访不断，"3+2"跨省市中高职衔接项目合作不断深入。

在"3+2"项目之外，2022 年，北京财贸职业学院还举办了廊坊燕京职业技术学院智能财税培训班。培训主要面向廊坊燕京职业技术学院大数据与会计专业 2020 级的学生。培训班共分为 2 期，每期 2 天，共 100 余名学生参加培训。

（二）教师能力提升

2020 年，应廊坊燕京职业技术学院邀请，北京财贸职业学院为该学院系部负责人、专业教师和教务处相关人员开展了 4 期线上专题讲座，参加培训教师近 400 人次。培训内容既有行业先进科技和理念，又有实操实训教学的标准化流程，为开展"1+X"证书培训提供了"种子"力量。

2021 年，北京财贸职业学院发挥国培、市培基地功能和专业资源优势，开展"1+X"物流管理职业技能等级证书师资培训、"1+X"数字化管理会计职业技能等级证书师资培训、会计专业"双师型"教师培训，48 名廊坊职业院校教师参与培训，大部分参训教师学习成绩合格，取得相关专业资格证书，为教学注入新鲜血液。北京财贸职业学院接待廊坊燕京职业技术学院 2 批共 2 名中层干部、4 名骨干教师、1 名辅导员到校进行各为期 1 周的跟岗研修，跟岗人员全程参与教学、教研活动和行政管理、学生管理等工作，提升业务能力；联合科研共同学习促成长，两校教学管理人员共同参加了北京职业院校教学管理通则线上培训。北京财贸职业学院基础教育学院还与廊坊燕京职业技术学院等 5 所河北省学校共同申报了河北省教育厅 2021 年教育信息化教学应用实践共同体项目——区域一体化背景下京冀高职英语在线开放课程共同体建设与实践项目。

2022 年，北京财贸职业学院教师发展中心以"精心培养青年教师 赋能强基育好新人"为主题，举办青年教师基本教学能力提升培训，两校青年教师广泛参与，取得了良好成效。同年，召开了京冀财经职业教育联盟智慧财经专业群课程思政教案编写研讨会。北京财贸职业学院立信会计学院全体教师和廊坊燕京职业技术学院财经系教师参加了研讨会。北京财贸职业学院 7 名教师分享了《财务报表审计》等 7 门课程教案中课程思政教学目标、教学实施、教学评价等环节的设计内容和设计意图。本次研讨会提升了教师教案编写水平，启发教师编写教案时渗透课程思政的思路，推动课程思政和思政课程同向同行。

2023 年，北京新城职业学校接收大厂县职教中心 2 名教师（高中语文学科和电工电子专业教师）来校跟岗各 3 个星期。跟岗期间，这 2 名教师参加课堂观摩、教学研讨、座谈会等活动，增进了交流，也提升了能力。

（三）举办技能比赛

1. 通武廊职业技能大赛

2017 年，北京市通州区人力资源和社会保障局、天津市武清区人力资源和社会保障局主办，河北省廊坊市人力资源和社会保障局协办了首届通武廊职业技能大赛。大赛历时 2 个月，分为数控车工、维修电工、养老护理 3 个工种，吸引通武廊三地近千名选手参加。大赛实现了三地高技能人才的互认共享，为后来三地在高技能领域开展筹建通武廊师资库、合建技能大师工作室、共同加快高技能人才的培养交流提供了基础保障。根据相关规定，在本届大赛获得一、二等奖的通武廊三地选手，由主办方直接上报主管部门进行职业资格晋升，同时享受本地技能人才奖励政策。

2023 年，第四届通武廊职业技能大赛选取京津冀合作最多的 4 项民生服务领域（电梯安装维修、电工、养老护理和汽车维修）作为竞赛项目。经过近 2 个月的初赛和集训选拔，三地共有来自院校和企业的 63 名选手进入决赛。决赛现场，12 名来自通武廊三地的中华传统技艺传承人，展示了绢花、地毯、人偶和柳编等具有区域特色的绝活技艺。同时，在户外展演多机种、多机型的无人机特技飞行和竞技活动，为技能人才搭建展示交流的平台。

2. 通武廊职业学校学生技能大赛

通武廊职业学校技能大赛是通州区、武清区、廊坊市固定举行的重要赛事。该大赛自 2019 年由天津市武清区职教中心发起并主办，共有来自三地 4 所学校（北京新城职业学校、天津市武清区职教中心、廊坊市电子信息工程学校、河北省香河县职教中心）的 142 名选手、70 名指导教师、40

名裁判员参加，设置汽车机械拆装、汽车营销、数字影音后期制作技术、学前教育专业美术与手工、职业生涯设计技能挑战赛、电子商务运营技能共6个赛项。

第二届比赛于2021年由北京新城职业学校主办。相比第一届，本次大赛增设了学生职业礼仪赛项及思政课教师基本功、班主任基本功2项教师赛，学生赛项达到7项。参与的学校也增加了大厂县职教中心，达到5所。第三届（2023年）和第四届（2024年）分别由廊坊电子信息工程学校和香河县职教中心主办。

（四）开展乡村干部培训

2023年，北京新城职业学校承接香河县部分"85后"优秀乡科级干部、科级以下优秀年轻干部以及部分重点管理期内选调生共45人、为期12天的干部培训任务。培训让学员开阔了视野、提升了工作技能，也加强了通州区委组织部和香河县委组织部的交流。

（五）深化校际全方位合作关系

2019年2月，北京市教育委员会与廊坊市人民政府签署《关于北三县地区教育发展合作协议》。为推进协议尽快落地见效，发挥北京优质教育资源的辐射带动作用，加快推动、全面提升北三县地区教育质量，北京市教育委员会选定了北京市"特高校"建设单位、国家级示范校——北京财贸职业学院作为合作主体，与廊坊市教育局下辖的北三县职业院校对接，商讨合作事宜。在北京市教育委员会和廊坊市有关部门的指导推动下，北京财贸职业学院与北三县多所职业院校先后6次研讨交流、实地调研，提需求、找路径、定方向，不断明确合作内容和方式，聚焦合作意向、合作专业，最终确定北京财贸职业学院先期与廊坊燕京职业技术学院加强合作。

2019年，北京财贸职业学院与廊坊燕京职业技术学院相互考察调研后，续签《北京财贸职业学院 廊坊燕京职业技术学院职业教育协同发展合作协议》，开展会计专业合作对接，吸收廊坊燕京职业技术学院为会计行业产教融合共同体成员。北京财贸职业学院与河北省大厂县职教中心共同参与文化旅游专业群资源库建设，邀请对方学生参加区块链会计应用等培训活动近 10 场、超 500 人次。

2022 年，北京财贸职业学院立信会计学院师生和廊坊燕京职业技术学院会计专业学生共同开展了"就业创业先进典型宣讲及交流"线上活动。本次活动通过集中宣讲、提问交流的形式帮助两校会计专业毕业学生走好职业生涯第一步。北京财贸职业学院会计专业教师参加了廊坊燕京职业技术学院主办的 2022 数字经济时代新会计人才培养续航云端论坛。北京财贸职业学院金融学院以"共话数字经济 聚焦财富管理"为主题举办了 2022 数字经济时代财富管理行业发展趋势论坛，邀请廊坊燕京职业技术学院专家学者广泛参与。北京财贸职业学院以"落实'两高'任务 激发勇攀科研高峰力量"为主题召开学术交流大会。廊坊燕京职业技术学院、香河县职教中心、三河市职教中心等北京商贸职业教育集团理事单位有关负责人与教师代表应邀参加会议。

2023 年，北京财贸职业学院与廊坊"北三县"学校开展互访交流 6 次，邀请对方教师参加人才培养方案和课程体系建设研讨、学科讲座等活动 10 余次。

此外，北京新城职业学校到香河县职教中心和廊坊市电子信息工程学校进行专业建设和数字化校园建设方面的参观交流学习。

三、服务冬奥会筹备与举办

北京培黎职业学院本着服务 2022 年冬奥会的宗旨，主动联系河北省张家口市崇礼区万龙度假天堂（万龙滑雪场）开展合作，以体育运营与管理专业为契机，与崇礼万龙滑雪场开展专业合作共建，在崇礼区万龙滑雪场正式挂牌成立北京培黎职业学院实训基地。崇礼万龙滑雪场为该院体育运营与管理专业的学生提供滑雪理论教学和实践技能培训，该校为冰雪运动培养和输送合格的技能型人才。

北京汇佳职业学院与张家口崇礼万龙滑雪场合作成立汇佳 & 万龙冰雪产业学院，培养冰雪相关专业人才，带动冰雪运动推广与普及。北京市劲松职业高中与张家口市职教中心联合培养休闲体育专业人才。中国音乐学院附中紧扣北京冬奥会主题，将音乐艺术与体育精神相结合，积极探索创新课程思政模式，取得良好示范效应与社会影响，在读学生创作了北京冬奥会火炬传递主题歌 *Flame of Hope*。

四、民办培训机构交流

2019 年，河北雄安、北三县两地 20 余所培训学校负责人与北京市 7 所民办培训机构代表，在北京市工业技师学院开展了交流座谈。座谈会前，三地代表参观了学院数控实训车间、世赛国家集训基地、汽车实训室、智能工厂等，初步了解了以学院所属华腾职业培训学校为代表的北京市民办培训机构的办学情况。座谈会上，北京市职业能力建设指导中心副主任出席活动并讲话，7 所北京市优质民办培训机构介绍了各校办学特色和可开展合作培训项目情况。三地代表通过交流，初步形成了在智能制造、特种作业、汽车维修、家政服务等专业领域共同开展技能人才培训、师资培养、实训基地建设等方面的合作意向。

第三节　精准助力河北省脱贫攻坚

一、以人才培养为主提升人力资源素质

（一）面向保定市开展教育精准扶贫攻坚行动

北京市教育委员会与河北省保定市教育局联合启动京保教育精准扶贫攻坚行动，建立职业教育帮扶体系，重点以建档立卡学生为精准帮扶对象，与北京中高职联合开展"2.5+0.5""3+2"人才培养和保定深度贫困县农村电商技能培训。

北京财贸职业学院与保定市教育局根据《京保教育精准扶贫攻坚行动计划》《京冀中东部教育对口支援合作协议》开展相关活动。2017 年，北京财贸职业学院组织有关人员深入保定市涞水县等贫困县调研，与保

定市职业学校在农村电商、农村经济（金融、会计）、旅游管理服务、文化创意等专业，合作实施 2018 年京保职业教育协作中等职业学校学生就业能力提升"2.5+0.5"项目，帮助学生顺利升学就业，有效落实精准扶贫。

2019 年，北京市求实职业学校按照北京市教育委员会关于扶贫工作的要求，承担了保定地区 3 所职业院校 53 名学前教育专业学生来京访学扶贫任务。按照"帮扶带动一批专业、协助培训一批教师、对口支援一批学生、积极拉动一批就业"的工作目标，结合保定学生的实际需求，该校安排 2 名市区级骨干教师任班主任，并协调出优秀的学前教育专业骨干教师为保定班学生上课。在保留专业原有的综合素养和专业技能课的同时，积极进行综合实训课程尝试，开发了传统文化主题活动、幼儿园一日生活、蒙台梭利教法实训、奥尔夫音乐实训、AI 幼儿编程与故事创编等实践课以及幼儿仿真婴儿特色课。专业课教师边教研边实践，带着学生们"做中学"，引导学生将所学到的知识和技能转化为与幼儿园小朋友开展互动的能力。

（二）面向河北省尚义县开展职业学校师生和新型职业农民培养培训

河北省尚义县是北京市安排的昌平区对口帮扶县。2017 年，北京市昌平职业学校落实尚义县 20 名贫困生在京培养和 40 名教师在京培养计划，并培训了 10 名班主任，得到了尚义县负责人和班主任们的高度认可。同时，还协助尚义县职教中心提高了校园文化建设质量，加强了综合实训楼的建设与规划。2018 年，河北省尚义县职教中心组织 60 名退耕还林的农民来到昌平农广校农民田间学校参加职业技能培训。在昌平鑫城缘果品专业合作社农民田间学校的 5 天培训中，昌平农广校请来的教授、草莓植保专家分别为学员们讲授了草莓种植与养护系列内容，受到尚义县农民的欢迎。京尚两地合作建立资源共享机制，把人才资源优势转化为服务地方经济的技术优势、竞争优势和发展优势，让农民科技知识培训成为尚义脱贫攻坚工作的"助推器"。

（三）北京市丰台区职业教育中心学校将以促进劳动力由体力型向技术性转变作为教育对口帮扶重点

按照《北京市丰台区 保定市涞源县携手奔小康行动协议书》和《丰台区教育委员会和保定市涞源县教育局关于教育对口支援帮扶协议书》的要求，北京市丰台区职业教育中心学校把精准理念贯穿教育扶贫全过程，深入调研，密切沟通，力争做到需求精准、对接精准、施策精准、落地精准，努力将有限的资源发挥无限的效能。

该校多次组织团队前往河北省涞源县、威县、沽源县等地实地考察、交流、精准对接。2017 年，该校与河北省涞源县职教中心合作，将促进劳动力由体力型向技术性转变作为教育对口帮扶重点，开展了三方面活动：一是加强学前教育专业人才联合培养，为两地定制培养紧缺的幼儿园教师；二是选派优秀教育专家团队赴涞源县支教，针对建档立卡户的 113 名学生开展了电子商务和汽车维修技能培训；三是选派 10 名骨干教师来京参加"三新"教师能力提升培训，显著提高了受训教师的课程教学能力、科研能力、教学创新能力。

本着"扶贫扶智扶技，治贫治愚治本"的指导思想，2018 年和 2019 年，该学校共承担扶贫帮扶任务 23 项，援建职业学校 10 所，完成教师教学能力专题培训 160 人，学生专业技能提升培训 1036 人，建档立卡人员就业创业培训 384 人，开展新农村建设致富技能培训受益农户 120 户。专业涉及电子商务、计算机网络技术、中西餐、汽车维修、学前教育、影像与影视技术、非遗产品设计与应用、航空服务共 8 大类，有效促进了贫困地区经济发展，为脱贫攻坚尽了职业教育的一份力量。正如其校长赵爱芹所说，"作为职业院校，更应发挥专业、师资、技术技能培训等优势，强化扶贫、扶技、扶发展，加强就业创业技能培训，助力县域或村域主打产业振兴、百姓脱贫。加强民间传统工艺等技术交流培训，助力文创产业发展，以文创强化文化、以文化促进产业、以产业带动社会文明。脱贫摘帽不是终点，而是新生活、新奋斗的起点，在这个起点上，职业教育也将大有可为。"

（四）首钢技师学院定向招收贫困学生，综合施策，开展学业帮扶

2019 年，首钢技师学院组建以校领导为组长，教务与招生就业处、学生处（团委）、基础学院、机电工程学院、冶金安全环保学院、总务部等部门为成员的专项工作团队。6 名处级干部带队到北京市对口帮扶地区河北省张家口市、保定市和人社部重点帮扶地区山西省天镇县，以贫困家庭应届初中毕业生为主要帮扶对象，与上述地区教育部门、人社部门密切对接，直接与贫困生面对面进行招生宣传，定向招收贫困地区学生。在北京校本部、张家口市、保定市、山西天镇四地同时开设考场，组织考试、面试，免费为建档立卡贫困考生和家长提供用餐、住宿等服务，设立贫困学生报考"绿色通道"。通过精细组织，同年 9 月，学校休闲体育服务（冰雪运动）、电气自动化设备安装与维修（智能制造）、焊接加工 3 个优势专业，从张家口、保定、天镇地区录取五年制高级工学生共 45 人，其中建档立卡贫困学生 10 名。

实施"六免一助"，开展学业帮扶。学校组织学生处在严格落实国家对贫困学生免学费、评定国家助学金、发放学生生活物价补贴等政策基础上，制定实施"六免一助"政策，进一步减轻建档立卡户贫困学生经济压力。"六免"即免除学生住宿费、教材费、劳保费、体检费、校服费、军训费；"一助"即设立勤工助学岗位，引导学生通过劳动获得资助。学校组织二级学院专任教师掌握教育脱贫相关政策，院领导、辅导员、班主任与招收的 10 名建档立卡户学生结成帮扶对子，定期组织座谈会，开展谈心谈话，及时掌握贫困生的家庭情况、成长经历以及在校期间的学习生活情况，积极宣传国家帮扶政策，加强思想引导。学校团委及时组织贫困生开展"我和我的祖国"主题教育，观看民族文化进校园节目，参加首钢老干部艺术团庆国庆、庆建厂百年文艺演出，参观首都博物馆，组织校友日常文体活动用品慰问发放会，通过主题活动培育学生爱国情、报国志，激励学生勇敢面对困难、担当责任的信心与决心，确保完成学业。

张家口教育局有关负责人表示："以前扶贫都是送点东西、推广技术、解决点资金，没有从根本上解决扶贫问题。首钢的教育扶贫从根本上解决

了问题，做到了职教一人、就业一人、脱贫一户。"

（五）北京汽车技师学院对口帮扶河北省阜平县职教中心

北汽集团及其下属北京汽车技师学院响应"精准扶贫"战略规划，对口帮扶河北省阜平县职教中心，在河北省阜平县职教中心建设了"北汽集团汽车培训基地""北京汽车技师学院职教帮扶基地"，基地包括新能源汽车理实一体化教室、新能源汽车整车故障诊断实训室、传统汽车理实一体化教室和传统汽车整车故障诊断实训室等，并送教上门，逐步建立了"北汽培训+阜平实训+定向就业"一体的培训就业精准脱贫工作模式，真正实现"一人就业，全家脱贫"，得到了北京市主要领导的肯定。2019年5月，北京市党政代表团赴阜平扶贫调研并参观阜平县职教中心。北京市委书记蔡奇全程观摩了学院帮扶实训课程，在详细了解了北汽集团助力当地职教扶贫情况和北京汽车技师学院开创的"学习+培训+就业"扶贫模式后，对北京汽车技师学院职教扶贫这一举措给予了高度肯定。

（六）北京市密云区职业学校与3所河北省中等职业学校结对帮扶

2019年，北京市密云区职业学校与河北省蔚县职教中心、河北省滦平县职教中心、内蒙古赤峰市巴林右旗大板职业中学、内蒙古通辽市库伦旗民族职业中等专业学校两省4所职业学校开展"对口协作、结对帮扶"，全年共接受帮扶任务8项，干部教师交流22人，培训教师59名，开展学生专业技能提升培训213人，建档立卡贫困户学生专业交流访学44人，教学设备援助15.9万元。其中，蔚县职教中心学生访学18人，滦平县职教中心学生访学16人。同年，通过参加在北京市密云区职业学校举行的京冀合作校学生实习就业专场招聘会，来自河北省承德县职教中心的74名汽修专业被首汽集团等20家企业全部录用，实现100%就业，其中有17名来自建档立卡的贫困户。学生上岗就意味着"一人就业、全家脱贫"。北京市密云区职业学校被评为密云区教育委员会系统对口帮扶先进单位。承德县职教中心和密云区职业学校在县区政府倡导并牵头运作下，于2016年8月实现了合作办学。两校优势互补，使各自的办学水平都得到显著提升。

此外，北京市信息管理学校现代服务系 2020 年承担了京冀对口帮扶赤城县扶贫就业技能培训项目，5 名教师赴河北省张家口市赤城县职教中心 1 周，完成包括学生团建、酒店服务讲练结合课程和旅游服务等相关课程内容的扶贫培训。

二、面向社会开展技术指导与培训，促进就业增收和脱贫

河北省邢台市巨鹿县 46 名农民在北京市昌平职业学校接受 6 个月的厨师技能培训合格后，进入合作企业就业，还有学员自主创业成为手下拥有几十名员工的企业主。

2018 年 9 月至 2019 年 3 月，北京市房山区第二职业高中承接了北京市房山区人力资源和社会保障局委托的扶贫攻坚任务，开展了保定市曲阳县贫困人员汽车修理方向的培训和就业安置工作。

2020 年，北京农业职业学院派园艺系科技特派员，赴河北省涿鹿县卧佛寺乡大斜阳村开展技术指导，前期为大斜阳村规划并购买了 25 亩的红肉苹果苗木，确立了长期帮扶协议，为村委会捐赠了现代果树育苗实用技术、乡村农民素质培训丛书、植保员守则、农产品营销、休闲农业设计与经营等图书 300 册。还对口帮扶赤城县河北锐洪特食品加工有限公司，在豆制品产品生产、绿色豆制品研制等方面给予技术指导与培训，2020 年直接带动贫困人口脱贫 6 人。

北京青年政治学院青年工作学院与天津城市职业学院、石家庄市民政局和河北省邢台市威县民政局合作，开展人才培养方案制订、社会工作者职业水平考试培训、养老机构社会工作管理专题讲座、社会工作专业督导等，帮助受援地培养社会工作专业人才，推动当地社会工作发展，发挥社会工作专业力量在打赢脱贫攻坚战中的积极作用，助力决胜全面建成小康社会。

三、协作开发产业，直接促进就业脱贫

北京市丰台区职业教育中心学校对标县域经济发展，组建特色菜品研发团队，充分利用河北沽源土豆、莜面、金莲花等特色食材，成功研发

"沽源一绝九大碗"，协助沽源县打造"一村一宴席，一餐一特色"的村域餐饮文化，对接冬奥，形成"生态旅游+科技（冰雪）体验+特色饮食"品牌项目，促进就业脱贫和当地产业发展。

北京市农业广播电视学校怀柔区分校（行政上隶属于怀柔区职业学校，业务上接受北京市农广校领导）响水湖基地和小白河基地分3批接待河北省邢台市农广校、丰宁县农广校、承德市农广校高素质农民培训班120余人参观学习交流。响水湖基地双创中心为丰宁县销售农产品，实现销售收入200余万元。小白河基地在河北省丰宁县大滩镇承包2500多亩土地种植荞麦、莜麦，还开办产品加工厂和宾馆，解决当地农民就业100余人。

四、京津两地职业院校开展消费扶贫

2019年天津市第一商业学校开展帮扶承德优质农产品进校园消费扶贫活动，全校教职工广泛参与，扶贫款项3万余元。北京市昌平职业学校27名新聘教师赴尚义县职教中心驻村帮扶点小蒜沟镇地上村开展了"京尚心连心"为贫困户捐款活动，为村民共捐款3160元，款项全部用于改善贫困户的生活。2021年，北京市商业学校完成了针对8省11个贫困市县的消费扶贫任务24.7275万元，充分彰显了职业教育在服务国家扶贫攻坚战略中的责任担当和社会价值，为助力国家扶贫战略完美收官做出了贡献。

第四节 建设京津冀职业教育改革示范园区

作为在河北省境内有校区的3所北京市高等职业学校之一，北京经济管理职业学院拥有建设京津冀职业教育改革示范园区的天然有利条件。北京经济管理学院固安校区在河北省，加之学院负责人积极参与京津冀职业教育协同发展进程，因此与廊坊市和其下辖的固安县开展了很多合作。固安校区地处京津冀腹地，又临近北京大兴国际机场。因此，和北京大兴国际机场作为京津冀协同发展的一个标志性项目一样，依托北京经济管理职

业学院固安校区打造跨省市的职业教育改革示范园区，也可以成为京津冀职业教育协同发展的一个标志性项目。于是，如同几年来本书作者的设想一样，在教育部、中共北京市委教育工作委员会、北京市教育委员会的协调和推动下，北京经济管理职业学院固安校区被各方选中，在京津冀协同发展十周年之际成立了。

一、规划和筹备

2023 年 6 月，北京经济管理职业学院启动京津冀职业教育改革示范园区规划工作，并不断加速推进筹备工作。10 月 17 日，北京经济管理职业学院成立京津冀职业教育改革示范园区发展规划工作组和基本建设工作组，进一步动员部署京津冀职业教育改革示范园区有关工作；19 日，北京市教育委员会副主任王方到学校固安校区调研，财务处、基建处负责人等随同调研；24 日，固安县委书记一行调研学校固安校区，研究推动京津冀职业教育改革示范园区建设；25 日，教育部政策法规司司长一行参观了校园，并听取学校关于京津冀职业教育改革示范园区建设有关情况汇报。11 月，固安县教育与体育局组织固安县职教中心和固安县职业中学的校长、书记、年级主任及骨干教师到北京经济管理职业学院参观交流。在座谈会上，固安县职业中学和北京经济管理职业学院就下一步对接工作进行了沟通，包括组织优秀学生来校参观、"1+X"证书取证合作、开展专家讲座、师资培训、交流学习等。

二、正式成立

（一）发布文件

2024 年 2 月 8 日，《北京市教育委员会 天津市教育委员会 河北省教育厅关于成立京津冀职业教育改革示范园区的通知》以京教职成〔2024〕1 号文出台。这标志着京津冀职业教育改革示范园区获得了合法身份。该文件规定了园区的立项意义和功能定位。其意义在于"贯彻落实习近平总书记在深入推进京津冀协同发展座谈会上的重要讲话精神，推进京津冀教育资源共建共享，加快构建区域联动的教育高质量发展新格局，高效支撑中国式现代化先行区、示范区建设"，其功能定位是"依托北京经济管理职业学院固安校区，按照'改革先行、聚合创新、协同发展'的理念，构建央地互动、区域联动协同平台，通过聚合京津冀三地产教资源要素、布局京津冀职教本科专业、建立京津冀职业教育改革研究中心，推进教育、科技、人才'三位一体'融合发展，以教育协同创新推动京津冀协同发展战略迈向更高水平，培养更多高素质技术技能人才、能工巧匠、大国工匠"，并要求"各市、区教育局（教育委员会）和各相关学校主动做好对接工作，积极筹措资源，抓好贯彻落实"。

该文件还包括一个附件，即《京津冀职业教育改革示范园区建设方案》。根据该方案，京津冀职业教育改革示范园区有6项重点任务，即构建跨省域办学机制、拓展职业教育新赛道（通过"五业对接"布局职教本科专业建设）、打造高素质师资队伍、推进产学研用转深度融合、协同园区规划项目建设、打造国际合作新高地；并按照"整体规划、分步实施、协同推进"的原则启动建设，在2035年"形成全国职业教育改革示范新高地"。

（二）召开成立大会

2024年2月21日，在京津冀协同发展战略实施十周年之际，京津冀职业教育改革示范园区成立大会在北京经济管理职业学院固安校区召开。教育部党组成员、副部长孙尧，北京市委常委、教育工委书记、市政府党组成员于英杰，天津市委常委、教育工委书记王旭，河北省政府党组成员、副省长，省委教育工委书记，省教育厅党组书记、厅长董兆伟到会并发言，京津冀教育行政部门主要负责同志，北京市职业教育工作联席会成员单位、河北雄安新区管理委员会、京津冀教育科研机构、高校、职业院校、企业代表以及廊坊市、固安县政府负责同志等400余人参会。

会议现场，北京市委教育工委副书记、市教育委员会主任李奕代表京津冀三地教育行政部门宣读关于成立京津冀职业教育改革示范园区的通知，教育部及三省市领导共同为京津冀职业教育改革示范园区揭牌。大会现场举行了战略合作备忘录签约、校际合作培养签约、校企合作签约、校地合作签约、跨省市"3+2"联合培养签约等系列签约，还举行了京津冀职业教育改革研究中心、京津冀职业教育改革示范园区产业学院、北京市新时代中高职思政课一体化建设工作中心揭牌仪式。会议同期举办了京津冀大中小学思想政治教育一体化建设论坛和临空经济区产教融合发展论坛。来自京津冀三地大中小学、中高职院校的 10 余名专家分享交流了不同地域、不同学段、不同角度的思想政治教育一体化工作经验。

京津冀职业教育改革示范园区成立大会的召开，被包括国家级媒体在内的众多媒体广泛和持续地报道，受到广泛关注。

三、建设和运转

京津冀职业教育改革示范园区成立以后，各项建设工作陆续展开。研制了京津冀职业教育改革示范园区本科人才培养方案研制，制定了教学管理制度论证会，发布了高层次人才引进公告（长期招聘），成立了珠宝科创产业学院、先进制造产业学院、本科生院、园区管委会和京津冀物流人才培养联盟。参加了在大兴机场召开的大兴国际机场临空经济区政校企合作平台对接会。

8 月 31 日，京津冀职业教育改革示范园区暨北京经济管理职业学院2024 级新生开学典礼在北京经济管理职业学院体育场举行，首批近千名京津冀职业教育园区职普融通本科人才联合培养项目新生开启新学期。

自此，京津冀职业教育改革示范园区进入正常运转和深入建设阶段。

第十一章　理论路径

第一节　理论路径的设计

从理论上讲，京津冀职业教育协同发展有两个层面的功能：一是职业教育作为社会的一部分，应当努力寻求各种途径来适应京津冀协同发展战略的实施，包括跟从整体发展目标和推进步伐，支撑产业、交通、人口等其他相关领域的发展；二是京津冀职业教育协同发展本身就是京津冀协同发展的一部分。京津冀职业教育协同发展的成效会影响京津冀协同发展实现的程度。因此，作为一种应然状态，京津冀职业教育协同发展可以从两个方面寻找实现的途径：一是京津冀职业教育协同发展自身内部需要建立健全的机制和推进完成的任务；二是京津冀职业教育协同发展需要外部引领、支持、配合、协同的机制。只有这两个方面的途径都打通，京津冀职业教育协同发展才可能按时达到理想的程度，实现其应有或被期待的功能。

一、相关学者提出的重要建议

（一）整体建构路径体系

闫志利等认为，基于职业教育与经济社会的关联特征，可以确定京津冀职业教育一体化发展是一项涉及众多主体的社会系统工程。促进京津冀职业教育一体化发展，需要在明确政府角色、引入市场机制的同时，明确一体化主体，完善一体化制度，优化一体化环境，强化一体化动力，提升一体化效率，以分别对应解决谁来实施、怎样推进、如何保障、如何加快进度以及如何保障效果5个方面的重点问题。❶

(二) 优化资源配置，拓展办学功能

发挥地缘优势。孙善学等提出，北京市可以借助京津冀一体化的机遇，鼓励靠近河北省的个别区办的高等职业学校和北京财贸职业学院涿州校区开展与临近地区的合作办学，这样可以与北京市转移到河北省的企业进行产学合作，利用原有的基础，节省投入，提高效率。❷

拓展办学功能。孙善学等提出，北京市可以考虑利用闲置资源，积极发展社会培训和非学历教育，为河北省大型工业企业提供职工培训等社会培训服务，提升自身办学水平和质量。将北京市各区所属中等职业学校纳入北京市与河北省基础教育"组团发展"和"对口支援"的政策范围，支持作为基础教育优先区和生态补偿区的河北省各县（市、区）发展中等职业教育。北京市中等职业学校开展面向河北省来京务工人员的职业培训，提高其学历层次、文化水平和职业技能。❸

(三) 助力河北脱贫，完善招生制度

高兵认为应当发挥首都辐射示范作用，在职业教育方面针对"环京津贫困带"采取特殊的人力资源开发政策。北京市职业学校应选取特定专业向"环京津贫困带"的学生实行招生优惠政策，减免教育费用，开展"订单式"教育，培养区域对口人才。❹

孙善学等提出，从满足北京市技能人才需求的角度出发，职业教育应

---

❶ 闫志利，李欣旖，侯小雨. 京津冀职业教育一体化研究 ［M］. 北京：中国社会科学出版社，2018：295-299.

❷ 孙善学，吴霜，杨蕊竹. 京津冀教育协同发展战略研究 ［M］. 北京：首都经济贸易大学出版社，2016：111-133.

❸ 孙善学，吴霜，杨蕊竹. 京津冀教育协同发展战略研究 ［M］. 北京：首都经济贸易大学出版社，2016：111-133.

❹ 高兵. 京津冀教育协同发展战略探究 ［M］. 北京：知识产权出版社，2016：220.

当采取定向（针对行业）、订单（针对企业）和现代学徒制等方式，有计划地扩大职业院校面向河北省的招生规模，加强京冀两地职业院校合作。探索建立京津冀职业教育统一招生考试制度，进一步加大高等职业院校自主招生的范围和规模，有利于在更大范围内为满足新兴产业需求选拔优秀人才。❶

二、京津冀职业院校协同发展实施方案

2015 年，笔者曾经起草了一份《京津冀职业院校协同发展实施方案》。该方案结合《京津冀协同发展规划纲要》《中共北京市委北京市人民政府关于贯彻〈京津冀协同发展规划纲要〉的意见》以及京津冀职业教育协同发展的可能性，从理论上提出了京津冀职业教育协同发展的路径。

（一）建立跨区域、跨部门的协同发展机制，统筹京津冀职业教育事业发展

建立京津冀相关委办局参与的职业教育协同发展工作联席会议制度或其他有效的沟通和协作机制。三地相关委办局共同制定职业教育协同发展规划，在人才培养层次和规格定位、专业布局、资源共享、招生就业政策等方面探索建立分工协作机制和试点项目。

建立三省市职业教育资源台账，实现师资、设施设备、实训基地、技能大师工作室、技能鉴定站（点）、合作企业等信息全部入库，形成常态化的人员交流和资源共享机制。

建立京津冀职业教育科研联盟，联合开展职业教育规划研究、政策研究、教学研究、理论研究和实践案例研究。建设京津冀职业教育协同发展网页，发布动态信息、研究成果、质量报告。

在国家考试招生制度改革总体框架下，研究推进京津冀考试招生制度改革。建立三省市规划部门职业院校招生计划联合会商制度，消除跨地区高等职业教育招生计划"壁垒"，发挥各自资源和生源优势，调整优化人

---

❶ 孙善学，吴霜，杨蕊竹. 京津冀教育协同发展战略研究 ［M］. 北京：首都经济贸易大学出版社，2016：111-133.

才培养结构。研究制定京津冀地区鼓励高等学校毕业生就业创业的政策措施。建立三省市职业教育学习成果互通互认制度。

强化用人、分配、教育培训等政策措施引导，促进三省市技术技能人才跨区域有序流动，实现高质量就业创业。

（二）加强产教结合，联合培养技能人才，强化社会服务，提升京津冀职业教育整体发展水平和贡献力

推动职业院校、职教园区与产业聚集区融合发展，鼓励支持有条件的高水平职业院校到产业转移地举办分校、合建专业和实训基地。鼓励优质学校通过兼并、托管、合作办学等形式，整合京津冀区域办学资源。

创新职业教育投入机制，充分发挥行业企业在人力资源、技术方面的优势，加快提升京津冀职业院校的办学水平。定期举办现代职业教育与现代产业发展对接会。围绕产业转型升级、创新要素集聚需求，建立职业院校专业动态调整、预警机制和差别化支持政策，重点支持与三省市密切相关的现代服务业、战略性新兴产业、高新技术产业、现代服务业、现代农业等专业建设，调减社会需求少、就业率低、就业质量弱的专业。突破行政区域界限，以专业为纽带建立专业协作组，共同开发专业教学标准、课程教学模块，合作开展现代学徒制试点。大力推动集团化办学。"十三五"期间，组建10个由院校、行业、企业、科研机构、社会组织等多元主体组成的跨省市职业教育集团。

开展高端技术技能人才贯通培养试验，广泛开展职业培训，与企业共建技术工艺和产品开发中心。探索区域间中等职业学校、高等职业学校、本科及研究生培养阶段的衔接机制，重点推进跨省市的中高职衔接。联合开展京津冀地区现代服务业、先进制造业、现代农业及绿色生态等领域职业院校技能比赛，推进区域技能大赛的经验交流、赛项联办、资源转化工作。

推动职业院校功能转型，面向京津冀各类人群广泛开展上岗、转岗和岗位能力提升培训、社区教育、职业体验。建立农民公益性培养培训制度，大力培养新型职业农民。

（三）发挥京津冀各自比较优势，通过集中资源和对口帮扶等形式，服务京津冀协同发展重点区域、重大项目和重要目标

充分发挥天津国家职业教育改革创新示范区优势，共享教育园区、职教园区等优质设施条件。服务2022年北京冬奥会，发挥北京市体育、旅游优势，支持河北省崇礼县职教中心学校开设、建设体育专业和旅游服务专业。适应新机场建设和未来运转需要，统筹规划整合地处河北省固安县永定河畔的北京经济管理职业学院南校区（原河北远东职业技术学院）、北京电子科技职业学院、大兴区属职业高中和河北省固安县职教资源。由曹妃甸提出专业需求，选择1—2所北京中等职业学校在曹妃甸办分校，实施京唐两地联合培养，为曹妃甸区培养应用技术型人才。面向河北省燕山、太行山等集中连片特困地区的22个县，开展技术技能人才对口支持培养。通过师资培训、课程开发、转移和扩大骨干特色专业资源等方式，对口支援薄弱职业院校及特困地区县级职教中心。

三、京津冀职业教育协同发展战略与措施

2016年，经过观察实践、介入政策制定过程和研究思考，笔者全面提出了京津冀职业教育协同发展的战略与推进措施。

（一）京津冀职业教育协同发展战略

1. 功能定位

京津冀职业教育协同发展要在服务产业人才需求、农民培训与扶贫开发、新城新区建设、促进教育和社会公平四个方面发挥重要功能。京津冀职业教育协同发展有望惠及数十万的学生、农民和数以千计的企业，其主要任务是技术技能人才的联合培养培训。其终极目标应该是形成一种均衡发展和错位发展的区域职业教育发展格局。相对于基础教育和高等教育，职业教育在京津冀教育协同发展格局中可能是初期较容易在较大范围实施的部分。

2. 战略方针

在战略上，京津冀职业教育协同发展要把握好阶段性、流动性和协同性三个重要问题。

（1）阶段性。

京津冀职业教育协同发展问题由于涉及三个省域的行政部门、企业和学校而具有高度的复杂性，因此在推进相关政策和实践过程中可以采取"由易到难、由简入繁、由近到远、由（重）点到面"的策略。初期可以通过政府组织或学校自发多进行人员流动——比如管理人员挂职、教师研修、学生短期访学——和合作办学。中后期可以协调三地省级或地市级教育行政部门和财政部门推进区域内职业教育财政性经费的统筹用于教师培训、标准研制、课程开发。在学生中等职业教育、高等职业教育和职业本科教育分段联合培养方面，北京市部分职业教育力量输出到河北省职业院校，河北省学生可以到天津市接受更高阶段的教育。远期有望实现区域内职业教育设施、师资、财政性经费投入、产教融合等诸要素资源的统筹合理配置，区域内学习者可以自由便利地利用这些资源来学习职业性知识、技术、技能。

（2）流动性。

从最初两年的实践看，职业教育领域内的人员流动会缓解信息不对称、推动合作协议达成、活动组织和项目开展。教育行政部门和职业院校在京津冀协同发展上应该形成一种互动局面。学校之间的合作意愿和探索效果作为一种现实依据，可以推动地方教育政策的改变或完善，政策的肯定、支持或留出的空间可以让院校进一步探索，这样就可能会形成良性互动格局。否则，如果教育部和京津冀职业教育主管部门互相等或看，教育行政部门和职业院校互相等或看的话，职业学校的协作就会错失一些发展机遇，职业教育的价值将可能会被外部进一步轻视。

（3）协同性。

顶层设计与基层探索的跟进或并进协同。跟进有两种主要形式：一是基层探索先行、顶层设计跟进。这又可以细分为——民间先行，政府跟进；小行政区域间先行，大行政区域跟进；对话先行，项目跟进。二是采取顶层设计与基层探索共进的策略。缺乏科学的前期顶层设计很可能会对协同发展后续进程和效率效益产生不利影响。因此，由国家相关部委——比如发改委、教育部、财政部——联合成立京津冀职业教育协同发展协调机制或领导体系是必要的，教育部发展规划司、政策法规司、职业教育与成人教育司、人事司牵头，三省市相关部门可以建立京津冀职业教育协同发展工作联席会议制度，并充分利用这项制度，充分征求社会意见，统筹考虑目标、进度、保障等问题，探索建立分工协作机制和试点项目。

决策的横向与纵向协同。京津冀职业教育协同发展政策的研究制定需要四方力量合作：一是实践引发对政策的需求，产业企业对技术技能人才的需求遇到问题或职业院校间的合作深入之后，将会对政策产生明确和急迫的要求；二是科研部门出谋划策，居中服务，收集并转达信息和诉求，为政府提供决策依据；三是教育行政部门和发展改革部门、财政部门、人社部门等部门沟通碰撞相关政策细节；四是相关部门合力提出比较成熟的政策方案供更高层次的政府负责人作决策参考。

分工与共享的协同。首先，从战略和实际考虑，京津冀职业教育协同发展可以京冀合作和津冀合作为两条主线。京冀合作以软合作为主，比如在职业院校管理和职业教育科研教研方面。津冀合作可多尝试一些硬合作的内容，比如中等职业教育、高等职业教育和本科衔接。其次，京津冀职业教育应逐渐和最终形成专业设置与人才定位分工错位发展的格局。在专业布局合理分工的基础上，京津冀职业教育可以共建共享数字教学资源，也可以共用企业资源。

空间地理上的协同。从紧密服务产业转移、降低交通成本等因素考虑，京津冀职业教育协同发展进程可以"点、线、团结合"方式来布局。"点"即职业学校与职业学校之间，"点对点"的资源对接可能更方便和更有效率。"线"即河北和北京职业教育在区域上可能会沿着三条线重点推进：第一条线是京唐秦（北京、唐山、秦皇岛），第二条线是京保石（北京、保定、石家庄），第三条线是京承张（北京、承德、张家口）。京津、京保石、京唐秦三个产业发展带和城镇聚集轴是支撑京津冀协同发展的主体框架。"团"即临近小区域抱团，比如通州、武清、廊坊职业教育合作，并纳入和服务"通武廊"人才合作。

（二）京津冀职业教育协同发展推进措施

1. 京津优质职业院校在产业承接地举办分校或合作办学

鼓励北京优质的职业院校输出优质的品牌、先进办学理念和人才培养模式到河北与当地院校联合办学，举办分校。

2. 充分应用信息技术加强职业教育优质资源共建共享

加强信息化建设合作，共建共享教学资源，应该充分利用现在的信息技术，加大力度扶持学校和专业开展慕课、微课的研发，开展三地之间的课程共建共享、课程互换实验和信息化教学比赛等合作教学活动。建立三省市职业教育资源台账，实现信息和数据集成与共享。这可能需要教育部来牵头，三省市协作，与互联网企业合作，以减少重复建设、节省国家财政资金。加强京学网建设，增强服务功能。利用首都丰富的教育资源，发挥现代远程教育优势，开展丰富多彩的教育培训活动，全面促进区域人口素质提升和学习型社会建设。

3. 以京津冀职业教育集团（联盟）为主体推进跨区域产教融合、校企合作

大力推动集团化办学。优先重点推动交通、先进制造业、现代农业、现代服务业、电子信息、商贸、艺术职业等若干个由院校、行业、企业、科研机构、社会组织等多元主体组成的京津冀职业教育集团（联盟）建设和发展，配合京津冀产业布局，优化专业布局，共同开展专业建设和人才培养合作，形成龙头专业提高人才培养能力。京津冀三省市新设立的职业教育集团互相吸收同类职业院校作为成员加入。推动成立其他专业的跨京津冀的职业教育协同发展联盟。成立临近区域内以专业为纽带的职业教育联盟，比如通武廊创业教育联盟。依托京津冀职业教育集团（联盟），定期举办现代职业教育与现代产业发展对接会。

4. 服务冬奥会和北京新机场建设，推进京张崇、京固涿合作

服务 2022 年北京冬奥会，在体育和旅游服务等合作专业开展教师培训和专业开发与建设。在这方面北京很多职业学校很有优势，特别是在旅游

服务专业建设方面，比如饭店服务、烹饪、航空服务。适应新机场建设和未来运转需要，统筹规划整合临近区域职业教育资源。服务于北京新机场临空经济区的建设和发展，可以考虑整合或统筹京（大兴、亦庄）冀（固安）两地的中等和高等职业教育资源，配套规划，协作发展，试点先行。

5. 开展高端技术技能人才联合培养或贯通培养试点

探索开展京冀高端技术技能人才联合培养试点项目，共同为京津冀地区产业发展和精准扶贫脱贫培养技术技能人才。双方协商并签署协议在部分优质高等职业院校之间开展对口合作，优先选择符合产业发展趋势的专业进行对接。联合招生培养试点项目招生的河北省学籍学生可以在北京五环以外进行为期半年或一年的专业核心课程学习或实习实训，结对院校共同制订人才培养方案、招生计划并组织实施。招生计划由北京市和河北省共同商定，纳入河北省招生计划管理，由河北省负责录取。按照结对院校商定的专业和规模，利用北京职业院校实习实训资源，由河北院校制定遴选条件，选派学生到北京职业院校实习实训。

6. 扩大师生互访，联合举办职业院校技术技能、人文素养、创新创业大赛

广泛开展合作院校之间的学生交流合作，通过学生的短期访学活动，增进相互了解，促进双方发展。出台鼓励政策，大力推进职业院校校长和教师互相挂职。举办京津冀职业院校学生邀请赛和表演赛，鼓励职业素养高、技术技能强、品学兼优的学生参加比赛并脱颖而出。扩大联合开展京津冀职业院校技能比赛的范围和规模。

7. 京津对口帮扶河北薄弱职业院校及特困县级职业教育中心

服务于国家减贫脱困任务，开展对口帮扶，北京和天津面向河北省的燕山、太行山等集中的连片特困地区的 22 个县，开展技术技能人才的对口支持培养。联合农业主管部门，建立农民公益性培养培训制度，大力培养新型农民。

8. 开展职业教育科教研合作

充分发挥京津冀职业教育协同发展中心作用，建立更广泛的京津冀职业教育科研联盟，联合开展职业教育研究，举办研讨会。建议政府首先设立重大科研专项，由科研人员全面收集数据和系统分析京津冀职业教育资源，调查统计识别需求，为政府决策提供咨询。

9. 服务创新驱动发展和产业升级转移，形成错位发展的专业设置格局

比如，根据北京市产业结构调整政策和产业发展对人才需求的数量特别是规格要求，结合本地学生学习偏好，北京市需要压缩计算机应用等招生重复率较高的专业招生规模，重点加强工艺美术、古建修复、珠宝玉石加工与鉴定等特色专业建设，重点支持动漫游戏等示范专业建设和老年服务等新专业的开发与建设。

10. 建立协调机制，制定促进京津冀职业教育协同发展的相关政策

建议适时建立由教育部（发展规划司、政策法规司、职业教育与成人教育司等）、财政部、人社部、北京市教育委员会、天津市教育委员会、河北省教育厅等组成的京津冀职业教育联席会议制度或其他有效的沟通和协作机制，协调推出促进京津冀职业教育协同发展的相关政策。

争取在京津冀协同发展国家基金或产业基金中列支职业教育项目，支持技术技能人才培养与交通、产业、生态配套发展。在教育部和财政部统一安排下，京津冀统筹使用省级教师培训经费，统筹安排数字化教学资源开发经费，共建公用实训基地，共享财政资源。省级财政来保证集中投入到一些效益高的师资培训项目。北京、天津的师资培训项目可以与河北的师资培训项目协同起来，减少重复举办的师资培训项目，让河北的教师到北京或者天津参加培训，以减少一些资源浪费。

京津冀三省市发展改革部门和国土部门在京津冀职业院校通过置换校园、新购土地、新建校园、重组等方面给予支持，支持职业教育园区立项、建设并与产业园区融合发展。鼓励探索以 PPP 模式建设公共实训基地和职业教育园区。

京津冀三省市财政和税务部门在营业税、企业所得税、个人所得税、房产税、城镇土地使用税、耕地占用税、契税、印花税上支持学校开展各种教育、教学、培训、研究活动，校区建设，承受土地和房屋权属。

河北省编制、财政、人社和教育行政部门在编制管理、经费核拨等方面支持职业院校长期聘用京津专业兼职教师，以改造、提升、新建服务主导产业和新兴产业发展的专业。尽快推动允许三地职业院校引进企业高级技师、高级工程师担任学校教师不受事业单位身份限制的政策完全落地。河北省要加快职业教育有关的交通、职住房、医疗、子女教育等配套基础建设，保障京津冀职业院校干部互相挂职、教师互访交流进修工作顺利开展。

第二节　理论路径和政策路径的实现程度

理论只是一种对现实的模拟或想象，考虑到的限制因素较少甚至有些因素都想不到，有时候逻辑也并不严密，而政策则需要权衡各方面的情况，需要选择，实践更需要利益相关方的协商和博弈以及一些必要的外部条件。

在京津冀职业教育协同发展这一领域，理论路径可以有很多，然而政策路径则只能选择其中一部分，实践可能更少，但也有可能超出理论和政策的部分，这部分是基层的创新。通过对比理论路径和政策路径在实践中的实现程度，是一个很有意思的分析方法和角度，可以借以更深程度地理解多主体间的合作行为。对比前述的2014—2023年京津冀职业教育协同发展实践，可以发现理论路径实现的程度不及政策路径，与此同时，政策路径也未得到完全的实现。截至2023年底，在总共45条的理论和政策路径中，24条已实现，占比为53.33%；13条部分实现，占比为28.89%；8条未实现，占比为17.78%（见表5）。但总的来说，这样的进展已经基本令人满意了。毕竟，45条路径已经走通了一半，而这才刚过去一个十年。

表5 2014—2023 年京津冀职业教育协同发展理论路径和政策路径的实现程度一览表

序号	理论路径	政策路径	实现程度		
			已实现	部分实现	未实现
1		北京市不再新设立中等职业学校			√
2		北京市不再扩大中等职业学校教育办学规模	√		
3		北京市中等职业学校不再新增占地面积，不再增加建筑面积	√		
4		引导东城区、西城区中等职业学校向郊区疏解			√
5		支持有条件的北京中等职业学校通过部分院系搬迁、办分校、联合办学等方式向外疏解	√		
6		配套跟进集中疏解地教育等公共服务单位		√	
7		优化学校、专业布局		√	
8		推进对口合作、集团化办学等	√		
9	在国家考试招生制度改革总体框架下，研究推进京津冀考试招生制度改革。建立三省市规划部门职业院校招生计划联合会商制度，消除跨地区高等职业教育招生计划"壁垒"，发挥各自资源和生源优势，调整优化人才培养结构	统筹三省市考试招生制度改革	√		
10	广泛开展职业培训	推动北京、天津和河北依托大中型企业、职业院校及各类培训实训基地开展农民工职业技能培训、新型职业农民培训和农村实用人才培养	√		

续表

序号	理论路径	政策路径	实现程度		
			已实现	部分实现	未实现
11	建立京津冀职业教育联席会议制度或其他有效的沟通和协作机制。制定职业教育协同发展规划，在人才培养层次和规格定位、专业布局、资源共享、招生就业政策等方面探索建立分工协作机制和试点项目	建立区域职业教育合作平台，协调职业教育发展政策	√		
12	大力推动集团化办学。"十三五"期间，组建10个由院校、行业、企业、科研机构、社会组织等多元主体组成的跨省市职业教育集团	探索建立京津冀职业教育集团，适应产业链分工合作的需要，支持职业院校跨区域合作培养人才、合作开发课程、共享数字化教学资源、共享实习实训基地、共享教学科研成果。依托职业教育集团促进院校服务能力升级。巩固已有跨省职教集团（联盟）。充分发挥集团（联盟）作用，共建实训基地，建设京津冀职业教育对接产业服务平台		√	
13	服务2022年北京冬奥会，发挥北京市体育、旅游优势，支持河北省崇礼县职教中心学校开设、建设体育专业和旅游服务专业	加强与河北省张家口市职业院校的对接协作，为2022年冬奥会培养培训更多的技术技能人才	√		
14	定期举办现代职业教育与现代产业发展对接会	突出重点领域，构建和完善京津冀协同发展装备制造业、现代服务业、新能源、民族文化技能传承等现代职业教育产教对接平台，形成京津冀协同发展职业教育对话交流合作机制、项目协同创新机制、校企合作联动机制，建立共研、共建、共享、共用、共赢的协同机制和交流平台	√		

续表

序号	理论路径	政策路径	实现程度		
			已实现	部分实现	未实现
15		推动职业院校、职教园区与产业聚集区融合发展		√	
16	开展高端技术技能人才贯通培养试验，探索区域间中职、高职、本科及研究生培养阶段的衔接机制，重点推进跨省市的中高职衔接	推进京津冀职业教育人才培养合作，协同提升高端技术技能人才培养水平。根据产业链需求，重点建设一批职业教育专业群，推进跨省市中高职衔接，对跨省就读的职业教育学生在免学费、助学、培训补贴等方面逐步实行同城同等待遇。稳步推进京津冀跨省专项计划和贯通培养，深入开展京冀职业院校跨省"3+2"联合培养，到2025年招生计划增加至500人		√	
17	面向河北省燕山、太行山等集中连片特困地区的22个县，开展技术技能人才对口支持培养。通过师资培训、课程开发、转移和扩大骨干特色专业资源等方式，对口支援薄弱职业院校及特困地区县级职教中心	京津两市发挥职业院校的比较优势，输出优质职业教育资源，对口支持河北贫困地区技术技能人才培养	√		
18		河北省积极对接京津特大城市功能需求，在养老、护理、城市服务等领域加大技术技能人才培养力度。深化京冀职业院校在学生培养、师资培训、资源共享等方面的合作，围绕智能制造、新一代信息技术、医药健康等产业需求和养老服务、护理、托育等紧缺专业，加大合作培养力度	√		

续表

序号	理论路径	政策路径	实现程度		
			已实现	部分实现	未实现
19		健全组织实施机制，建立三省市职业教育重要事项会商机制	√		
20		北京市鼓励职业院校通过联合办学、新建校区等形式与河北院校开展实质性合作	√		
21		继续发挥天津中德应用技术大学优势，支持建好承德应用技术职业学院	√		
22	充分发挥国家职业教育改革创新示范区优势，共享教育园区、职教园区等优质设施条件	充分发挥国家职业教育改革创新示范区的引领示范作用，打造职业教育数字化优质资源共享平台群		√	
23	联合开展京津冀地区现代服务业、先进制造业、现代农业及绿色生态等领域职业院校技能比赛，推进区域技能大赛的经验交流、赛项联办、资源转化工作	联合开展职业院校技能比赛。继续举办京津冀职业院校邀请赛，促进师生交流互动	√		
24		深化北京市丰台区职业教育中心学校、北京金隅科技学校与雄安新区三县职教中心合作办学，提升雄安新区职业教育水平	√		
25		天津市与雄安新区管委会签署新一轮职业教育战略合作协议			√
26		京津冀三地支持通武廊职教联盟，通过校园文化建设参观、学校特色活动展示、优化课堂教学、学生艺体比赛、教育科研等方面开展深度合作	√		

序号	理论路径	政策路径	实现程度		
			已实现	部分实现	未实现
27	适应新机场建设和未来运转需要，统筹规划整合地处河北省固安县永定河畔的北京经济管理职业学院南校区（原河北远东职业技术学院）、北京电子科技职业学院、大兴区属职业高中和河北省固安县职教资源	加强职教战略协作，争取国家支持研究论证在北三县等环京地区建设京冀职教园区		√	
28		稳步推进京津冀高职院校开展跨省市高职单独考试招生试点，扩大三地互相招生规模，加大京津高职招生计划向河北倾斜力度	√		
29		支持京津冀职业院校加强"双高计划"合作交流	√		
30	与企业共建技术工艺和产品开发中心	深化职教集团（联盟）和产教联合体建设，支持京津冀职业院校重点联合头部企业共同开展专业设置，协同开展技术攻关，推动企业全程参与人才培养		√	
31		支持北京经济管理职业学院、北京财贸职业学院利用河北校区为京冀培养紧缺技术技能人才	√		
32		深化天津中德应用技术大学与承德应用技术职业学院的协作。深化京津"分校建设模式"，建强适应当地产业发展的专业组群	√		

序号	理论路径	政策路径	实现程度		
			已实现	部分实现	未实现
33	鼓励优质学校通过兼并、托管、合作办学等形式，整合办学资源			√	
34	鼓励支持有条件的高水平职业院校到产业转移地举办分校、合建专业和实训基地			√	
35	突破行政区域界限，以专业为纽带建立专业协作组，共同开发专业教学标准、课程教学模块，合作开展现代学徒制试点				√
36	建立三省市职业教育学习成果互通互认制度				√
37	由曹妃甸提出专业需求，选择1—2所北京中等职业学校在曹妃甸办分校，实施京唐两地联合培养，为曹妃甸区培养应用技术型人才		√		
38	创新职业教育投入机制，充分发挥行业企业在人力资源、技术方面的优势，加快提升京津冀职业院校的办学水平			√	
39	建立三省市职业教育资源台账，实现师资、设施设备、实训基地、技能大师工作室、技能鉴定站（点）、合作企业等信息全部入库，形成常态化的人员交流和资源共享机制				√
40	建立相关委办局参与的职业教育协同发展工作联席会议制度				√

续表

序号	理论路径	政策路径	实现程度		
			已实现	部分实现	未实现
41	围绕产业转型升级、创新要素集聚需求，建立职业院校专业动态调整、预警机制和差别化支持政策，重点支持与三省市密切相关的现代服务业、战略性新兴产业、高新技术产业、现代服务业、现代农业等专业建设，调减社会需求少、就业率低、就业质量弱的专业		√		
42	研究制定京津冀地区鼓励高等学校毕业生就业创业的政策措施。在中等职业学校和高等职业学校中广泛深入开展创新创业教育			√	
43	充分发挥行业主管部门、行业组织的作用，加强行业技术技能人才培养的统筹，积极推行"双证书"制度。强化用人、分配、教育培训等政策措施引导，促进三省市技术技能人才跨区域有序流动，实现高质量就业创业			√	
44	建立京津冀职业教育科研联盟，联合开展职业教育规划研究、政策研究、教学研究、理论研究和实践案例研究		√		
45	建设京津冀职业教育协同发展网页，发布动态信息、研究成果、质量报告				√
合计（项）			24	13	8
占比（%）			53.33	28.89	17.78

注：有些条目是在 2024 年得到了实现。比如，在环京地区建设京冀职教园区，天津市与雄安新区管委会签署新一轮职业教育战略合作协议。

第十二章 问题与对策

第一节 存在的问题与成因

通过前述的对比分析发现，京津冀职业教育协同发展主要存在两方面的问题：一是发展水平有待进一步提高，二是横向支持体系不健全。究其原因，主要在对京津冀职业教育协同发展的认识和利益结合点两个方面。

一、存在的问题

（一）京津冀职业教育协同发展水平有待于进一步提高

1. 京津冀职业教育协同发展自身还存在提升空间

（1）协同发展内部的均衡性还有待提高。

从区域之间、主体之间、年份之间、途径之间等维度看，在京津冀职业教育协同发展的进度上表现出不均衡，深度和持续性表现也不同。京津冀职业教育协同发展实践热度起伏明显，似乎进入了一段高原期。在协同发展行为上和策略上出现了姿态性、试探性与实质性、持续性的分野。在协作途径上，教学资源及设备共享率低，免费开放课程资源和实训基地、引荐企业资源的延续性不强，共建共享数字教学资源的范围还比较小。

（2）协作内容有待进一步深入。

京津冀职业教育资源丰富，协同发展起步较早，但部分合作层次较浅。职业教育联盟在高质量深层次协作方面还需要加大创新探索力度。资源共享还比较困难，比如缺乏师资共享信息平台、师资共享协调机制、师资流动激励机制。部分学校在寻找合作校时主要依靠学校间的自由组合，带有一定的盲目性和不确定性。部分学校有参与京津冀协作的意愿，但缺少合作的渠道和协作任务。合作校之间更深入、更实质性的合作还缺少相关政策的支持。有些技能大赛只停留在比赛活动的层面，在赛前指导和集训、赛后总结与交流等方面仍有较大合作空间。有些干部或教师交流没有充分发挥作用，部分交流工作浮于表面和形式。京津冀职业院校合作的深度有待拓展，在课程衔接、科研、社会服务等方面还需要加大力度。企业参与力度也不够。

（3）利益交换不及预期。

生源、费用、教师资源、硬件资源、管理和教学等软件资源、社会影响力等方面的利益交换还不太对等，存在虚实错位现象，对京津而言生源补偿有限，部分学校遇到一些实际困难。比如，一段时间内河北学校部分专业来京学习人数过多，占用一部分北京学校课程及实训资源，会出现实训场地不够用的现象，专业课程安排受到一定影响。北京职业学校在教材、专业实训、教学工具、服装等方面的负担有所增加。师资力量及专项经费短缺。合作校学生住宿和实习管理不便。

（4）信息工作还比较薄弱。

校际自主合作存在信息不对称现象，缺少公共信息与交流平台，部分学校短期内难以找到合适的协作对象。在信息交流机制方面，研讨会、对话会、论坛、简报、年报、微信群、官方网页专栏等形式比较丰富，但延续性差、协同少，信息采集和交流不充分、不及时、不准确。京津冀职业教育基础台账尚未建立。

（5）政策与机制还不够顺畅。

虽然京津冀省级和地市级教育行政部门的职业教育负责人多次召开工作会议协商合作事宜，但定期协商机制尚未建立。教育部虽然通过制定规划和工作要点、召开推进会、指定结对帮扶关系等方式参与进来，但与预期相比相关司局介入不深。有的职业学校提出合作政策针对性不强、不明确，不能及时将京冀教育帮扶政策文件精神落实落地，导致在学生联合培养方面存在一定困难，招生有难度。

2. 京津冀职业教育协同与京津冀产业协同匹配度有待于提高

京津冀职业教育协同发展在实施进度、专业–产业结构、作用发挥等方面与京津冀产业协同发展的契合度有待提高，同时产业协同发展牵引职业教育协同发展的效应还不明显。在产教协同机制方面，有产教对接会、产业对接项目下职业教育项目合作、职业教育智库协作制定产业规划等方面的探索，但不广泛，也不深入。

（二）京津冀职业教育协同发展横向支持体系不健全

京津冀职业教育协同发展取得了很大进展，国家和京津冀三地教育行政部门也在积极推动，但无论是从政策方面还是从实践方面看，京津冀职业教育共享资源、优势互补、协同发展还缺乏人事管理、经费管理、人口管理、国有资产管理等方面配套政策的支持，保障力度还比较弱，因此职业院校普遍遇到一些实际困难和难以突破的障碍，形成了"教育协作先行先试、部门配套缺失滞后"的局面，影响了京津冀职业教育协同发展进度和水平以及在京津冀协同发展大局中作用的发挥。

一是在经费管理方面。京津冀协作工作专项经费短缺且支出科目使用受限；河北省学校经费短缺，合作校学生学费收取不便，北京学校经费负担过重。虽然北京市个别的区可以按照北京市职业教育生均拨款标准支持联合办学合作方河北省职业院校，但北京市全市层面未出台类似政策，其他一些学校无法获得专项经费支持，已经开展的相关工作难以为继。部分学校（包括京津冀职业教育联盟的牵头学校）尚没有专项工作经费，不能使协作活动制度化、常规化、高效开展，合作的热情、力度、深度和广度受到了一定的抑制。北京市个别区的京津冀职业教育合作专项经费只能用于交通、食宿，不能用于教师劳务、聘请专家、购买合作专业原材料。

二是在人口管理方面。曾经个别区出于常住人口规模控制的考虑，外地学生在北京学习和实训不能超过3个月，以致技能提升因时长因素难以达到预期效果。

三是在国有资产管理方面。北京职业学校闲置的仪器设备不能转用到河北省，教学资源实现共享有限，合作深度和效果受到较大限制。北京职业院校在津冀地区校区建设方面的支持政策还需要更加开放，比如北京市有关部门不能在北京经济管理职业学院河北固安校区进行固定资产投资。

四是在河北地区的招生指标还受到相关制度约束。比如，北京市爱莲舞蹈学校具有招收 600 名学生的资质和空间，但按照现行招生计划，每年只能招收六年制舞蹈专业 30 名学生，即使在学生不流失的情况下，在校生规模为 180 人，仍可容纳 420 名学生入学。学校专业课和文化课师资力量雄厚，与天津、河北实现合作办学具有很大潜力，但双方合作办学涉及招生计划、学籍互认等方面的制约。

二、问题的成因

京津冀职业教育协同发展上述这些问题的存在可能有以下三个方面的原因：

（一）有关部门对京津冀职业教育协同发展必要性和紧迫性的认识不一致

教育行政部门之外的部门可能认为职业教育在京津冀协同发展大局中是从属性的内容。因此，在京津冀协同发展议事日程和部门日常工作议程中的次序安排、规划衔接、资源保障、体制改革以及跨部门协调上力度有限。对京津冀职业教育协同发展实践来说，制度限制性有余而激励性不足。

（二）缺乏对整体目标的共识

京津冀三地对职业教育协同发展目标的整体性和阶段性把握不准，尚未建立起共同的、明确的、有层次的目标，对协同发展的内在机理认识不清晰，同时目前的制度对跨地域主体的约束性也不强。

（三）部分参与主体间缺少互利共赢的直接利益结合点

京津两地职业院校在京津冀合作过程中以人力、物力和财力资源的输出为主，而获取的可能主要是政治贡献力和社会影响力，只能间接地从政府获取其他方面的支持。同时，对协作主办人员激励也较为有限。部分地区行政部门和职业院校缺乏内在的、长期性的协作动力。因此，对部分参与协作的主体而言，投入产出比例不高，内生动力不足，故而存在一部分姿态性、试探性、短期性协作行为。

第二节　启示与对策

一、主要启示

一是对问题性质的理解要到位。因为涉及教育、产业、社会、跨地域、跨部门、跨层级、跨任期等多重因素，因此京津冀职业教育协同发展本身是一项复杂性问题。对于复杂性问题，需要积极思考、系统研究、冷静判断、协同治理、保持定力。

二是对事项解决顺序优先性的安排要明确。作为京津冀协同发展的一个小子系统，京津冀职业教育协同发展要在资源有限、路径不明的情况下，优先服务重大战略、重大活动、重点区域、重要人群，积极鼓励、指引和优先安排职业学校（职业教育集团）、专业领域、重点环节、重要事项的协同行动与资源保障。

三是对推进策略的选择要合理稳妥。从对于复杂性问题的系统性、长期性、艰巨性认识出发，采取鼓励探索、先易后难、由浅入深、试点先行、由点到面的京津冀职业教育协同发展推进方式，有利于发动群众智慧、辨析探明路径、减少消耗浪费、积累成果经验，有利于适时调整重心、转换阶段、登高台阶、提升水平。

四是对实践发展内在机理的认识要清晰。比如，职业院校在参与京津冀职业教育协同发展实践的过程中，政府部门通过五种机制发挥了直接或间接的作用，即教育行政部门的牵线搭桥、政府确定的对口帮扶、政府指引下院校间的自主互利合作、政府间产业合作关系的延伸、政府间干部交流关系的延伸。京津冀职业教育协同发展中的这五种"政府-学校"作用机制可以合理沿用并进一步丰富。

五是对系统发展的趋势要顺应。在京津冀职业教育协同发展实践过程中，存在系统自适应、自组织行为，也有其内在结构的自主变化，对"政校行企研"协同关系深入发展、协作组织分层化、协作主体集中化、小区域合作强化等趋势要合理利用。

二、对策建议

"过去十年，京津冀协同发展……当前已进入全方位、高质量深入推进的阶段。……创新协同发展体制机制，推动重点领域协同向规则协同并重转变"❶ 将是下一步的工作重点，京津冀协同发展即将迈上新台阶。

过去十年的实践已经证明，京津冀职业教育协同发展有可为的空间，未来仍然有积极可为的空间。京津冀三地四方各级政府（含教育部）、职业院校、相关行业组织、社会机构、专家学者在京津冀职业教育协同发展的政策、实践和理论三个方面，作了较为全面的探索，取得了不同程度的进展。未来十年是实现党的二十大提出的 2035 年将我国建成"教育强国、科技强国、人才强国"目标的关键十年。京津冀职业教育协同发展应当在其中发挥积极和独特的作用。提升区域技能水平、维护社会稳定、促进就业创业、支撑产业发展仍然需要京津冀职业教育协同发展高质量推进。

（一）达成总体目标共识，加强重点任务研判，明晰发展方向，转变发展格局

1. 建立清晰、合理、广泛认同、分阶段的协同发展目标是首要任务

此目标应当包含三层内容：第一层，首先服务好各自区域发展目标，加强必要的协作，京津冀职业教育有效满足京津冀区域内产业和城乡社会发展对技能人才的需求，形成与京津冀现代经济体系相适应的现代职业教育体系，达成"相互协作—共同发展—服务大局"的目标共识；第二层，

---

❶ 刘志强，王云杉. 京津冀协同发展十年成就显著——当前已进入全方位、高质量深入推进的阶段［N］. 人民日报，2024-02-28（2）.

京津冀职业教育有效满足京津冀区域内居民的学习需求，每个职业院校校区（教学点）都转变成智能化、社区化的职业学习体验中心；第三层，在10~25年内形成一种较为均衡——发展综合指数接近和错位发展的区域职业教育发展格局。这种目标的设立是服务京津冀协同发展的需要，也是实现2030年京津冀一体化和京津冀教育现代化2035的需要。

2. 逐步增加合作共识，保持耐心和定力

作为实现目标的基础，这种共识应当包含但不限于以下内容：京津冀职业教育有必要合作，否则单打独斗适应不了京津冀产业协同发展、城市群建设和乡村振兴的需要；这项进程虽然没有清晰的时间表，但较长一段时期内会持续进行；京津冀职业教育协同发展空间有限性和广阔性并存，这意味着虽然初期实践受到政策、体制、需求的制约而表现得不如企业和职业教育从业者的期望，容易碰到"天花板"，但从长期来看实践还具有很大的探索空间。

3. 从鼓励全面探索调整为寻求重点突破

根据京津冀协同发展和京津冀职业教育协同发展的形势与需求，从整体考虑，建议京津冀职业教育协同发展工作的指导方针从鼓励全面探索调整为寻求重点突破，加强市级层面的统筹协调，推动京津冀职业教育协同发展方式实现阶段性转变。

在总体目标的引领下，京津冀职业教育协同发展下一阶段应当聚焦于政策配套、规则协同、产教融合，形成政府规划引导与学校自主协作并举、人才培养与社会服务并重、交流对话研讨与有组织项目并行、双边自主协作与三方协同协作并行、大区域（大联盟）协同与小区域（小联盟）协作并行、教育协同与产业协同协调的格局，进一步缩小京津冀三地职业教育发展水平的相对落差，进一步提高职业教育服务京津冀经济社会文化发展的总体效能。

一是从校际、一般性的合作办学到开展高端技术技能人才联合培养、联合招生试点项目。在跨省市"3+2"联合培养试点的基础上，选择重点专业和主体学校，适时开展京冀职业院校"3+2+2"等形式的人才联合培养实验论证工作，推动京冀职业院校合作项目落地、做实。试点纳入河北省招生计划，以京冀合作院校名义共同招生。参与试点的院校要组织专家共同研究，一体化设计人才培养方案，并完成审核报备，经批准后实施。项目院校要加强师资、实训条件配备。同时，适当扩大京冀"3+2"中高职衔接招生院校和专业范围以及计划数量。

二是选择重点区域和重点专业领域加大精准招生力度。由京津冀发展改革部门、教育行政部门顶层设计，聚焦河北重点帮扶区域和人才紧缺专业，在面向集中连片贫困地区定向招生专项计划中增加招生名额，面向北京亟需的学前教育、养老服务和社区服务人才领域投放招生计划，借助北京特色高水平职业院校、特色高水平专业（群）的资源优势，对跨省就读的职业教育学生在免学费、助学、培训补贴等方面逐步实行同城同等待遇。继续扩大北京市国家级"双高"项目建设学校中京津冀地区的普通高考招生计划和招生范围。

三是推动京津冀职业教育集团（联盟、共同体、联合体）做实、做精、做深。研制相关标准，从已形成的京津冀交通、电子信息、商贸、艺术、卫生、信息安全、现代物流管理、京保石邯、通武廊等职业教育集团（联盟）中遴选出若干个愿做事、会做事、做实事的集团（联盟），给予公开表彰、专项经费、课题研究、将牵头校纳入未来重大职业教育建设项目遴选范围等支持。配合京津冀新产业布局，优化职业教育专业布局，逐步形成龙头专业，提高人才培养能力。

四是重点支持北京经济管理职业学院利用其地处固安县的校区建设京津冀职业教育协同改革示范区。通过政策支持，鼓励其建设成为产城教融合发展试验区、教育强市重要支撑点、京津冀职业教育协同发展示范区，带动大兴区、固安县、涿州市、保定市、雄安新区职业教育改革创新。

五是指导和支持北京艺术传媒职业学院在雄安办学。一名全国人大代表在了解到北京艺术传媒职业学院坚持多年公益办学后十分支持学校到雄安新区办学，提出了政府给予北京艺术传媒职业学院雄安新校区项目建设土地公益划拨、招生指标保障、建设资金等方面支持的建议。

六是市区两级财政进一步加大对重点学校对口帮扶专项资金的扶持力度。输出学校根据帮扶地区的实际需求编制预算，并接受绩效考核和相关审计，提高资金使用效益。

七是由行政部门将人财物进行适当的统一调配，支持协同校解决教育教学压力大、师资紧张、实训设备不足问题。将驻校交流教师经历按时间长短要求纳入职称评定和评优评先条件中。每年度确定重点工作任务若干项，以便让职业学校能够集中精力更加有效地开展好重点协作工作。

4. 构建跨区域职业培训体系

发挥京津两地职业教育资源优势，构建京津冀跨区域职业培训体系，结合"1+X"证书与学分银行政策的落地，制定跨区域、组合式、体系化培训课程与成果互认机制，充分利用信息化技术构建线上区域协作空间和降低跨区域培训成本，提高跨区域培训流动性，打破区域壁垒，真正实现京津冀教育资源优势互补，构建跨区域多层次的产业人才培训体系。

5. 积极推动京津冀职业教育助力河北省乡村振兴

加大农村电子商务专业职业教育与技能培训工作力度。一是指派专门的专业教师，联合合作企业的技术或销售人员，增加对电子商务专业在读学生的实战性教学指导，提高其网络销售的成功率和可持续性，增加收入。二是调整农村会计、乡村旅游、乡村文化创意、计算机网络技术、中西餐、汽车维修等专业的人才培养方案或课程课时安排，增加或提前安排这些专业学生学习农村电子商务专业技能，以提高其帮助家庭增加收入的能力。三是增加北京市高等职业学校对河北生源农村电子商务专业的招生计划。四是拓展地处涿州的北京财贸职业学院京冀创新教育学院电子商务实习实训中心的功能，将其服务范围从保定市扩大到河北省。由京保两地教育行政部门、人力资源和社保障行政部门、财政部门协商，将该中心确定为公共实训基地，增加经费投入，提高设施设备水平，提升服务农村商务专业学生和农户就业创业能力。

京津冀三地教育行政部门和有条件的职业院校要积极配合河北省当地有关部门，盯紧脱贫不稳定户和边缘户，持续和定制化地做好技能培训和提升工作。重点在"扶贫扶智扶技，治贫治愚治本"中的"扶智扶技、治愚治本"上下功夫、做文章，讲好职业教育故事，注重扶志，更新思维模式，改变贫困人员单纯"等靠要"和仅靠单一技能不可持续的情况。职业院校要继续发挥专业、师资、技术技能培训等优势，加强就业创业技能培训，助力县域或村域产业振兴、百姓脱贫。加强民间传统工艺等技术交流培训，助力文创产业发展，以文创强化文化，以文化促进产业，以产业带动社会文明，继续推广北京市昌平职业学校帮助开发康陵"春饼宴"的模式。京津冀职业教育协同发展应当从输出师资向输出管理、课程、理念转变，面向贫困地区开展优质数字资源共享和远程授课对口支援，切实做好京津冀职业教育协同发展与产教融合长期稳定增收行动"大文章"。

6. 加强交流与协作经验学习

继续举办京津冀邀请赛等学生技能竞赛项目。扩大校际交流互访，实现教师和管理人员"嵌入式"对接。鼓励师生暑期京津冀社会调研，建言献策。

加强京津冀职业教育协同发展工作经验的总结与成果推广。举办京津冀职业教育协同发展工作总结交流会和研讨会，邀请相关院校分享协作经验。挖掘乡村振兴工作中的人物、事迹、示范项目、示范学校、创新模式等，形成建设成果及典型案例并宣传推广。组织人员交流培训，学习全国区域合作典型案例。

(二) 推进支持体系建设，优化政策供给，强化动力形成机制

如果无法破除人力、经费、行政管理在区域之间的"墙"，京津冀职业教育协同发展的广阔空间只能停留在理论层面。推进京津冀职业教育协同发展，法律调整和行政干预是必要的手段，资金投入、项目安排、政策激励、环境营造在较长一段时期内都是需要持续开展的工作，发挥学校和集团（联盟）自身的积极性、主动性和带动性也是重要的因素。

建议参照京津冀协同发展联合工作办公室的组成模式，成立京津冀职业教育协同发展联合工作办公室，建立京津冀职业教育协同发展工作联席会议制度，统筹协调解决跨层级、跨部门、跨地区的职业教育协同发展体制问题，优化规划、财政、人力、物力、信息、项目资源配置，运用评价、奖励、晋升、宣传等方式，强化地区、学校、人员参与动力机制的形成，增强工作可持续性，进一步释放合作潜能。

通过资金、项目、评价等政策鼓励和支持北京金隅科技学校、北京市

丰台区职业教育中心学校、北京市昌平职业学校、北京财贸职业学院、天津市第一商业学校、天津市职业大学、京津冀沪宁晋川交通职业教育集团联盟、河北省保定市职教中心、河北省雄县职教中心等一批勇于探索的学校和集团（联盟），在京津冀职业教育协同发展方面先行先试，发挥更大的带动作用，为京津冀协同发展开辟道路、积累经验。

（三）强化政府对参与主体的行动指引，适当采用市场机制

通过发布年度工作要点、集成公布政策清单、招标重点和定点协同任务、建设智库、发布成果等方式，强化对职业院校、职业培训机构、职业教育集团（联盟、联合体）、企业、科教研机构等组织的行动指引，以提升主体参与效率。在行政干预之外，可指导部分校际、跨地域的合作难题借助第三方（比如企业）来获得支持和解决。

（四）建议持续开展京津冀职业教育协同发展监测和研究

建议政府部门、规划课题立项管理机构、其他组织以委托任务、规划课题、研究项目等形式，资助研究机构或专业研究者持续监测京津冀职业教育协同发展实践状况，加强数据采集、实地调查、个案研究、同行交流、形势研判和对策设计，以更精准地服务职业教育领域内的京津冀协同发展，增强职业教育服务区域人才、经济和社会发展的贡献力。

总之，京津冀职业教育协同发展实践稳步前进，初有成效。虽然政策支持有限，顺位靠后，但是未来空间很大，进程很长。"风好正是扬帆时，奋楫逐浪天地宽。"京津冀职业教育协同发展将向纵深推进，迈向更高水平。

参考文献

[1] 程宇.市场与政府：经济学视角下职业教育资源配置模式的博弈均衡 [J].职业技术教育，2013（34）.

[2] 方中雄.京津冀教育发展研究报告 2016—2017：协同发展平台建设 [M].北京：社会科学文献出版社，2017.

[3] 方中雄.京津冀教育发展研究报告 2017—2018：疏解与承接 [M].北京：社会科学文献出版社，2018.

[4] 方中雄，桑锦龙.京津冀教育发展研究报告 2019—2020：面向 2035 [M].北京：社会科学文献出版社，2021.

[5] 菲利普·帕内拉伊，迪特·福里克，易鑫，等.大巴黎地区——漫长历史中的四个时刻 [J].国际城市规划，2016，31（2）.

[6] 高兵.京津冀教育协同发展战略探究 [M].北京：知识产权出版社，2016.

[7] 胡秀锦.长三角地区职业教育合作发展机制探析——基于历史和现状的考察 [J].职教论坛，2013（4）.

[8] 胡秀锦.区域职业教育合作模式与实现机制研究 [J].教育发展研究，2012（19）.

[9] 吕景泉，杨荣敏，狄建明，等.示范区引领三地同下"一盘棋"——京津冀职业教育协同发展中的天津作为 [N].中国教育报，2017-02-28.

[10] 马宁，王选华，饶小龙.京津冀地区产业分布、产业人才合作及其路径设计研究 [J].新视野，2011（5）.

[11] 牛证.关于优化职业教育资源配置的研究 [J].教育科学，2001（2）.

[12] 齐子翔.京津冀协同发展机制设计 [M].北京：社会科学文献出版社，2015.

[13] 荣长海，任凯，王凤慧，等.关于京津冀高端制造业与高技术技能人才培养问题 [J].理论与现代化，2016（1）.

［14］阮加，李欣.从产业转移与人才转移的互动机制看京津冀区域一体化［J］.中国行政管理，2011（2）.

［15］孙善学，吴霜，杨蕊竹.京津冀教育协同发展战略研究［M］.北京：首都经济贸易大学出版社，2016.

［16］田楠.京津冀产业转移中技术技能人才社会生态环境研究［J］.中国职业技术教育，2020（13）.

［17］王忠昌.现代职业教育与区域经济协同发展的"专业—产业"论［J］.教育理论与实践，2017（3）.

［18］邢晖，等.跨区域职业教育合作办学模式研究［M］.北京：现代教育出版社，2013.

［19］闫志利，李欣旖，侯小雨.京津冀职业教育一体化研究［M］.北京：中国社会科学出版社，2018.

［20］HUISMAN J, MAASSEN E, NEAVE G. Hihger Education and the Nation State：The International Dimension of Higher Education［M］. Oxford：IAU/Pergamon Press, 2001.

［21］TUCKER M. The Phoenix：Vocational Education and Training in Singapore［J］. National Center on Education & the Economy, 2012（11）.

［22］DALE R. Globalisation, Knowledge Economy and Comparative Education［J］. Comparative Education, 2005（41）.